私立大学董事会制度研究

王 宁 著

东南大学出版社
SOUTHEAST UNIVERSITY PRESS
·南京·

图书在版编目(CIP)数据

私立大学董事会制度研究 / 王宁著. —南京:东南大学出版社, 2015.8

ISBN 978-7-5641-5932-0

Ⅰ. ①私… Ⅱ. ①王… Ⅲ. ①私立大学-董事会-研究 Ⅳ. ①G648.7

中国版本图书馆 CIP 数据核字(2015)第 168238 号

私立大学董事会制度研究

出版发行	东南大学出版社
出 版 人	江建中
社　　址	南京市四牌楼 2 号(邮编:210096)
网　　址	http://www.seupress.com
责任编辑	孙松茜(E-mail:ssq19972002@aliyun.com)
经　　销	全国各地新华书店
印　　刷	江苏凤凰数码印务有限公司
开　　本	700mm×1000mm 1/16
印　　张	12
字　　数	242 千字
版　　次	2015 年 8 月第 1 版
印　　次	2015 年 8 月第 1 次印刷
书　　号	ISBN 978-7-5641-5932-0
定　　价	39.80 元

(本社图书若有印装质量问题,请直接与营销部联系。电话:025-83791830)

目　录

绪 论

一、研究的缘起

大学是一种独特的教育机构，承担着培养人才、开展科学研究、服务社会需要的重要职能。大学，曾经的“象牙塔”，虽然清高，却是平淡地存在着。如今大学已然成为社会发展的“动力站”。大学对于现代社会的重要性毋庸置疑，正如哈佛大学第 24 任校长普西(N. M. Pusey)所指出的：“每一个较大规模的现代社会，无论它的政治、经济或宗教制度是什么类型的，都需要建立一个机构来传递深奥的知识，分析、批判现存的知识，并探索新的学问领域。换言之，凡是需要人们进行理智分析、鉴别、阐述或关注的地方，那里就会有大学。”①

大学是如此重要，但大学的起源与其他社会组织的起源一样难以界定，学术界一般认为现代意义上的大学组织的起源出现在中世纪的欧洲。被称作“美国中世纪史研究复兴的灵魂”的查尔斯·霍默·哈斯金斯教授就指出，“大学是中世纪的产物”②。大学是历史的产物，更是有着持续生命力的组织，它在发展演进中不断适应着新的环境。如今大学系统最为发达的国家是美国，私立大学更是美国大学之苑的奇葩。私立大学在美国已历经 300 多年的发展，目前全美就有 2 500 多所私立大学。私立哈佛大学的校友常常骄傲地宣称“先有哈佛，后有美国”。因为作为私立大学璀璨明珠的哈佛大学拥有比美国国家建立长 140 多年的历史。在《美国新闻与世界报道》(American News and World Report)历次公布的大学排名中，前 25 名中超过 90%俱为私立大学，通常前 10 名均为私立大学。而这些声名显赫

① [美]约翰·S. 布鲁贝克. 王承绪，等，译. 高等教育哲学[M]. 杭州：浙江教育出版社，2001：13.

② [美] 查尔斯·霍默·哈斯金斯. 大学的兴起[M]. 上海：上海世纪出版集团，2007：1.

的美国私立大学其管理体制几乎无一例外地选择了董事会制度（其实其他的美国公立大学，可能更准确地应该说美国州立大学，也毫不例外都设有董事会）。董事会既作为私立大学内部最高权力机构而存在，又是大学发展非同寻常的领导源泉。美国大学教授协会（AAUP）、美国教育理事会（ACE）、美国大学与学院董事会协会（AGB）联合发表的《关于学院和大学管理的声明》中指出："大学和学院董事会具有决定性的权力，将确保大学和学院的历史发挥作为通向未来的序幕和灵感的作用（1966）。"卡内基教学促进会指出："董事会构成了美国高等教育管理机构的基石（1982）。"Arthur Levine 指出："在美国私立大学管理体制中，董事会制度是一个非常具有特点的环节，是美国高等教育的主要特征。"因此，对私立大学董事会制度的研究无疑具有重要意义。

大学"有着共同的历史渊源，又深深植根于各自所处的国家之中"①。根据我国古籍记载，我国唐虞以前的五帝时代（公元前 2700 年）已有大学，名叫"成均"②。夏、商时期就设立了学校，《孟子·滕文公上》说："夏曰校，殷曰序，周曰庠；学则三代共之：皆所以明人伦也。"到了西周，出现了贵族为主的国学和平民子弟为主的乡学。甚至"大学"也出现了，《礼记·王制》说："天子命之教，然后为学。小学在公宫南之左，大学在郊，天子曰辟雍，诸侯曰泮宫。"③这里的大学是指国学中的高程度学校，而这种程度常常是从入学年龄角度来判断的。例如，据《大戴记·保傅》载，"古者年八岁而出就外舍，学小艺焉，履小节焉。束发（十五岁）而就大学，学大艺焉，履大节焉。"④按《白虎通》记载，王太子的入学年龄是"八岁入小学，十五岁入大学，此大学之礼"。而《尚书大传》则表明"公卿之太子，大夫元士之嫡子，年十三岁入小学，见小节而践小义；年二十入大学，见大学而践大义"。当时的学校完全由国家控制，称为"官学"，即后来所称"学在官府"，实行政教合一、官师合一、文武合一的办学形式。⑤

而我国私学的出现，则是由于春秋战国时期，诸侯各国不断用兵，社会动荡，烽火连年，国家设立的官学体系崩溃，私学开始兴起并延续了漫长的历史。"春秋战

① ［美］菲利普·G. 阿特巴赫. 比较高等教育——知识、大学与发展［M］. 人民教育出版社教育室，译. 北京：人民教育出版社，2001：1（第一章）.

② 王炳照，等. 简明中国教育史［M］. 北京：北京师范大学出版社，2001：4.

③ 《礼记·王制》.

④ 王炳照，等. 简明中国教育史［M］. 北京：北京师范大学出版社，2001：14.

⑤ 曲士培. 中国大学教育发展史［M］. 北京：北京大学出版社，2006：6，8－9.

国时期，儒家、墨家、法家、纵横家等都开办私学，聚徒讲学，其中以儒家和墨家的规模较大”[①]。史书记载表明，儒家最重要的代表人物——“孔子以诗、书、礼、乐教，弟子盖三千焉，身通六艺者七十有二人”[②]而被尊为我国私学的鼻祖。而“绵延于宋、元、明、清的书院，进一步继承、光大了我国私学的传统；并且以其名师、传道、藏书、禅境给世人留下无尽的遐想”[③]。进入晚清，西方大学开始进入并替代了我国大学的传统。从历史的角度来看，常常把京师大学堂的设立作为现代中国大学的开端。[④] 而严格意义上的现代中国私立大学的出现，是最近100年内的事情。南开大学（1919年）、复旦大学（复旦公学，1905年）、厦门大学（1921年）等学校在20世纪20—30年代，都曾是名噪中华的私立高等学府。但这些私立高等学府并没能够获得持续的发展，对此，张博树、王桂兰两位博士指出：“由于众所周知的原因，这个发展势头在20世纪50年代悲剧性地中断了，一中断就是30年！直到80年代，私立高校才以‘社会力量办学’的形式重新回到中国的教育舞台上。”[⑤]

1993年，鉴于社会力量办学机构数量不断增多，办学需要规范，以及我国高等教育发展受限于高等教育资源制约的现实，我国政府于当年8月首次颁布了第一项关于“私立大学”（学院）的文件——《民办高等学校设置暂行规定》。这一政策吸引了社会各方面的资金加入到高等教育发展中来。1999年我国实行高校大规模扩招，开始了从精英型高等教育向大众型高等教育转型发展，私立高等教育也趁势而上。2002年12月28日，九届人大常务委员会第31次会议通过了目前我国私立大学创立与管理依据的主要法律——《中华人民共和国民办教育促进法》，从而带来了私立高等教育的迅速发展。私立大学、学院[⑥]大规模兴起成为我国高等教育界令人瞩目的话题之一。根据国家教育部“全国各级各类民办教育基本情况”统计数据表明：目前，我国现有民办高校640所，独立学院322所，民办其他高等教育机

① 曲士培. 中国大学教育发展史[M]. 北京：北京大学出版社，2006：9.

② 司马迁.《史记·孔子世家》.

③ 张博树，王桂兰. 重建中国私立大学——理念、现实与前景[M]. 北京：教育科学出版社，2003：1.

④ 加拿大学者许美德教授（Ruth Hayhoe）认为中国第一所现代大学是“北洋公学”，成立于1895年，为天津大学的前身。详见[加]许美德. 许洁英，主译. 中国大学：1895—1995，一个文化冲突的世纪[M]. 北京：教育科学出版社，2000：17.

⑤ 张博树，王桂兰. 重建中国私立大学——理念、现实与前景[M]. 北京：教育科学出版社，2003：1.

⑥ 直到现在，我国并没有使用私立大学的名称，与其相近的名称包括民办学院、独立学院、民办二级学院等。为了表达的统一，在文章涉及我国的民办高等院校时，除需要之外，将统一使用私立大学的表述。除了讨论私立大学发展过程时涉及独立学院、民办二级学院，本研究的对象主要聚焦在民办高等院校。

构866所,上述三类院校(机构)在校生规模超过615万人。[①] 如果单从规模来看,私立高等教育在我国有了长足的发展。事实上,在我国高等教育理论界与实践者中,私立大学(学院)引起了广泛争议。支持者认为私立大学(学院)兴起是高等教育创新的"奇葩",反对者认为我国的私立大学(学院)是"怪胎"(特别对于独立学院、民办二级学院持否定观点的人员)。[②]

当前,我国私立大学正处于再生、重整的发展阶段,也是私立大学发展的关键时期。根据《中华人民共和国民办教育促进法》第三章"学校的组织与活动"所含条款的规定,相关私立大学多设立了董事会,至少在其办学章程中规定了这样一种制度。尽管中国的国情及私立高等教育发展与别国不同,但董事会制度(管理体制)本身的固有特点使得不同国家私立大学的董事会制度具有一定的可比性和可借鉴性。我国的私立大学董事会制度到底如何设计的?运行状况怎样?效率如何?面临怎样的发展、调整与完善呢?特别是怎样借助董事会这样一种架构,从而实现让大学思想的火花从大学传到社会,再从社会中升华中流回大学?如何让私立大学能够发挥其应有的效用?这不论是在学界的理论探讨中,还是在从业者的现实工作实践中,无疑都具有重要的理论和实践价值。而由世界银行(World Bank)、联合国教科文组织(UNESCO)高等教育与社会特别工作组编著的《发展中国家的高等教育:危机与出路》一书中说,发展中国家的高等教育的发展离不开良好的管理(Governance),而实现良好管理的一个重要措施就是建立独立的管理委员会(董事会)。[③] 深入探讨私立大学董事会制度,为我国重建、发展中的私立大学提供经验和帮助,从而解决私立大学发展实践中的董事会管理问题是本研究的重点所在。推动我国私立大学发展离不开借鉴私立大学系统最发达、私立大学办学成绩辉煌的美国私立大学的经验与成功做法,"尽管美国高等教育肯定存在着缺陷,但从世界和历史的角度来看,美国高等教育都能在困难的条件下取得斐然成绩"[④]。董事会制度是美国私立大学内部管理体制最为重要的特征之一,我国私立大学在重建中董事会制度已基本确立,本研究正是想从私立大学董事会制度形成与发展、解析

---

① www.moe.edu.cn/edoas/website18/91/info1261474347781791.htm

② 徐辉,季诚钧.独立学院人才培养的理论与实践[M].杭州:浙江大学出版社,2007:3.

③ 世界银行、联合国教科文组织高等教育与社会工作特别工作组.蒋凯,主译.发展中国家的高等教育:危机与出路[M].北京:教育科学出版社,2001:50-55.

④ [美]菲利普·G.阿特巴赫,罗伯特·O.波达尔,帕崔凯·J.甘波特.施晓光,蒋凯,主译.21世纪的美国高等教育:社会、政治、经济的挑战[M].青岛:中国海洋大学出版社,2007:2(导论).

私立大学董事会制度的内在意涵，分析我国私立大学董事会的历史与现状，探寻我国私立大学董事会制度的重构与创新。

二、文献综述与评价

（一）国外关于私立大学董事会研究

尽管我国在遥远的古代就有了“私学”、“大学”，但这与现代意义上的私立大学无关。现代意义上的大学源自于西方被称为中世纪最宝贵的文明之花——中世纪大学，所以私立大学董事会制度研究我们首先聚焦于国外关于私立大学内部管理的研究。从目前由英语翻译成的中文文献来看，国外关于私立大学董事会制度的专门研究成果并没有能看到。在国外大学（高等教育）管理方面的著作中常常可以在大学内部管理体制的章节中发现董事会制度的相关内容，这里的文献主要集中在对美国的大学研究与总结。在约翰·范德格拉夫等编著的《学术权力——七国高等教育管理体制比较》一书的第七章——“美国”中，作者从学术权力演变的视角介绍了美国私立大学的演变，指出了（外行）董事会是一种从英国本土借来的形式，这种形式的确立经过了150～200年的时间；并且简单地分析了私立大学与公立大学董事会的差异。[①] 亚伯拉罕·弗莱克斯纳在其撰写的专著《现代大学论——美英德大学研究》第二章——“美国的大学”中指出，“我们如何使这架复杂的机器（大学）运转？依靠典型的美国方式。董事会拥有基金和财产，选择校长，实施某种总的监督。”[②]罗伯特·伯恩鲍姆所著的《大学运行模式：大学组织与领导的控制系统》在第一章——“学术组织的控制、管理和领导”中就学术组织的控制问题引用卡内基教学促进基金会的观点表明了作者对董事会作用的看法：虽然“从法律上讲，董事会就是学校（格伦尼和达格利什，1973）。不过，现实的控制观已经与这种严格的法律解释相去甚远……事实上，决策已成为董事、校长和教师们的共同责任。尽管董事的法律地位并没有改变，但是，对于他们究竟应当拥有多在的权力却存在着

---

① [加]约翰·范德格拉夫.王承绪，等，译.学术权力——七国高等教育管理体制比较[M].杭州：浙江教育出版社，2001：106－119.

② [美]亚伯拉罕·弗莱克斯纳.徐辉，陈晓菲，译.现代大学论——美英德大学研究[M].杭州：浙江教育出版社，2001：158.

很大分歧(卡内基教学促进基金会,1982)。"[①]弗雷德里克·E. 博德斯顿著《管理今日大学:为了活力、变革与卓越之战略》在第三章——"大学治理"中指出,"当代美国大学治理的基本构成就包括董事会成员、行政管理层、教师及其他群体和单位,如学生会、校友会等。关于私立大学内外部基本关系的讨论历来主要集中在董事会、校长及其他执行者履行各自职责的方式上"。他还认为,"治理(Governance)正式被规定为董事会的职责……董事会负责保护学校财产、选任官员、监督学校活动……大学宪章及其细则还具体细化了董事会的一些其他责任,如董事会成员的选举和任期"[②]。而在第四章中则进一步说明,大学作为"结构松散的组织"……"在组织结构图中,董事会通常被置于最高点,校长作为董事会代理人来管理这个科层组织"[③]。詹姆斯·杜德斯达撰写的《21 世纪的大学》是一本关于美国高等教育,特别是公立大学管理问题的著作。但在该书的第三章,作者较为详细地分析了如何来区分公立大学与私立大学,他认为"基于资金来源、规模大小和职责或对社会的责任来区分公立大学和私立大学是一种误解",进而提出"公立大学和私立大学最重要的区别在于它们的管理……事实上,由于公立大学和私立大学在规模、使命和经济上越来越相似,而最明显的区别在于同政府的关系上,所以把私立大学又称为'独立'大学就不足为奇了……私立大学董事会的'受托人'同公立大学董事会'督察者'的立场之间的对比是最明显的区别之一"[④]。弗兰克·H. T. 罗德斯在《创造未来:美国大学的作用》一书第十二章——"管理与领导"中写道"900 多年以来,大学效用的发挥一直依赖于一种社会契约(Social Compact),在这种契约下社会给予大学财政资助并赋予它高度自治,而大学利用它的资源和自由服务于公众利益。这种社会契约的管理者是董事会(the Board of Trustees),它代表公众以受信托者和监管者的身份行政管理大学的权力";同时,他提出大学有效的管理离不开董事会,"董事会的有效管理对于大学健康运转有着重要的作用,其重要性可以和教师或校长对于大学的作用相匹敌";他认为"董事会的角色是管理者,管理和经

① 转引自:[美]罗伯特·伯恩鲍姆. 别敦荣,主译. 大学运行模式:大学组织与领导的控制系统[M]. 青岛:中国海洋大学出版社,2003:6.

② [美]弗雷德里克·E. 博德斯顿. 王春春,赵炬明,译. 管理今日大学:为了活力、变革与卓越之战略[M]. 桂林:广西师范大学出版社,2006:31-32.

③ [美]弗雷德里克·E. 博德斯顿. 王春春,赵炬明,译. 管理今日大学:为了活力、变革与卓越之战略[M]. 桂林:广西师范大学出版社,2006:44.

④ [美]詹姆斯·杜德斯达. 刘彤,主译. 21 世纪的大学[M]. 北京:北京大学出版社,2005:37-39.

营完全是两个不同的概念。管理的责任包括审批大学的任务和目标，任命、考察和扶持校长，监督大学项目运行、资源的使用和各类活动等……董事会的责任是管理而不是经营……最有效的董事会应该是这样，它形成一种适当的行为规范，并在实践中实施，同时进行自我监督”[①]。世界银行(World Bank)与联合国教科文组织(UNESCO)高等教育与社会特别工作组编著的《发展中国家的高等教育：危机与出路》一书中指明，发展中国家高等教育发展的未来需要克服许多障碍，实现发展中国家高等教育发展的良好管理措施就包括建立管理委员会(或董事会)，“对外代表学校，对学校来说又代表社会。它们在防止对于高等院校的过多的外部干预方面起着关键作用……管理委员会(董事会)需要着眼于未来，为院校的发展制定长远规划，并且监督其执行情况。成员的任期较长，允许委员会的成员独立作出决定，不受短期政治行为的影响。成员的来源应该多样化，应该包括大量来自学术界以外的成员”[②]。

上述的研究都涉及美国大学董事会的历史演变、特点、职能与功用、运行模式与机制及其重要性等方面的内容，但显然这些研究成果还不是系列化、专门化的成果，从中我们很难把握到私立大学董事会制度的真实所在。

从可以收集到的英文研究文献方面来看，Peter Dobkin Hall 所著的 A History of Nonprofit Boards in the United States 中，描述了美国非营利组织的董事会的演变历史，援引哈佛大学董事会讨论了外行董事会治理(Lay Governance)的由来，对于哈佛大学双董事会围绕大学控制权力的斗争进行了探讨；描述了耶鲁大学单一董事会这个美国私立大学董事会的源泉转变的原因，以及耶鲁董事会成员独立权力、自治权力的形成。[③] 其他诸如 John S. Brubacher & Willis Rudy 所著的 Higher Education in Transition：A History of American Colleges and Universities (Fourth Edition)以及 Christopher J. Lucas 撰写的 American Higher Education：A History(Second Edition)中由于历史描述的需要都涉及私立大学和私立大学董事会的一些描述，但并未就该主题展开讨论。根据检索，美国大学和学院董事会协

① [美]弗兰克·H. T. 罗德斯. 王晓阳，蓝劲松，等，译. 创造未来：美国大学的作用[M]. 北京：清华大学出版社，2007：252－258.

② 世界银行与联合国教科文组织高等教育与社会特别工作组. 蒋凯，主译. 发展中国家的高等教育：危机与出路[M]. 北京：教育科学出版社，2001：54－55.

③ Peter Dobkin Hall. A History of Nonprofit Boards in the United States. Boardsource E-book Series. www. boardsource. org

会(Association of American University Board of Trustees, AAUP)曾经在1993年出版过两本有关优秀高校治理实践的著作，一本是关于公立院校的，一本是关于私立院校的。

显然，由于文献收集的困难，国外关于私立大学董事会的研究成果并没有较为全面、系统的获得，文献的评述也就只能局限在可见的成果部分。当然，相关的私立大学的网站都提供了该校的董事会的历史、职责、工作形式等一系列资料。由于这些文献并不是研究视角的成果，所以在本文的文献评述中就没有涉及。

(二) 国内关于私立大学董事会制度的研究

1. 研究专著

国内对于私立大学(需要说明的是，国内的研究大都采用了民办大学、民办学院的称谓)的研究虽然还不算是高等教育界的热点，但随着民办机制办学形式和办学规模的日渐扩大，相关研究成果也在逐步深入和完善，但私立大学董事会制度的研究非常缺乏，目前尚未在文献检索中发现专门论及这一问题的专著。

从收集到的国内著作来看，涉及私立大学问题研究的成果主要包括(按出版时间排列)：中国成人教育协会民办高等教育委员会编《中国民办高等教育的理论与实践》Ⅰ、Ⅱ卷(1996、1999)；秦国柱著《私立大学之梦》(2000)，马叔平著《北京民办教育发展与展望》(2000)，胡卫主编的《民办教育的发展与规范》(2000)，张志义、李家永编《民办教育的研究与探索：民办学校教育国际研讨会论文集》(2000)；张博树、王桂兰著《重建中国私立大学：理念、现实与前景》(2002)，吴畏主编的《民办教育的改革与发展》；夏季亭、贾东荣基于山东省民办教育的发展战略研究所著《民办教育的探索与实践》(2004)以及魏贻通主编的《民办高等教育研究》。上述成果均主要集中于从教育研究的角度开展关于私立大学(民办教育)全面或地域性的研究，其中有的成果在论述中涉及董事会制度的一些内容。如张博树和王桂兰两位博士在其著作第七章——“艰难的再生：私立大学内部管理与行业整合”中把董事会定位为出资者，围绕出资者(董事会)、操作者(校长)之间的错位与矛盾，讨论了私立大学的“病灶”，主要分析了三类不同合作模式的董事会类型，着重从打造有效率的董事会、如何处理好“董事会—出资者”与“董事会事授权人校长—操作者”之间的关系提出了建设性的见解与建议。总体而言，上述研究成果中并没有深入研究作为私立大学组织管理的重要制度设计的董事会制度。

由杨克瑞、王凤娥等编著的《政治权力与大学的发展——国际比较的视角》一书中，从政治权力视角分析了大学与政府（多国）的关系。文中第二章——“政治权力介入大学模式的分化”之第四节，作者讨论了“美国散权模式分析”，涉及美国殖民地时期政府对学院的管理时，从历史的角度介绍了哈佛学院的“双院制（双董事会）”制度，并提及耶鲁学院的“单院制（单一董事会）”的管理模式是模仿了英国传统的大学自治风格。

谈到国内研究美国私立大学董事会制度，可能涉及最为深入的是和震博士所著的《美国大学自治制度的形成与发展》，这是由他的博士论文整理出版的。在该研究中，作者提出了“法人—董事会制度结构”，认为“法人制度确立了学院独立于外部权威的法律地位，外行董事会制沟通了学术法人与外部的联系，确立了学院的信托性质，法人与外行董事会的结合，形成了学院与外部各种权威之间既独立又联系的关系，构成了美国大学自治制度的结构”。① 循着这一分析视角，作者在挖掘了美国大学自治制度的渊源，分析了哈佛学院——美国最古老的法人、威廉·玛丽学院——第一个获得英国王室特许状和耶鲁学院董事会特许状，这些内容从一定程度上可以说是对美国私立大学董事会制度的整理，但显然作者更多是为了关注“法人自治结构”才花了如此多的笔墨来叙述大学董事会。第二章中，作者考察了美国大学外行董事会的形成，介绍了哈佛大学和威廉·玛丽学院的双董事会制，还有布朗大学的特殊双董事会制，又以耶鲁学院作为单一董事会的原型进行了分析，文中对所提及大学董事会的历史描述是可收集到的中文研究著作成果中最具参考价值的之一，但正如作者本人在书中写道的，“立足于‘大学自治’这一主题”②才是关键。此外，作者对于美国大学自治制度的考察也不仅仅确定在私立大学，在该书中也关注了州立大学自治问题。

而关于我国私立大学的研究，宋秋蓉博士的博士论文《近代中国私立大学研究》或许是迄今唯一一部关于我国近代私立大学的研究成果。朱九思先生在为她撰写的序中认为该书“最大的贡献是弥补了中国近代教育史上一段重要的空白，也是一段实际上几乎被遗忘的历史”③。作者探讨了近代中国私立大学的发展历程、近代中国私立大学发展的外部环境、当时政府对待私立大学的政策、近代中国私立

① 和震.美国大学自治制度的形成与发展[M].北京：北京师范大学出版社，2008：67.

② 和震.美国大学自治制度的形成与发展[M].北京：北京师范大学出版社，2008：67.

③ 宋秋蓉.近代中国私立大学研究[M].天津：天津人民出版社，2003：1（序）.

大学办学的特征与精神、近代中国私立大学的教育和社会功能以及制约近代中国私立大学发展的制约性因素。但遗憾的是，这部“唯一的中国私立大学著作”并没有关注到我国近代私立大学董事会制度问题。

2. 研究论文

我国在关于私立大学董事会制度的研究论文成果情况，从中国知网（www.cnki.net）及google、baidu的运用相关关键词检索情况看，2000年之前围绕董事会制度的研究成果寥寥可数，主要停留在对国外私立大学董事会，其实主要是美国私立大学董事会制度的初步介绍方面。这主要与当时私立大学在我国随着20世纪50年代的院校调整带来的私立院校与公立高校融合在一起，从而被完全公立化了有着直接的关联，缺少相关院校的办学实践，围绕这一领域的研究成果不多也就不奇怪了。进入21世纪，一批有志于投身私立大学的有识之士开始了艰难的办学实践——重建中国私立大学，除了资金、政策和社会环境等现实困难之外，对于办学中遇到的管理问题，以及对发展过程中遇到的理论问题的关注带来了私立大学、私立大学董事会制度的研究逐渐深入，成果也日渐增多，但远谈不上成果丰富。特别是围绕私立大学董事会制度的研究有往功能角度聚集的趋势，而关于私立大学董事会制度的深层次研究成果不多。这种研究成果的分布状况给了本文更全面、深入研究私立大学董事会制度的较大空间，但参考文献较少的困难也同时并存。

（1）美国（私立）大学董事会的研究

从检索获得的研究论文来看，关于私立大学董事会制度的研究成果目前最为集中在美国（私立）大学董事会方面，这显然与美国拥有最为发达的私立大学系统有着直接与必然的联系。同时，美国（私立）大学董事会制度的研究与美国高校的研究、美国高校管理体制的研究也都在本小节来归纳。

1995年，李化树发表在《比较教育研究》第1期的《美国高等学校的董事会管理体制》算是比较早的一篇关于大学董事会的研究文献。该文主要介绍了美国大学董事会管理体制的历史渊源、基本类型划分、职权与作用、人员构成与规模，最后讨论了董事会管理体制对美国高等教育的积极作用和负面影响。1996年，李均发表了《论董事会管理体制对美国私立高等教育发展的意义》，认为“美国私立高等教育从蹒跚起步到发展壮大，得益于私立高校具有一套完备而独特的管理系统。作为主要由校外人士组成的董事会无疑处在这一系统的顶端，它对美国私立高校的运转和美国整个私立高等教育的发展有着至关重要的意义。”[①]他追溯了私立大学董事制度在17—18世纪初创时期董事会体制对于美国高等教育发展的意义，又从分析19世纪的美国高等教育迅速发展着手，然后讨论了董事会体制在美国高等教育至今的发展中曾经发挥的积极作用与效果，最后指出其对于当前我国私立高校发展的启示与借鉴价值。直到1999年，谷贤林探讨了美国私立高等教育管理体制成因问题，认为州权思想是形成美国联邦政府对私立高等教育进行间接管理的历史基础，宗教背景为美国私立大学的自主管理提供了社会保障，自由主义则是形成美国私立高等教育管理体制的思想根源，而美国私立大学由校外人士组成董事会介入学校内部管理是缺少独立存在的学者群体和经费的结果。[②]

这一时期，围绕私立大学董事会制度的研究才刚刚起步，所以研究的成果非常少，研究也主要针对私立大学董事会制度的历史追溯和意义的探讨，甚至由于我国私立大学的中断，或者说当时以“社会力量办学”形式出现的民办高校还没有完全为学界和社会认同，所以并没有开始讨论到对于我国私立大学的影响与价值。不过，这一时期却出现了公立大学开始设立董事会的探讨与新闻报道，由于本文主要想研究私立大学董事会制度，公立大学董事会的相关成果与内容就不多涉及了。

进入21世纪，关于美国私立高等教育(大学)董事会制度的研究开始深入。刘宝存博士(2000年)评析了美国私立高等学校的董事会制度的积极作用和三个方面的不足，在研究中指出，“董事会制度是美国私立高等学校管理体制的一大特色，几乎每一所私立高等学校都设有董事会。”[③]他分析了美国私立高等学校董事会制度的历史沿革和现状，对美国私立高等学校的董事会职责、规模和人员构成、董事选拔与任期、董事会组织结构与运行、董事会与大学校长之间的关系等方面进行了探讨，描述了美国私立高等学校董事会当前面临的挑战和发展趋势，最后评价、分析了美国私立高等学校董事会制度在发挥与社会之间的桥梁和纽带作用、“缓冲器”作用、董事会为大学发展筹集资金和董事会推动大学的改革等四方面的积极作用，以及董事会以“外行”为主、董事会成员商界人士多带来的金钱决定论、董事会与校长因职责模糊性带来的合作牵制行为等三个方面的弊端。

关于美国私立大学(高等教育)情况的研究方面，有研究者讨论了美国私立大

① 李均.论董事会管理体制对美国私立高等教育发展的意义[J].江苏高教，1996(3).
② 谷贤林.美国私立高等教育管理体制成因探析[J].外国教育研究，1999(3).
③ 刘宝存.美国私立高等学校的董事会制度评析[J].比较教育研究，2000(5).

学的概念、特点与功能，文中初步从资金来源、管理和使命（价值追求）三个方面对美国私立大学进行了界定；作者也同时指出，上述界定并非试图给私立大学下一个明确的定义，只想通过分析让读者对美国私立大学有一个更明确的认识。接着作者描述了美国私立大学具有的多层次性、民主自治性和市场性特征；最后则阐述了美国私立大学具有的文化功能、政治功能、经济功能和教育功能①。黄丽（2004 年）撰写的《美国私立高等教育概况》则较为详细地介绍了美国私立高等教育的历史演变、美国私立高等教育管理体制及类型、美国私立高等教育经费来源。在谈到美国私立高等教育管理体制及类型时，作者认为“大学内部最高权力机构是董事会”，围绕这一观点，作者介绍了美国私立大学董事会成员的来源情况、董事会的规模、董事会的运行机制等方面。②

关于美国私立大学董事会制度的研究方面，和震（2006 年）探讨了美国大学自治的特征，指出“法人—董事会制度”是美国大学自治制度的基本结构，以非学术的外部人士组成董事会是大学的最高权威、是美国大学自我管理的特色。维护大学自治是董事会最基本的职能之一，董事会是大学和社会政治浪潮之间的缓冲器，但显然这种缓冲与相对独立性也是有限度的③。笔者（2009 年）也撰文讨论了美国私立大学董事会制度的历史演变，文章考察了美国私立大学董事会制度在哈佛的创设、真正意义上的大学董事会之母的耶鲁大学单一董事会、“达特茅斯学院案”带来的私立大学董事会制度的摇摆、美国私立大学董事会制度化的历程和 20 世纪 60 年代起美国私立大学董事会逐渐实现权力共享的多边治理，指出研究私立大学董事会制度对于重生与发展中的我国私立（民办）大学（学院）内部管理架构设计有着重要的影响与启示。④

（2）国外大学董事会制度的比较研究及对我国大学的启示与借鉴

这方面的比较研究是关于（私立）大学董事会的启示，特别是我国与外国私立大学董事会制度对比研究成果较为集中丰富的方面。

在中美（私立）大学董事董事会制度比较研究方面，车海云（2001 年）认为，“由于中美两国国情不同，教育传统（主要指办学体制）各异，加上两国高校董事会产生

---

① 刘娜，刘苏华，吕英芳．美国私立大学的概念、特点与功能[J]．高等工程教育研究，2003(6).

② 黄丽．美国私立高等教育概况[J]．北大教育经济研究（电子季刊），2004(2).

③ 和震．美国大学自治制度的特征与主题[J]．学术研究，2006(1).

④ 王宁．美国私立大学董事会制度的历史演变[J]．江苏高教，2009(2).

的时代和历史背景差别很大，因而高校董事会的很多地方都有差异……美国高校董事会在三个方面有其优越性：机构独立、权限较大，体制成熟、法律保障完善，公立高校董事会与私立高校董事会的功能差异明显，取样于美国的中国高校董事会需要在三个方面实现突破：高校董事会的性质和定位要有所突破、高校董事会的立法亟待加强、消除对董事会功能认识上的误区”。① 丁宜丽（2005 年）首先比较了美国私立大学董事会与我国民办大学董事会的结构与构成——主要从董事的资格与选择、董事的职业构成，董事会的规模，董事会会议的召开和董事会的职责四个方面；其次分析了我国民办高校董事会结构的有效性，认为要从推进董事会构成的多样化、建立董事的激励约束机制、完善校长负责制度和加强董事会制度立法建设等四个方面使民办大学董事会发挥更大的作用。②

刘宝存则是比较了美国公、私立高等学校董事会制度。他从追溯美国公、私立高等学校董事会制度的历史渊源出发，认为两类高校的董事会制度具有六个方面的共同点：都以一定的法律条例为依据、董事会都是学校的最高决策机构和最高权力机构并且职责基本相同、董事会主要由校外人士组成、董事会成员一般不从所服务的学校领取报酬、董事会的组织结构基本相同、都实行董事会领导下的校长负责制；而这两类高校董事会制度的差异也体现在六个方面：董事会法人组织性质上的差异、董事会类型上的差异、董事会职责重点上的差异、董事会规模和人员构成上的差异、董事会在人员选拔和任期上的差异以及董事会会议制度的差异。③ 张炳烛、王晨（2004 年）从历史的视角审视了中外高校董事会制度的作用，探讨了英、美、日、韩等四国高校董事会制度的起源、成因及其在高校发展中的作用，分析了我国高校董事会在我国管理高校管理体制中的作用，在对比的基础上提出当前我国高校应建立具有中国特色的高校董事会制度，并着重明确应该从提高认识与完善立法、着眼高校发展大局与选择董事会成员、走产学研合作道路以及制定完善的董事会章程等方面的实践性对策与建议④。

在研究国外私立大学董事会制度对我国私立大学董事会制度建设的启示方

---

① 车海云. 中美高校董事会的比较研究[J]. 江苏高教，2001(3).

② 丁宜丽. 民办大学董事会结构及有效性分析——兼与美国私立大学董事会制度的比较[J]. 浙江树人大学学报，2005(6).

③ 刘宝存. 美国公、私立高等学校董事会制度比较研究[J]. 吉林教育科学（高教研究），2001(6).

④ 张炳烛，王晨. 中外高校董事会制度的地位与作用探究[J]. 河北科技大学学报（社会科学版），2006(4).

面，作为实践者的培正商学院院长助理张宏博(2004)则是考察了加拿大社区大学董事会的运作模式的优势，并与我国民办高校董事会进行了整体解析与对比，结合《民办教育促进法》中有关条款的分析，提出了中国民办高校应该在建立科学有效的决策机制、健全民主监督机制和完善各项管理制度的基础上，并且国内可供选择的职业民办教育家(作者指的是民办教育管理专业人士)已形成市场时，可以实行校董的完全分离。应该说这一观点对于我国发展中的民办院校具有重要的现实意义与参考价值。[①] 潘燕(2004年)则分析了美国高校董事会制度的特点：具有悠久的历史与明确的法律地位、承担着重要的职责并拥有较大的权力、多样化的董事会成员构成与弹性的任期、清晰的内部结构与稳定的运行机制、董事会与大学校长之间明确的分工和良好的合作关系以及董事会制度不断改革与发展，从而认为美国高等教育之所以能处于世界前列与董事会管理体制不无关系。而我国高校现行内部管理制度则面临着尴尬，即使部分高校建立了董事会也没有发挥出应有的作用。美国高校董事会制度给我国高校带来的有益启示是：政府应赋予学校自主办学的权力、实行董事会领导下的职业校长负责制、以法律形式确立董事会的地位。[②]

邓光平(2005年)总结了美国大学董事会的六大制度特点：大学董事会的制度设计理念——民主参与、大学董事会的制度生命力——借鉴与创新、大学董事会成员——社会知名人士为主、大学董事会的管理体制——校外与校内结合、大学董事会的运行机制——分工协调、大学董事会的制度保障——完备的法规，进而指出美国大学董事会对我国大学董事会制度创建的四点启示：一是大学董事会的制度借鉴与创新应充分考虑本国的传统文化和社会实际；二是董事会成员选择应坚持权威性、多样性与效益性的原则；三是根据我国现有大学董事会类型的多样性，应在法律上科学定位，实行分类指导；四是进一步完善董事会章程，确保董事会内部各组织之间的分工、协调与有序运作。[③]

梁君(2006年)认为美国私立高校董事会建设为我国高校独立学院的发展提供了有益的宝贵经验在于：一是独立的董事会，它是学校最高决策和权力机构；二是董事会法律地位明确，其运作有章可循、有法可依；三是董事会主要由校外人士

① 张宏博.从加拿大社区大学董事会的运作模式看中国民办高校的校董分离[J].南方经济，2004(10).

② 潘燕.美国高校董事会制度的启示[J].世界教育信息，2004(3).(相关内容可另参见：美国高校董事会制度及其启示一文)

③ 邓光平.美国大学董事会的制度特点[J].高等工程教育研究，2005(5).

组成,其职责重点是为学校募集经费。针对我国独立学院办学过程出现的一些问题和矛盾,认为借鉴美国私立高校董事会建设的经验包括:充分认识董事会的作用,强调董事会的独立性;加强法律法规的建设,使董事会的运行机制更趋成熟,法律保障更加完善;多元筹集资金,注重董事会成员构成的合理性。①

洪小莹(2005年)认为更好地理解、把握美国私立大学组织管理的特点,对我国私立大学加强内部管理,建立起精干高效、运营科学的管理体制和运行机制,充分挖掘自身在管理上的潜力,以实现办学的高效益很有助益。该研究以美国私立研究型大学的组织管理沿革和组织管理体系的变迁为主线,重点分析了董事会、大学校长、教师和行政管理人员四个主体参与学校事务管理的程度和方式变化,对于处于发展阶段我国民办高等教育发展很有帮助。② 吴宛稚(2007)着重研究了美国私立大学董事会领导下的校长负责制及其对我国私立大学管理体制的启示,她从创办者、管理和资金来源三个方面界定了何为美国私立大学,回顾了美国私立大学董事会制度产生、发展和变化过程,分析了大学校长的角色与权利在董事会变迁中的演化,论述了美国私立大学董事会管理体制在全球化、市场化背景下的现状,最后阐述了其对我国私立(民办)高校管理体制设计的借鉴意义。③

(3) 著名私立大学的董事会制度研究

或许由于耶鲁大学的单一董事会制度被称为美国私立大学董事会制度的真正鼻祖,围绕私立大学名校董事会运行研究的成果也都与耶鲁大学有关。刘凡丰(2005年)考察了耶鲁大学治理结构的历史变迁,指出董事会是耶鲁大学的最高权力机构,并就耶鲁大学董事会制度的运行进行了介绍;其次文章以文理科教授为例探讨了耶鲁的学术治理;最后介绍了耶鲁大学行政权力与学术权力了交融。该文是作者前往耶鲁大学考察时的报告,所以文章重在介绍该校的情况,理论的探索稍有简略。④ 厦门大学的吴宛稚(2007年)同样选择了以耶鲁大学为例来讨论美国私立大学董事会,首先该文对美国私立大学董事会作了简要的介绍,接着具体介绍了耶鲁大学董事会成员的构成、董事会下设委员会各自负责的具体事务和耶鲁大学

① 梁君.美国私立高校董事会建设给我国高校独立学院的启示[J].山东经济管理干部学院学报,2006(4).

② 洪小莹.美国私立大学的组织管理沿革[J].民办教育研究,2005(6).

③ 吴宛稚.美国私立大学董事会领导下的校长负责制[J].理工高教研究,2007(2).

④ 刘凡丰.耶鲁大学治理结构的剖析[J].高教探索,2005(1).

董事会的理念与运作过程，最后总结了耶鲁大学董事会的三个特点：董事会以社会知名人士为主、董事会成员分工协调、具有完备的法规。①

蒋桂仙（2007年）选择了另一所著名私立大学——芝加哥大学来探讨美国大学董事会的运作、特点及作用。首先，该文较为详尽地介绍了芝加哥大学董事会的任命和人员构成、芝加哥大学董事会的组织结构与主要职责、芝加哥大学其他常设委员会的构成和主要职责；其次阐述了美国大学董事会，特别是芝加哥大学董事会的运作机制、特点和作用；最后指出董事会制度对于美国大学的成功有着重要作用，我国借鉴西方国家高等教育管理的成功非常必要，我国大学董事会制度建设需要从深化改革的基础上进行更深的探索。②

北师大张斌贤教授、张驰（2002年）首次把关于美国大学董事会的研究深入到分析董事会成员的职业构成。他从介绍美国大学与学院的董事会职责入手，以10所大学（学院）1996年董事会成员从事的职业领域作为分析对象，从历史和传统的角度，讨论了作为美国大学（学院）最高权力机构的董事会为什么都是由从事非学术职业的门外汉来控制。③

（4）大学治理与董事会制度

治理是一个经济学、法学、金融和会计学界比较流行的专业术语，后来引入到大学管理领域。北京大学人事制度改革的主要设计人——张维迎在《大学的逻辑》一书中写道："其实任何一个组织都有一个治理问题，学校也不例外。涉及大学治理的时候，要讨论的一个问题是：用什么样的制度安排能够保证大学的目标和理念得以实现……这些制度安排就是治理结构，就是大学的治理（University Governance）。"④其后，关于大学治理的讨论在高等教育研究领域逐渐增多，而这方面的研究常常与董事会管理体制相关。总体而言，这方面的研究比较分散。

焦笑南（2005年）考察了美国、英国、澳大利亚的大学治理结构，认为美国大学治理的主要特点是董事会治理大学，董事会是大学的最高权力机构，拥有广泛的权力；英国对于不同时期的大学治理有不同的法律规定，但大学都必须设立董事会，

---

① 吴宛稚．从耶鲁看美国私立大学董事会[J]．复旦教育论坛，2007(4).

② 蒋桂仙．芝加哥大学：美国大学董事会的运作及特点[J]．董事会，2007(8).

③ 张斌贤，张弛．美国大学与学院董事会成员的职业构成——10所著名大学的"案例"[J]．比较教育研究，2002(12).

④ 张维迎．大学的逻辑[M]．北京：北京大学出版社，2004：4－5.

董事会是大学治理机构，而具有独特地位的牛津大学和剑桥大学的董事会则是大学的立法机构；澳大利亚的大学治理接近于英国，但在大学董事会的组成、职责和作用等与英国有所不同。上述三个国家的大学治理结构可以归结为以董事会为核心的大学治理体系、校长为中心的大学行政管理系统和学术委员会学术管理体系。董事会作为大学的最高决策机构，董事会成员涉及不同的利益相关者(团体)。①

杨炜长(2005 年)认为当前民办高校法人治理结构存在着问题：一是董事会成员的结构不合理，基本上成了应付《民办教育促进法》规定的制度化形式而已；二是董事会、校长的关系，职责分工不明；三是董事会与校长缺乏真正有效的内部制衡机制；四是董事会运行程序不规范、不健全、随意性大、法人治理流于形式。而要完善民办高校法人治理结构需解决的问题特别要健全董事会领导下的校长负责制和治理监督机制，是构建完善的民办高校法人治理结构的核心，重点在于从丰富董事会成员构成、建立健全董事会议事章程和规范决策运行程序、明晰校长与董事会之间的关系等三个方面完善董事会制度。同时，完善校长治校也是重要的方面。②

郭卉(2006 年)归纳了美国大学治理结构的发展历程，总结了董事会领导、教师和行政人员联合治理大学的制度变化，揭示了美国大学联合治理的内涵在于大学的治理需要全体人员的参与，决策中的地位虽有不同，但谁对具体事务负有首要责任，谁就最有发言权。而联合治理的价值意蕴则是确保学术自由和公共利益、治理的效率和有效性的互利，民主参与和权力精英的共存。相对而言，我国的大学治理还需要克服：所有者缺位、公共利益代表缺失；权力过于集中，学术自由权利得不到保障；校长与书记之间权责不明、关系不清、决策效率和有效性不够的问题。③

(5) 我国私立大学(学院)及董事会研究

虽然这里讨论的是我国私立大学(学院)及董事会制度的研究，但需要说明的是在进入 21 世纪之前围绕大学(高校)董事会的研究成果却主要集中在公立高校。这既与当时的私立大学(学院)尚在自考助学(社会力量办学)的起步阶段有关，也与当时高等教育改革的政策有着直接的关联。这一时期的成果常常是相关学者对所处的高校成立董事会反思、探索的结果，主要包括：西北纺织学院惠州分院的史义民(1995 年)撰写的《关于高校董事会管理模式的探索与实践》、沈阳医科大学邓

---

① 焦笑南. 美国、英国、澳大利亚的大学治理及对我们的启示[J]. 中国高教研究，2005(1).

② 杨炜长. 完善民办高校法人治理结构的现实思考[J]. 高等教育研究，2005(8).

③ 郭卉. 美国大学“联合治理”制度的历史发展及价值意蕴[J]. 高教探索，2006(2).

久库、李野(1995年)撰写的《高校董事会一定会越办越好》、合肥工业大学陈乐乐与蔡灶林(1995年)撰写的《关于高校董事会的几点思考》、吉林工业大学刘晶华、魏雅民、沈季(1997年)联合撰写的《董事会——高校办学体制改革的成功探索》、暨南大学符悦虹(1999年)撰写的《董事会在暨南大学办学中的作用和地位》、武汉工业大学申祖武(2000年)撰写的《完善董事会运行机制 促进高校管理体制改革》、西北工业大学范俊英等三人(2000年)联合撰写的《高校董事会的实践与思考》、电子科技大学宋涌(2001年)撰写的《高校董事会建设与教育体制改革》、汕头大学林贞和与方壮友撰写的《关于高校董事会地位与作用问题的探讨——兼谈汕大校董会在学校发展中的地位与作用》。另外一类则是在当时的背景下,对于高校董事会地位、作用、运行机制、管理模式的研究和思考,主要有:李文堂和张宗黄(1995)合作撰写了《高校董事会是实现产学结合的有效形式之》、师晓荻(1996年)撰写的《高等教育办学体制的一种新模式——试论市场经济条件下的我国高校董事会制度》、毛晓红(1997年)撰写《高校董事会发展的切入点选择》、单桂锋(1997年)撰写的《我国高校董事会的作用、困境和出路》、符悦虹(1999年)撰写的《对高校设立董事会的探讨》、李珑(2000年)撰写的《创建有中国特色的高校董事会制度》、易大东(2001年)撰写的《高校董事会若干问题探讨》、黄文军和祁世昌(2001年)联合撰写的《高等院校建立校董事会的几点思考》、张佑祥(2001年)撰写的《高校董事会在高校内部的运行模式探索》、黄荔(2002年)撰写的《高校董事会的运行机制》、卢飞成(2003年)撰写的《浅淡董事会在民办高校发展初期的作用》。

从20世纪80年代起,我国私立(民办)大学(学院)逐步开始重建、发展,也带来了理论研究和现实反思方面的研究成果丰富起来,甚至我国的民办高等教育问题还吸引了国外学者与国际研究机构的关注和研究兴趣。①

通过互联网(CNKI)检索到的文献显示,关于我国民办高等教育的研究涉及:民办高等教育整体发展、民办高等教育办学形式、民办高等教育的法律政策研究、民办高等教育与高等教育大众化、区域民办高等教育研究、民办高等教育成本与产权问题研究等方面,而涉及董事会制度的研究并不很多。②

吴国萍、梁君(2005年)针对目前高校独立学院董事会制度存在的四个方面问

① 阎凤桥,吴沛娟.中国民办高等教育研究:回顾、比较与展望[J].高等教育研究,2005(5).

② 参见阎凤桥,吴沛娟.中国民办高等教育研究:回顾、比较与展望[J].高等教育研究,2005(5).

题:董事会的缺失、董事会的虚设、董事会的越位和董事会的错位,强调建立独立董事会是独立学院特征的重要体现,从而提出完善高校独立学院董事会制度的对策:产权明晰是完善独立学院董事会制度的基础,注意董事会成员构成的合理性,完善董事会的工作机制与监督机制。①

杨炜长(2006 年)运用委托代理理论分析了民办高校董事会与校长之间的委托代理关系,指出民办高校董事会(委托人)与校长(代理人)之间由于委托人和代理人之间的目标函数不同、委托人与代理人之间存在信息不对称、委托人和代理人之间还存在责任不对称以及委托人和代理人之间所订的契约不完全性的原因,民办高校董事会与校长之间的委托代理存在着问题,具体表现为逆向选择和道德风险两个方面。而建立有效的激励机制、强化高校内部的约束机制的设计和加强民办高校校长管理素质和职业道德的培训,形成校长职业化的竞争机制正是完善民办高校董事会与校长之间委托代理关系的有效途径。②

3. 文献简评

通过对以上文献的概括与分析可以发现,随着我国私立大学(学院)的重建与发展,学术界关于私立大学、私立大学董事会制度的研究日趋活跃,特别进入 2000 年以后,国内研究者从不同视角、不同学科对此开展了研究与探索,取得的研究成果无论数量与质量都有较大的增加,学术研究水平也有较明显的提升。但就私立大学董事会制度的研究情况来看,还存在以下不足与欠缺,需要加以完善。

(1) 研究者的学术背景比较单一

我国学者对于私立大学董事会制度的研究成果基本上都是基于高等教育研究的学术背景,相关的研究成果具有一定的局限性。显然,私立大学董事会制度的研究还期待更多学科的研究者、学术人员参与研究。因为在私立大学恢复、重建并发展迅速的今天,广阔的实践舞台、纷繁的现实难题都希望不论是理论探索,还是现实分析的研究能把准私立大学内部管理的脉,从而为私立大学的健康、快速、高效的发展提供制度保障。

(2) 研究侧重于私立大学董事会制度的功能与借鉴

从现有的研究成果来看,大多认为私立大学董事会制度、特别是美国私立大学

① 吴国萍,梁君.高校独立学院董事会制度建设[J].改革与战略,2005(6).

② 杨炜长.民办高校董事会与校长的委托代理问题[J].高等工程教育研究,2006(4).

董事会制度是美国高等教育的重要特征，它功能完善，运行优良，董事敬业领导大学取得了丰硕的办学成果，所以给我国大学(私立大学)提供了有益的启示与借鉴。诚然，美国私立大学占据了研究型大学的顶端，但仅仅把这种成功归结为董事会制度可能还有偏颇之处，因而这种借鉴应当是有一定前提和基础的，我们不能简单地把董事会制度孤立起来、就事论事地看待和得出结论，特别是在如何确保董事会制度运行和发挥作用方面。显然，这与我国尚处在发展中的私立大学还没有能在大学之林占据一个比较满意的地位、迫切需要加快发展，所以比较重视技术层面的经验支持有着关联。

(3) 缺乏专门、系统的私立大学董事会制度演化、变迁的理论研究成果

可能因为文献检索困难，从检索到的成果分析，即使在私立大学实践最为成功的美国，也缺少对于私立大学董事会制度的系统研究成果。在国内，围绕私立大学董事会制度的研究成果更多是关于其功用、运行状况的研究。现有的关于私立大学董事会制度的演化、变迁的研究往往是一种择研究者所需的片断描述，对于私立大学董事会制度为何能够确立、是什么力量推动了董事会制度的变迁、董事会如何逐渐成为私立大学的最高权力机构、如何在一年数次的会议中实现对大学的管理、董事为何愿意在繁重的事务中为大学投注那么大的精力与帮助、董事会如何与受托管理人——大学校长实现对大学均衡的管理等方面的研究较少涉及。显然，这一视角与领域的研究对于重建的我国私立大学来说更具有现实价值与发挥理论支撑的作用。

(4) 我国私立大学董事会制度的实践成果很少见

从我国私立大学的管理性文件来看，私立大学须设立董事会(理事会)是硬性规定，各个私立大学申报设立的文件中也都包括各自院校的董事会章程、职责、构成。但从检索的研究成果来看，围绕私立大学董事会的实践研究成果没有发现，从相关私立大学的互联网上看，很少能发现关于董事会的相关链接与信息。而从很少的相关地区的私立大学调研材料中可以发现，也很少涉及董事会的相关具体内容。这些资料、信息的缺失一定程度上也造成了本研究的困难。

(5) 围绕私立大学董事会制度必要性的研究还不充分

从文献综述梳理的研究成果看，先前学者对国外、特别是美国私立大学董事会制度的必要性分析、借鉴与倡导的努力为我们探讨这一问题提供了必要的基础。但显然这些成果还远远不够，对于我国私立大学迫切需要设立董事会制度的必要

性和可能性的探究，还亟待研究者、私立大学的实践者（从业人员）进一步重视和身体力行。不但要从改进我国私立大学内部管理的现实需要出发，更要结合我国私立大学改革与发展的内外部环境，既要深入寻求大学发展的宏观管理层的关注与理解，还要触动私立大学的投资人、管理者的利益神经。只有真正认识并实践董事会制度才会给发展中的我国私立大学带来更大的助力。

4. 本研究的价值

针对已有的研究成果存在的问题和不足，本研究将在全面梳理已有研究成果、文献资料的基础上，拟从追溯私立大学内部管理体制的沿革出发，用历史制度分析方法明晰私立大学董事会制度的创设情况及其制度化历程，特别是在讨论我国私立大学董事会从民国时期私立大学的设立与发展情况的基础上，通过对、深入解析私立大学董事会制度的基础、董事会制度的核心及其内蕴性矛盾分析的基础上建构理论分析模型，特别对董事会制度如何从企业管理制度被引入私立大学管理、两种不同类型董事会制度的差异分析、运用个案（访谈）研究获得了第一手资料，从而分析重建与发展过程中的我国私立大学董事会制度建构中遇到的现实问题，提出重构我国私立大学董事会制度的适切建议。从而形成历史追溯、现实描述、归因分析这样一个完善的私立大学董事会制度分析框架。结语部分对私立大学在进一步发展中可能面临的现实困难的思考和具有一定的前瞻性。从整个研究来看，尽管存在原始资料获得的困难和众多私立大学董事会运行的复杂性致使本研究难度颇大，但作为一种有益的探索，相信研究所得会对发展中的私立大学提供必要的帮助。

三、具体研究方法与论文框架

（一）具体研究方法介绍

制度（Institution）在社会科学领域一直是一个重要的命题。随着近年来新制度主义在政治学、经济学、社会学等领域的广泛盛行，制度研究的重要性也日渐突出。作为制度重构的研究，在私立大学董事会制度研究的前半部分，侧重运用历史制度分析方法和文献研究方法；而在随后转向我国的私立大学董事会制度研究则侧重个案和访谈研究方法和比较研究方法。

1. 历史制度分析方法

历史制度分析方法又称为比较历史制度分析方法（CHIA，Comparative and

Historical Institutional Analysis)[①]，兴起于20世纪90年代，是社会科学领域新兴的一种研究方法，该分析方法肇始于经济学研究，"目前，影响波及整个社会科学界"[②]。一般认为，该学说的主要代表人物是美国斯坦福大学经济学教授阿夫纳·格雷夫(Avner Greif)，其代表作《大裂变：中世纪贸易制度比较和西方的兴起》一书堪称历史制度分析方法运用之典范，他在制度概念、交易、内生制度变迁、路径依赖的框架下对中世纪贸易制度这一历史制度进行深入细致的分析。

在目前的社会科学研究领域，制度是个复杂的概念，不同的学者、不同学派有着不同的见解。制度学派先驱之一凡勃仑就认为制度是大多数人共同拥有的"固定的思维习惯、行为准则、权力与财富原则"。"制度必须随着环境刺激的变化而变化，因为就其性质而言，它就是对这类环境引起的刺激发生反应的一种习惯方式，而这些制度的发展也就是社会的发展。……今天的制度，也就是当前公认的生活方式"。[③] 而另一制度学派的重要代表人物康芒斯则指出，制度的定义十分不确定，他从制度内的人类行为着手发现了适用于一切属于制度范围的一种普遍原则，即制度是集体行动控制个体行动，而集体行动与所谓的制度密切相关，后者告诉个人能够、应该、必须做什么，或者是相反。[④] 新制度经济学的主要代表人物道格拉斯·诺思的观点是："制度是一系列被制定出来的规则、守法程序和行为的道德伦理规范。"[⑤]德国著名经济学家柯武刚和史漫飞在《制度经济学：社会秩序与公共政策》一书中，对制度的解释更为形象、具体。"请想象一下，当你在超市结账时，你账单上的金额是你不久前来购买同样货物时所付金额的十倍！或者，你存入自己积蓄的银行突然拒绝承兑你的支票！人类的相互交往，包括经济生活中的相互交往，都依赖于某种信任。信任以一种秩序为基础。而要维护这种秩序，就要依赖各种禁止不可预见行为和机会主义行为的规则。我们称这些规则为'制度'"[⑥]。而历史比较制度分析方法的代表人物阿弗纳·格雷夫则受诺斯对制度定义的启发，在

① 亦有文献翻译成历史比较制度分析方法(HCIA：Historical and Comparative Institutional Analysis)

② Avner Greif. Historical and Comparative Institutional Analysis: The New Institutional Economics, The American Economic Review, Vol. 88, 1998 (12).

③ [美]凡勃仑. 蔡受百，译. 有闲阶级论——关于制度的经济研究[M]. 北京：商务印书馆，1983：138-141.

④ [美]康芒斯. 于树生，译. 制度经济学[M]. 北京：商务印书馆，1997：86-92.

⑤ [美]道格拉斯·C. 诺思. 陈郁，等，译. 经济史的结构与变迁[M]. 上海：上海人民出版社，1980：225.

⑥ [德]柯武刚，史漫飞. 韩朝华，译. 制度经济学：社会秩序与公共政策[M]. 北京：商务印书馆，2003：3.

讨论历史制度分析方法时指出,“制度被定义为自我对行为实施的非技术决定的约束”①,即所谓的自我实施(亦有译作“强制”)制度(Self-enforcing Institution);随后他更进一步从社会经济学的视角,“把制度定义为整合的社会变量,是由信念、组织和规则等要素构成的体系”。②

阿弗纳·格雷夫关于“制度”的定义为历史制度分析提供了一个可操作的制度概念,他关于自我实施制度的定义直接来自于博弈论——“由于博弈论能使我们把制度视为一种均衡,它就为考察自我实施的制度提供了一种天然的理论分析框架……博弈论将制度定义为均衡,运用归纳的微观历史分析和特殊历史情境战略模型,使得经验分析突破了新制度经济史的局限。它使我们能够考察自我实施的制度,它也能使我们考察制度的选择和路径依赖。特别是,历史制度分析的理念框架能够对文化、社会因素同制度选择与路径依赖两者之间的关系进行经验式的检验”③。所以,从分析方法的角度看,“历史制度分析的目标在于识别制度,并且它也能够做到,清晰地展示制度的选择过程和影响制度的路径依赖的因素。不管是自发的还是有意识的,对自我实施制度的选择受到历史的、经济的、政治的、文化的和社会的逻辑关系影响……历史制度分析是一种归纳性的方法,它并不事先假定制度具有特别的属性(例如,最大效率),而是运用微观层面的历史研究(特定的历史情境研究模式,Context-specific Model)与战略模型去考察自我实施的制度”④。

2. 文献研究方法

文献研究是社会科学研究中一个重要而具基础性的研究方法。尽管“研究者对文献‘意义’的探索从未间断过,但同时也充满‘质疑’……(但)文献……不仅反映了社会现实和历史事件,而且也构建了社会现实和历史事件(May 1997:

① Avner Grief. Microtheory and Resent Development in the Study of Institutions Through Economic History, in David M. Kerps and Kenneth F. Wallis, eds., Advances in economic theory, Vol. 11. Cambridge: Cambridge University Press, 1997:83.

② [美]阿弗纳·格雷夫. 韩福国,译. 褚立波,校译. 自我执行的制度:比较历史制度分析(上)[J]. 经济社会体制比较,2008(2).

③ [美]阿弗纳·格雷夫. 历史制度分析:从经济史视角研究制度问题的新进展[J]. 经济社会体制比较,2003(5).

④ [美]阿弗纳·格雷夫. 历史制度分析:从经济史视角研究制度问题的新进展[J]. 经济社会体制比较,2003(5).

164)"[①]。所以，收集、整理、归纳、分析、研究过去的文献是本研究得以顺利开展的重要基础，文献分析不仅有助于本研究掌握已有的研究成果和进展，更有助于本研究整体研究思路的扩展、研究问题的深入。

3. 个案和访谈

个案研究方法被高等教育研究广泛采用，而且也在更广泛的社会研究中使用，也被称作案例研究方法。个案研究方法主要试图通过对个案(案例)深入分析检验已有的理论(假设)，以期解决有关问题。该研究方法"适用于以下三种情境：需要回答'怎么样'、'为什么'的问题时，研究者几乎无法控制研究对象时，或者关注的重心是当前现实生活中的实际问题时"[②]。本研究对实行私立大学董事会制度从而带来了私立大学发展辉煌的美国私立大学董事会这一专门个案展开了深入的研究，从而为解决我国私立大学发展中董事会制度存在的问题提供了有益的帮助。

访谈研究方法"广泛应用于社会和高等教育问题的研究中，它们成为收集数据最常用的策略：向被访者提出问题，倾听其回答，或者设计一系列附有备选答案的问题供他们回答"[③]。本研究中，对担任过我国私立大学的校长、担任过董事会成员的校长、既担任过校长也担任过执行董事的人员进行了专门访谈，他们的思考和回答为本研究深入实践领域提供了宝贵的资料和有益的帮助。

4. 比较研究方法

比较才能有鉴别与发展。私立大学董事会制度是他国私立大学成功的重要成果，但别国的私立大学、私立大学董事会制度与我国有着不同的发展背景和现实条件，我国私立大学重构中董事会制度的重构是非常重要的一部分。正如沃森(Watson 2001:11)提出的，"比较教育研究的主要目的之一便是改革——向别国学习，借鉴别国的思想并在本国推行改革"[④]。显然，在比较研究方法的运用中，选择恰当的比较角度是个至关重要的问题。所以，本研究在比较我国私立大学董事会

---

① 转引自：[英]马尔科姆·泰特. 侯定凯，译. 高等教育研究：进展与方法[M]. 北京：北京大学出版社，2007:207.

② [美]罗伯特·K. 殷. 周海涛，主译. 案例研究设计与方法(第3版)[M]. 重庆：重庆大学出版社，2004:2.

③ [英]马尔科姆·泰特. 侯定凯，译. 高等教育研究：进展与方法[M]. 北京：北京大学出版社，2007:212.

④ 转引自：[英]马尔科姆·泰特. 侯定凯，译. 高等教育研究：进展与方法[M]. 北京：北京大学出版社，2007:209.

制度与美国私立大学董事会制度时，把比较一直设定在制度本身的比较与分析是非常必要的。

（二）论文的框架

本研究除绪论部分以外，论文撰写的构架与思路罗列如下：

第一章　私立大学董事会制度的形成与发展　主要运用历史制度分析方法对私立大学内部管理制度进行了追溯。首先讨论了现代意义上的大学产生就形成的两种管理形式："学生大学"和"先生大学"；其次，分析了私立大学董事会制度在"模糊的英国私立大学"的产生，进而指出私立大学董事会制度产生在英国，但在美国私立大学董事会得到完善和发展，并带领私立大学取得了光辉的成就，所以运用个案研究方法分析了美国私立大学董事会制度的形成，着重介绍了最早创立的"哈佛大学双董事会制度"和美国私立大学董事会制度的事实来源——"耶鲁大学单一董事会制度"；第三，追溯和描述了私立大学董事会制度的制度化历程，这实际上是社会力量借助董事会这一载体对大学产生影响的过程，事实上社会力量的介入对于保持大学与社会的接触、实现大学与社会的思想火花的互动十分有益；第四，作为研究我国私立大学董事会制度重构的研究，讨论了我国私立大学的兴起，并选择了金陵大学、南开大学和厦门大学这三所由不同创办者建立的私立大学作为个案，来介绍我国私立大学董事会制度设立的基本情况。

第二章　私立大学董事会制度的解析：以美国为例　美国私立大学创造了私立大学董事会在大学内部管理中的巨大成就，所以本章把重点放在对美国私立大学董事会制度的分析方面。主要深入挖掘了美国私立大学董事会制度设立的历史与现实基础、宗教传统、分权思想以及信托制度，正是这四个方面的原因导致了美国私立大学董事会制度的确立和发展；其次提出了美国私立大学董事会制度的核心所在是：委托代理关系的确立与运行，其中法人制度是董事会制度发挥效力的基础，特别是从董事会制度本是企业管理中常见设置，但企业是营利的，非营利的私立大学会采用董事会与企业董事会有什么差别是本节关注的重点，委托代理机制是美国私立大学运行并产生效用的核心机制。对于董事只能为董事会创造价值，而这价值只为私立大学提供保障而与董事本人无关，那么担任董事意味着奉献和责任，对于这一情况则从"管家"理论给予了特别揭示。第三讨论了美国私立大学董事会的突出特点——董事成员以"外行"为主，也就是说非教育领域的人员担任董事，那么这些"外行"如何实现对大学中"内行"人士的管理呢？本研究认为在法人制度和公益信托制度的基础上,“外行”董事会管好大事——履行大学最高决策机构的职责,遴选学术事务的专业代理人——校长,发挥董事成员在具有优势领域的作用——促进大学与社会的互动;同时,也探讨了尽管美国私立大学的“外行”董事会领导私立大学创造了光辉的业绩,但关于“外行”领导“内行”的争议依然存在及其争议突出的若干方面。

第三章　我国私立大学重建与董事会制度选择　研究外国私立大学董事会是为了重构我国发展中的私立大学董事会,所以本章着重讨论我国私立大学的重建,以及在重建中董事会制度的建立情况。首先回溯了我国私立大学从20世纪80年代开始重建的情况及其在当前的发展情况,在这基础上归纳了我国私立大学重建的四种基本模式;然后讨论了我国私立大学董事会随着重建逐步建立的过程、介绍了我国私立大学董事会设立情况、分析了我国私立大学董事会的基本治理模式、总结了我国私立大学董事会制度的基本类型划分;第三,我国私立大学设立董事会制度主要借鉴自美国私立大学董事会,所以本节主要从制度层面与美国私立大学董事会制度进行了对比:制度变迁、设立的法律基础、董事会的法人地位、董事会的治理模式以及董事会成员组成的差异。

第四章　我国私立大学董事会制度的重构　本章首先从介绍三所不同私立大学董事会制度访谈个案着手,在此基础上从委托代理关系的角度分析了我国私立大学董事会与校长之间的“代理人问题”;然后深入讨论了我国私立大学董事会制度面临的现实问题及其原因:董事会法律地位的确立、董事会的公益法人属性和法人财产权归属问题、私立大学的“委托人”与“代理人”之间的矛盾、已建立的董事会效率不高等方面,进而提出了针对上述问题,我国私立大学董事会制度重构的基本对策和建议。

在结语部分,再次强调了大学在社会发展中的重要性,无论从历史,还是现实来看,大学都承载着重任,大学也由此确立了其在社会中的重要地位。与大学的重要性相比,对于大学的研究,特别是大学这一重要的社会组织内部管理方面的研究还有待加强,这在很大程度上影响了我国私立大学的发展。而本研究的价值正在于为我国正在重建、发展中的私立大学提供董事会制度重构的建议。本研究认为,首先,我国私立大学还需要发展,而这种发展如何满足社会对私立大学的需要决定了其地位和价值;其次,发展中的私立大学必须关注自身的内部管理,董事会制度就是私立大学成功发展的一个重要支撑点,对于董事会制度的建构可以从已有的成功经验中借鉴、移植和融合；第三，我国私立大学的进一步发展还面临的现实挑战——国家政策扶持力度不够、办学层次难以提升、招生规模的下降趋势和私立大学如何丰富办学领域等方面都是私立大学在发展中必须关注并应妥善处理的关键所在，也是私立大学进一步发展过程中必须克服的困难。

第一章 私立大学董事会制度的形成与发展

大学是当今社会最重要的组织之一。通常认为，与现代大学最为接近的大学出现在中世纪的欧洲——“在中世纪欧洲，雄心勃勃称为大学的高等教育机构诞生了。富裕的工商业城市为了珍视它们公民的权利和声誉，经常为建立这种教育机构树立起良好的榜样，而这种机构很快就为新兴资产阶级中有权势的代表所控制。这种大学首先遍及欧洲，后来又传到美洲”[①]。具体来说，这里所指的中世纪不同于历史学领域所指称的中世纪，“在欧洲，从 11 至 13 世纪被称作‘中世纪的精华’，是多少世纪以来发展的顶点，它是促使以后年代发展最好的时期”[②]。法国著名史学家雅克·勒戈夫也认为，“教师和学生的团体，将是最严格意义上的大学。它们是 13 世纪的产物。……13 世纪是大学的世纪，因为这是一个社团组织的世纪。在每一个城市里，只要某一职业有大量的人，这些人就会组织起来，以便保护他们的利益，以及引入有利于自己的垄断机制。”[③]当时的大学主要由罗马教会来指导，经过长期竞争，享有相当程度独立、特权和豁免权，“大学可以拒绝来自部分城市、地方社团、国王或帝王、主教以及其他权威的意图，或屈服于他们的意志”[④]。

私立大学常常是依据大学出资人的属性来划分的，在这个意义上，19 世纪初之前的大学都具有“私有性”。因为“从 19 世纪初以后，国家开始介入大学的创设，政府提供公立大学部分的预算，主导大学体制的调整”[⑤]才意味着公立大学的

---

① 联合国教科文组织国际教育发展委员会. 华东师范大学比较教育研究所，译. 学会生存——教育世界的今天和明天[M]. 北京：教育科学出版社，1997：31.

② [美]S. E. 佛罗斯特. 吴元训，等，译. 西方教育的历史和哲学基础[M]. 北京：华夏出版社，1987：154.

③ [法]雅克·勒戈夫. 张弘，译. 中世纪的知识分子[M]. 北京：商务印书馆，1996：58 - 59.

④ [美]S. E. 佛罗斯特. 吴元训，等，译. 西方教育的历史和哲学基础[M]. 北京：华夏出版社，1987：159.

⑤ 郭为藩. 转变中的大学——传统、议题与前景[M]. 北京：北京大学出版社，2006：14.

出现。所以很大程度上，私立大学是相对于公立大学而言的，后来也有学者提出基于资金来源、规模大小和职责或对社会的责任来区分。在美国高等教育研究中认为，私立大学和公立大学最重要的区别在于它们的管理：公立大学是州创立的，明显从属于公众并由公众管理；公立大学和私立大学最明显的区别在于同政府的关系上。① 对于大学而言，内部管理非常重要，艾里克·阿什比(Eric Ashby)就清楚地指出，"我们不要忘记，每个大学能否健康发展就在于校内由哪些人主持"②。因此，本章将着重讨论私立大学董事会制度的形成与发展。

第一节　大学内部管理体制两种原型

"尽管差异很大，以下的事实依然改变不了，20 世纪的大学是中世纪巴黎(Paris)大学和博洛尼亚(Bologna)大学的直系后裔……现代大学和中世纪大学的基本组织是一样的——有组织的教育，即以系科(faculty)、学院、学习课程、考试、毕业典礼和学位为代表，历史的延续并未中断，巴黎和博洛尼亚创造了现代世界的大学传统"③。从私立大学基于出资人属性来看，从行会组织延续的大学具有私立性是毋庸置疑的。所以，本研究从大学产生之初开始挖掘私立大学董事会制度的历史。这一时期大学内部管理体制主要体现为两种取向：一种是沿袭自"学生大学"——博洛尼亚大学，另一种是"先生大学"——巴黎大学。

一、博洛尼亚大学的学生自治

"从历史上看，'大学'一词与知识的领域或知识的普遍性并无联系，它仅仅表示一个团体的全体成员，不管是理发师、木匠还是学生的团体都无关紧要"④。正是在这样的情况下，博洛尼亚大学被称这"学生大学"，意指这所大学主要是由学生行会团体创办并管理校务。

从 11 世纪晚期起，随着意大利贸易的发达与城市的复兴，由于博洛尼亚独特而具优势的地理位置——它是意大利北部交通要道的汇合点，也是所有前往罗马

① [美]詹姆斯·杜德斯达. 刘彤，主译. 21 世纪的大学[M]. 北京：北京大学出版社，2005：37-39.
② [英]阿什比. 滕大春，滕大生，译. 科技发达时代的大学教育[M]. 北京：人民教育出版社，1983：62.
③ [美]查尔斯·霍默·哈斯金斯. 王建妮，译. 大学的兴起[M]. 上海：上海世纪出版集团，2007：2-3.
④ [美]查尔斯·霍默·哈斯金斯. 王建妮，译. 大学的兴起[M]. 上海：上海世纪出版集团，2007：8.

的朝圣者必经之地,南来北往的人群交流使得这里的商业活动特别频繁、发达。发达的商业活动中各种商业纠纷很多,博洛尼亚地区公证人员和法律人员的需求非常突出,“封地竞争事件(the Events of Investiture Contest)、君权和教皇之间的国际竞争进一步加剧了这种需求”①,为培养大量的公证人员和法律人员建立的博洛尼亚大学成为当时学习法律的中心。正是由于佩波(Pepo)、伊尔内流斯(Irnerius)这些最早对整部《民法典》(也有称作《民法大全》)作评述的著名教师的存在,博洛尼亚已经变成了数百学生的常去之地,他们不仅来自意大利,而且来自阿尔卑斯山以外的地方。由于远离故土,又没有防卫手段,在博洛尼亚求学的学生们联合起来寻求彼此间的保护和援助,这个外来学生或者异邦学生的组织形成了两个“民族团”(Nations,也有译作同乡会)——“山里人(阿尔卑斯山)民族团”(Citramontains),即非博洛尼亚人的意大利人“民族团”;“山外人(Ultramontains)民族团”,即非意大利人学生“民族团”。这两个以学生为主的团体组织就是博洛尼亚大学的开端。在这个联合体中,他们效仿了当时普遍存在于意大利的行会组织。事实上,一般说来,大学一词最初就意味着这类组织或社团,只是经过一段时间之后,它才仅限于指教师和学生的行会(Universitas Societas Magistrorum Discipulonumque)②。

学生们组建博洛尼亚大学“最初只是把它当作对抗市民的手段,因为随着新租户和新消费群体的不断涌现,房租和生活必需品价格上涨得很快,而面对着这类牟取暴利的行为,单个学生无能为力。联合起来之后,学生们就能够以集体出走的方式迫使城市就范……对市民的斗争取得胜利之后,学生们就转向了他们的另一个敌人,教师”③。当时的教师只能依赖学生的学费生活,所以学生采取的斗争手段是集体罢课,“教师们在契约的束缚下不得不实践着一套缜密的规则,以保证他的学生能够得到与他的学费相匹配的教育”④。而教师按照规定的时间上课迟到甚至哪怕是一分钟或延长一分钟都可能会被罚款,教师在每个学年之初还需要在银行存入一笔钱,以充作罚款之用。所以,“居民们和教授们都畏惧这伙人(大学学

① 贺国庆,等.外国高等教育史[M].北京:人民教育出版社,2003:49.
② [美]查尔斯·霍默·哈斯金斯. 王建妮,译.大学的兴起[M].上海:上海世纪出版集团,2007:7-8.
③ [美]查尔斯·霍默·哈斯金斯.王建妮,译.大学的兴起[M].上海:上海世纪出版集团,2007:8.
④ [美]查尔斯·霍默·哈斯金斯.王建妮,译.大学的兴起[M].上海:上海世纪出版集团,2007:8.

生)，学生们只要采用迁移的办法，就可影响居民们的处理问题，打破教授们的饭碗"①。在这种"高压统治"下，教师的生存状态极为困难，有记载表明，"教师未经许可不得无故缺席，即使只有一天的时间，如果他想离开城镇的话，他必须交纳保证金以保证他的归来。如果在常规讲座(Regular Lecture)上，他不能保证有 5 名听众的话，他将受到罚款的处罚"②。在这种情况下，学生行会牢牢控制了大学，而学生行会实现对大学的管理主要体现在四个方面：一是推举学生担任校长，"从中世纪到 16 世纪，博洛尼亚大学一直是由学生主持和管理的。学生担任校长，代表市民行使对学校的管理权。校长有权邀请本地和外地的著名学者来校任教"。二是学生行会拥有聘请教师并决定其薪酬的权力。三是拥有独立的司法裁定权。四是全体学生组成的大学全体会议(Congregation)是大学最高权力机构。③

为了与学生行会抗争，"被'学生大学'排斥在外的教师也组成了一个行会或'学院'，并且规定了入会的某些资格条件——以考试的方式来决定是否具备这些条件——所以未经行会的一致同意，没有学生可以加入教师行会"④。从 13 世纪晚期开始，博洛尼亚市镇当局开始设立有薪金的教师职位，不再仅仅依赖学生的学费，这意味着博洛尼亚大学学生权力的减弱。并且，居民们和教授也发现建立固定的大学场所有助于实现与学生行会的对抗。到 1350 年，由于学生在经济上的控制手段为有薪金的教师渐渐取代，大学在很大程度上依赖于市镇当局的保护，学生的各种特权逐渐减少，大学的管理权重新回到教师手中。⑤ 这种学生治校的大学内部管理体制延续到 16 世纪开始进一步衰落，学生社团作为一种学生自治组织保存了下来，但丧失了对大学的管理权限。

二、巴黎大学的教师行会治校

房龙(Hendrik Van Loon)曾这样来描述中世纪的大学："一个明智之士对自己说，无论何时何地，只要能找到几个愿听他宣讲的人，他就开始把自己的智慧鼓吹

---

① [加]约翰范德格拉夫，等. 王承绪，等，译. 学术权力——七国高等教育[M]. 浙江：浙江教育出版社，2001:37.

② [美]查尔斯·霍默·哈斯金斯. 王建妮，译. 大学的兴起[M]. 上海：上海世纪出版集团，2007:8－9.

③ 单中惠. 外国大学教育问题史[M]. 济南：山东教育出版社，2006:248－249.

④ [美]查尔斯·霍默·哈斯金斯. 王建妮，译. 大学的兴起[M]. 上海：上海世纪出版集团，2007:10－11.

⑤ 参见：Alan B. Cobban. Universities in the Middle Ages. Liverpool University Press，1990. 8－11.

一番，就好像现代站在肥皂箱上的街头演说者一样。假如他是一个饶有趣味的演说家，群众就停下来听；假如演说乏味，他们就耸耸肩，继续走他们的路。久而久之，某些年轻人开始按时来聆听这位伟大导师的智慧的言词，他们还带来记录本，一小瓶墨水和鹅毛笔，把他们觉得重要的东西记下来。有一天下起雨来，老师和学生们就撤到一间空地下室去，或到这位'教师'的家里来。学者坐在他的椅子上，年轻人就地而从。这就是大学的起始。在中世纪，大学就是这样一个教授和学生的联合体。'教师'即是一切，而校舍则无关紧要。"[①]以"教师就是一切"理念建立的大学就是始自巴黎大学——"教师组合体意义上的大学早在12世纪就已存在；至1231年，大学已经发展成一个法人团体，例如巴黎大学，与博洛尼亚大学不同，它是一个教师大学"[②]。

在巴黎大学，教会学校的教师社团先形成，然后吸引了大批学生从四面八方慕名来学。涂尔干就认为，"巴黎大学创建伊始，就是一群人的集合，而不是一组讲授科目的集合。它起初所表现出来的教师之间的连带关系，要远远高于他们所教授的科目之间的连带关系，后者只是最终从前者中派生出来的"[③]。教师的主要代表——教授群体权力很大，从而形成了教授治校的内部管理特色。这种教授治校特色体现在两个方面：以教授权力个人化为核心的讲座制历久不衰，教授之间又结成平等协商的团体——大学评议会共同管理大学事务，特别是学术事务。巴黎大学的教授模式很快扩展到欧洲其他国家和地区，足以概括它特色的组织方式传遍了整个欧洲，适应了形形色色的社会环境（众所周知，巴黎大学和博洛尼亚大学提供了两种原型，前者的这种尤其明显，其他所有大学都真正是亦步亦趋地以它们为自己的典范）。[④] 著名比较高等教育专家菲利普·阿特巴赫也认为，例如，英格兰的牛津和剑桥大学、西班牙的萨拉曼卡大学、中欧的布拉格和克拉科夫大学以及德国的海德堡和科隆大学都是深受法国巴黎大学教授治校管理模式的院校。[⑤]

学生行会和教师行会主导分别形成了两种典型的大学内部管理体制，甚至可以说一直影响到现在的大学内部管理。"教师或学生行会拥有大学自治权成为欧

---

① [美]H·房龙.刘子缘，等，译.人类的故事[M].北京：生活·读书·新知三联书店，1988：221－222.

② [美]查尔斯·霍默·哈斯金斯.王建妮，译.大学的兴起[M].上海：上海世纪出版集团，2007：14.

③ [法]爱弥尔·涂尔干.李康，译.教育思想的演进[M].上海：上海人民出版社，2006：102.

④ [法]爱弥尔·涂尔干.李康，译.教育思想的演进[M].上海：上海人民出版社，2006：102.

⑤ 参见：单中惠.外国大学教育问题史[M].济南：山东教育出版社，2006：258.

洲中世纪大学的突出特征。这些自治权包括：招收学生或邀请学者的权力；自主制订教学内容和授课的权力；颁发教学证书或学位的权力；不受外来干涉，自主管理大学教学、行政等其他一切事务的权力”①。从西方大学发展史来看，19 世纪之前的大学可以称之为私立大学，其内部管理体制主要是大学内部人为主的管理，这种内部人管理为主的管理体制直到在董事会制度创立后得到改观。

第二节　私立大学董事会制度的创设

虽然“大学董事会制度是西方国家大学大多采用的一种形式，也是校外人士对大学管理产生重要影响的一种体制……大学董事会制度最早源于 14 世纪意大利大学所创立的由社会人士组成的委员会(Lay Board)管理形式。后来，这一管理形式被瑞士的加尔文学院仿效；荷兰的莱顿大学又效仿了加尔文学院；苏格兰的爱丁堡大学效仿莱顿大学；都柏林三一学院又仿照了爱丁堡大学”②。但私立大学董事会制度一般认为源于哈佛大学(当时的哈佛学院)设立的董事会制度，“这是从英国本土借用来的一种形式，由院外人士控制。管理人员不是学术人员，也不是政府部门的人员，但必须是创办团体的人员。由此建立的控制机构是董事会”③。

一、董事会制度：英国大学管理的传统

(一) 模糊的英国私立大学

讨论英国大学及其管理问题肯定要从牛津和剑桥大学着手。因为“与英国其他社会机构部门一样，英国大学的管理体制也是长期发展过程的复杂的产物。英国大学的理想和学术管理结构在很大程度上决定于牛津和剑桥大学的古老传统”④。但牛津大学到底是由阿尔弗雷德大帝还是查理曼大帝抑或是由从特洛伊来的学者精英们所创建，至今仍是个未解的谜。⑤ 高等教育史学界一般认为，英国

① 黄福涛. 外国高等教育史[M]. 上海：上海教育出版社，2003：64.

② 单中惠. 外国大学教育问题史[M]. 济南：山东教育出版社，2006：279.

③ [加]约翰·范德格拉夫，等. 王承绪，等，译. 学术权力——七国高等教育[M]. 浙江：浙江教育出版社，2001：106.

④ [加]约翰·范德格拉夫，等. 王承绪，等，译. 学术权力——七国高等教育[M]. 浙江：浙江教育出版社，2001：88.

⑤ 贺国庆. 欧洲中世纪大学起源探微[J]. 河北大学学报(哲学社会科学版)，2007(6).

的牛津大学与剑桥大学是在13世纪前期发展成形的。12世纪后期很多英国学者及有志于研究学问的年轻人都超过海峡到法国和其他欧陆国家求学，尤其在巴黎学习的人居多。从1167年起，由于当时英格兰国王亨利二世同法兰西国王菲利普二世奥克斯特斯交恶，英王采取措施阻止英格兰的学子前往欧陆学习，并号召在法国的英格兰学子回国。由法国迁回的英格兰学者渐渐在牛津(Oxford)这个新市镇集结，形成了牛津大学，牛津大学是以法国巴黎大学为蓝本而建成的。

"12世纪，一些鲜为人知的学校出现在牛津，甚至人们忽视它们出现在科茨沃尔德(Costworlds)不起眼小镇的原因"①。正是牛津大学所处的位置偏僻，虽然隶属于林肯郡(Lincoln)的主教管辖，但牛津大学本身并未设立大主教职位。虽然偏僻，也缺乏宗教势力，但其位置具有战略意义。牛津处于北安普顿和南安普顿之间，位于英国的中心。它处于通往英国几个重要城镇道路的汇合点，这些城镇包括伦敦、布里斯托尔、贝德福德、伍斯特、沃里克，而且从牛津也很容易到达南部海岸，这就使得牛津成为可以自由发展学术的地方，并且吸引了英国各地追求知识的年轻人前来学习。据文献记载，"从公元1190年至1209年，牛津一地住过大约70位学者，包括神学、文艺、法学及医学等方面的都有"②。但在1209年发生了一宗血案影响深远：一位牛津大学的学者练习射箭而误杀了一名当地的妇人，愤怒的市民进行了报复，冲进大学打人抓人，并且在国王约翰的许可下，蛮横地以吊刑处死了2名大学生(也有史料认为是两名学者)。此事引起了牛津大学人员的恐慌，他们认为安全没有在牛津受到保障，纷纷离开，使牛津大学几乎解体。"冲突由于国王和教皇英诺森三世(Innocent III)都偏袒大学学者而得以解决。大学于1214年获取了最初的章程和特许权，使大学得以避开城镇居民的敌对行为(除教士外的物价税等)"③。1216年，"教皇授权牛津所在地的林肯地区主教任命其辖区的德·露西(Geoffrey de Lucy)为首任牛津大学住持(Chancellor，当时尚称不上是校长，应是教会驻校代表)"④。正是牛津大学的一部分学者逃到剑桥(Cambridge)另起炉灶，建立起一所新的大学，就是剑桥大学(关于剑桥大学起源的争论，在此不多介绍)。

13世纪起，牛津大学在数学与自然科学教学与研究方面在欧洲具有相当的影

① [法]雅克·韦尔热.王晓辉，译.中世纪大学[M].上海：上海人民出版社，2007：32.
② 郭为藩.转变中的大学——传统、议题与前景[M].北京：北京大学出版社，2006：5.
③ [法]雅克·韦尔热.王晓辉，译.中世纪大学[M].上海：上海人民出版社，2007：32.
④ 郭为藩.转变中的大学——传统、议题与前景[M].北京：北京大学出版社，2006：5.

响，但牛津与剑桥从成立起其宗教性就是个突出的问题——“只向少数圣公会上层阶级开放，不信奉国教的人都无资格进入这两所大学”，而且教育水平也不高。“到18世纪时，……这两所大学的教育水平也令人怀疑，它主要是非职业性的，并且几乎完全与英国的艺术界和科技界分道扬镳。那些控制学校事务的院士很少从事教学，而且常常并不住校”①。尽管如此，当我们讨论英国大学的理想与传统时，却依然只能从牛津与剑桥(其实还有更为适切的词——“牛桥，Oxbrige”)那里寻找渊源。从1889年起，英国政府资助任命了一系列的特别委员会为经过挑选的大学(学院)提供拨款，增加对大学的经费投入与资助，主要给大学用作经常性开支和基本建设开支，有力地推动了大学的发展；1919年，英国正式建立一个常设性质的组织——大学拨款委员会(UGC，University Grants Committee)，主要由学者组成，隶属政府财政部领导，负责国家资助大学经费的划拨与调配；很快又扩大了其职责范围，使它能够制定和执行满足国家发展所需的大学发展规划。②

从英国政府设立大学拨款委员会掌管国家对于大学经费的划拨与调配，这在一定程度上影响了英国大学公立还是私立的划分。尽管莫里斯·柯根，“英国大学法律上私立的，或者靠历史上有名的信托财产而生存，或者靠皇家特许状而存在”③。实际上，许多英国大学自己却一直在努力在实现“私立化”。就连成立于1976年，被“铁娘子”撒切尔夫人称为唯一的英国私立大学——“白金汉大学”也常常被人怀疑其所谓的私立性质。爱德华·希尔斯就认为，“英国没有美国意义上的私立大学，也没有美国意义上的公立大学。所有大学都是根据皇家特许状建立的自治实体……英国大学与其说类似于美国的公立大学，倒不如说它们更像美国的私立大学”④。围绕近年英国国内关于大学私有化的争论，牛津大学教育系博士研究生喻恺从设立者、所有者、资助者、治理者等四个维度探讨了英国大学的公立、私立模糊性问题，得出的结论是随着大学自身的发展和环境的变化，其“公”、“私”属性已从较为清晰变为复杂模糊，许多大学已远非简单的“公”、“私”二元标准可以

① [加]约翰·范德格拉夫，等. 王承绪，等，译. 学术权力——七国高等教育管理体制比较[M]. 杭州：浙江教育出版社，2001：89.

② [加]约翰·范德格拉夫，等. 王承绪，等，译. 学术权力——七国高等教育管理体制比较[M]. 杭州：浙江教育出版社，2001：90－101.

③ [美]伯顿·克拉克. 王承绪，等，译. 高等教育新论[M]. 浙江：浙江教育出版社，2001：64.

④ [美]爱德华·希尔斯. 李家永，译. 学术的秩序——当代大学论文集[M]. 北京：商务印书馆，2007：183.

判别。正是这种现实的复杂性导致了英国大学属性到底为私立还是公立的“模糊”所在①。

(二) 继承英国大学的董事会传统

在谈到以美国哈佛大学为例的私立大学董事会制度时，台湾学者郭为藩认为，“监理委员会其实只是一种橡皮图章，是沿袭早期校外人士(特别是教会神职人员)监督大学的传统，并不实际过问校务。要了解这种传统的存在，自然需要追溯到英国大学的法制上权力架构”②。而关于校外人士参与大学管理，加拿大学者约翰·范德格拉夫则认为，“英国大学传统上一直受校外人士的影响，其影响程度只有美国的高等学校才能超过”③。国内也有学者在深入考察英国大学后提出，“英国高校是在校董会领导下的校务委员会负责制，校长是学校一切运行负责的法人代表”④。那么美国私立大学董事会是如何继承英国大学董事会的传统呢?

作为英国大学和大学管理体制原型的牛津大学和剑桥大学从诞生之日起就一直处于既依附宗教特权和世俗皇权又争取独立的矛盾境地，牛津和剑桥的设立和管理架构的设置是置于英国皇家特许状(Royal Charter 或称 Charter of Incorporation，也称之大学章程)的保护之下，“所有英国大学的权力被国家所限制。大学作为法人受制于社会的规则，大学从枢密院得到特许状，没有后者的同意不能修订。枢密院肯定对大学有影响，有时候这种影响比批准一个由大学起草的制度造成的影响还大”⑤。更确切地说是皇家特许状确认了大学的法人身份，从而为大学的组织架构设置提供了保障。“如果分析大学章程，以探求大学管理是按照何种原则组织的，我们会得到双重来源：一方面为当时的职业基尔特、城市公社等其他行会组织所提供的模式；另一方面为由约 1260 年以后重新发现的亚里士多德的《政治学》所补充的古典法原则。普遍来说，权力是在选举的官员与全体大会之间分享”⑥。

---

① 喻恺. 模糊的英国大学性质：公立还是私立[J]. 教育发展研究，2008(3).

② 郭为藩. 转变中的大学——传统、议题与前景[M]. 北京：北京大学出版社，2006：80.

③ [加]约翰·范德格拉夫，等. 王承绪，等，译. 学术权力——七国高等教育管理体制比较[M]. 杭州：浙江教育出版社，2001：92－93.

④ 高校领导赴英国培训团. 英国高等教育发展考察与启示 [J]. 北京师范大学学报(社会科学版)，2004(2).

⑤ Moodie Graeme C and Eustace Rowland. Power and Authority in British Universities. Montreal: Mcgill Queen's University Press, 1974: 21.

⑥ [法]雅克·韦尔热. 王晓辉，译. 中世纪大学[M]. 上海：上海人民出版社，2007：40.

英国中世纪大学的特许状的权威性原来主要来自于教会权力，但在英国国王亨利八世推动的宗教改革后，大学特许状的颁发成为皇家特权和国家权力。特许状作为大学设立的法令性文件，对大学内部治理结构和法人治理制度做出了相应的三分之一。在大学治理方面，特许状对大学委员会(Court，也有译作理事会、董事会)、校务委员会(Council)、学术评议会(Senate)的性质、权力、责任及相关关系都有较为清晰的界定：大学委员会——依据大学章程任命校长，并有权接受大学工作报告；校务委员会——依据大学章程成为大学执行治理机构，保管和使用大学印章，对大学的总体事务进行控制，并拥有大学章程授予的其他权力和责任；学术评议会——大学的最高学术权力机构，负责教学管理、科研管理、学生的教育和纪律进行管理和监督。而大学治理的法律文件、程序、主要管理性职位、大学成员的约定以及英国大学特有的巡视员制度都是特许状明确规定的内容。[①]

西方中世纪大学基本都是由修道院或宗教学校发展而来的，所以大学的管理与宗教有着紧密的关联，管理则直接处于教会的管理之下。英国这上述两所大学却是由教师行会直接组成。即使不是由教会创建并发展起来的大学，也一样面临着与地方当局的世俗权力抗争。经过艰苦、激烈的斗争，大学能最终取得了顺利，其中一个重要的原因就是，除了大学的团结与坚定、罢课与迁移等缘由之外，“大学有一个至高无上的同盟者：罗马教廷”[②]。所以，这两所大学还是处于教会主教的控制与领导之下，这就带来了最早的校外人士——教会人员参与大学管理。牛津大学从1214年起由其所属的林肯主教区指派校长(当时称住持、校监一职)，11年后，剑桥大学亦由其归属的艾理主教(Bishop Ely)来指派。尽管最初时，两所大学与主教之间关系还比较融洽，但对于大学管理权的争夺还是纷争不断。为了争取大学的自治权，两所大学采用了“拉拢”校监的方式使其脱离教皇的控制。“‘拉拢’计划一共分为三部分：首先，通过游说主教和校监，动员校监离开教区所在地住到学校；其次，向主教争取到提名校监候选人的权力；最后，逐渐获得了选举校监的特权”[③]。这种“拉拢”经过不懈的努力，加上主教区与大学相隔甚远，牛津大学就与所在的林肯教区主教所在地相隔120英里，路途遥远，交通不便也使得主教不

① 参见：孙贵聪. 英国大学特许状及其治理意义[J]. 新华社教育专线. 北京师范大学比较研究中心，2006(71).

② [法]雅克·勒戈夫. 张弘，译. 中世纪大学[M]. 北京：商务印书馆，1996：63.

③ 代林利. 牛津大学治理结构的形成与演变[J]. 现代大学教育，2007(4).

愿意过多花精力干涉大学事务。“13 世纪末，经过持久的斗争，牛津大学的教师获得了选举校长的权力，剑桥大学也终止了伊利主教的校长任命权。1318 年，剑桥大学获得了教皇的特许状”①。这就意味着非大学人士的管理慢慢退出了这两所大学，显然牛津大学和剑桥大学在经历最初的校外人士控制的管理后，逐步形成了主要以内部学术人士为主的管理制度。

巴黎大学创立的大学制度——学院在牛津大学和剑桥大学得到继承。最初的学院在中世纪大学里一般是捐赠性质的慈善机构，“最早创建学院的人目的仅在于为那些无力支付生活费的穷学生提供食宿保障”②，但后来学院逐渐发展成为学校生活和教学的固定正规场所。“牛津大学和剑桥大学在创办初期就形成了学院为主，大学为辅的管理体制”③。目前，牛津大学有 39 个学院，剑桥大学有 31 个学院，学院属于大学，但不归大学管理，学院有自己的领导机构和章程，学院的章程服从于大学章程的有关规定。牛津大学的董事会（也有称理事会）称为 Congregation，而剑桥大学则称为 Regent House。牛津、剑桥的董事会不仅名称与其他大学不同，其组成人员也与其他大学不同，对大学的管理表现为：

(1) 大学的领导机构是董事会（理事会）。大学章程规定，理事会负责大学的全面事务，学术活动由大学评议会负责。

(2) 它的成员制度包括在职时间，是根据学术层次和专业范围区别的。这些成员有权决定大学机构和学生联合会。成员中还有被推选出的教师和学生代表。

(3) 大学董事会（理事会）成员中包括一定比例的校外成员，一般为 30～50 人左右，每年召开 6～10 次会议。

美国学者伯顿·克拉克认为：“董事会制度是盎格鲁—撒克逊高等教育中的一种共同的法定权力类型……传统上，董事权力指的是，一个由校外人士组成的团体，对学校进行一般的管理和监督。他们基本上不支取工资，兼职，另有要职在身。这些校外人士可能代表一种势力、代表一个公众机构和一般公众利益，也可能代表某一部分人的利益或者代表私立机构中资助的团体的利益。董事会也可能代表两方面的利益。这些董事会，是一所高等院校的长期监护人，掌握着该院校所从事的

---

① 甘永涛. 英国大学治理结构的演变[J]. 高等教育研究，2007(9).

② [美]查尔斯·霍默·哈斯金斯. 王建妮，译. 大学的兴起[M]. 上海：上海世纪出版集团，2005:16.

③ 贺国庆、王保星、朱文富，等. 外国高等教育史[M]. 北京：人民教育出版社，2003:98.

事业的命运，而且作为一个团体，它们通常都是法定的所有者，或者法定的管理人。”[①]而约翰·范德格拉夫在总结英国高等教育管理体制时提出，“此外，于 15、16 世纪创建的苏格兰高等教育学府所具有的传统在这一方面有时也起了一定的影响”。正如前文提到的：美国哈佛大学在创建过程中，仿效了都柏林三一学院的管理形式，而都柏林三一学院又仿照了苏格兰的爱丁堡大学。所以说，英国大学设立董事会制度要早于美国大学，但私立大学董事会制度却在美国得到充分的发展，并成为美国大学内部管理体制的一大鲜明特色，带领私立大学创造了巨大的辉煌。

二、哈佛大学：双董事会制度

哈佛大学在美国大学史上扮演着无可替代的角色。作为美国最早建立的大学(学院)，哈佛大学建校历史要比美国建国的历史长 140 年。而且，从美国大学发展史的角度来说，美国史学家奥恩斯坦说，“美国早期教育发展，大都是从马萨诸塞的教育经验中总结出来的”[②]。而殖民地时代的马萨诸塞地区建立的第一所学院正是哈佛学院。除了曾经漫长的历史和如今顶尖的地位，哈佛大学作为美国私立大学的卓越代表，董事会制度的设立亦有着特别之处：哈佛大学是私立大学中最早创设并沿用双董事会制度至今的典型代表。

(一) 哈佛学院的创设背景

贺国庆教授等学者认为，殖民地北美大陆尝试兴办大学早在 1622 年就开始了，但由于受当地印第安人暴动的影响，参与创办大学的人士或死或散，又值弗吉尼亚公司解体，创办大学的计划遂死腹中。[③] 1633 年，在毕业于英国剑桥大学的约翰·埃利奥特提议下，马萨诸塞议会邀请了 100 名大学毕业生承担建立一所与剑桥的伊曼纽尔学院相似的学院的任务。这 100 人中有 70 人毕业于剑桥大学，其他 30 人毕业于牛津大学。经过几年的准备，1636 年 10 月 28 日，出于培养马萨诸塞地区领导人、牧师、教师等专业人士的需要，“在上帝把我们平安地带到新英格兰之后，我们建造了自己的房屋，提供了生活的必需品，并在附件建立了上帝的教堂，设立了市民政府；下一步我们所期望的就是得到高深的知识，使子孙后代得以生存；

① [加]约翰·范德格拉夫，等. 王承绪，等，译. 学术权力——七国高等教育[M]. 杭州：浙江教育出版社，2001：191－192.

② 转引自：郭健. 哈佛大学发展史研究[M]. 石家庄：河北教育出版社，2000：7.

③ 参见：贺国庆，王保星，朱文富，等. 外国高等教育史[M]. 北京：人民教育出版社，2003：167.

我们害怕在我们现有的牧师死后，给教会留下的是无知的牧师”①。马萨诸塞议会通过了建立哈佛学院的议案，并提供 400 英镑的资助经费。当事者绝未曾想到，这一决定产生了今后全世界大学之翘楚——哈佛大学。甚至骄傲的美国人都承认，“先有哈佛，后有美国”，哈佛大学的成功与辉煌是无与伦比的。可惜的是马萨诸塞议会的伟大决定并没有能够一蹴而就地建立起学院。由于清教徒的内乱以及当地印第安人的纷争，直到 1637 年 11 月，马萨诸塞议会才将上述议案实施。而出于对英国大学的模仿，以及前面提及负责筹建学院的团体中 70 人都是毕业于剑桥大学，最初哈佛学院也被命名为“剑桥学院”，在课程设置和学生训练方式上都师从殖民宗主国——英国的剑桥大学。同样在 1638 年，年轻的清教徒牧师，具有剑桥大学伊曼纽尔学院学士学位和硕士学位的约翰·哈佛(John Harvard)去世，“他给这所‘荒芜的学院’捐赠了他一半的遗产——780 英镑和他拥有的 260 本书的图书馆。出于感激，奠基者们把这所学校命名为哈佛学院。”②

（二）第一董事会：校监事委员会(The Board of Overseers)

尽管在学院设立时完全模仿了英国的剑桥大学，然而，在管理体制上，哈佛学院却走上了与欧洲大学传统的行会自治模式截然不同的道路。1637 年，在马萨诸塞议会批准下，筹建中的哈佛学院设置了 6 名包括总督、副总督和司库(财务主管)在内的行政官员和 6 名公理会牧师组成了董事会(又称作校监委员会，The Board of Overseers)来负责筹建和管理学院，这就是哈佛第一董事会——校监委员会。从这时起，校外人士对大学实行监管就开始成为美国私立大学管理体制的显著特征。但此时的哈佛第一董事会还只是一个临时的组织，马萨诸塞议会通过的法案赋予其唯一的权力是“为在新城(Newtown)的学院制定规则”。在通过的法案文件中，并未使用董事 (Overseers)这个词，而在 1642 年哈佛学院首届学生毕业典礼上使用的正式称谓是“Inspector”。所以赫伯斯特教授认为，此时的“监事会”尚不是一个董事会(A Governing Board)，并且既没有永久性也没有自治权。③ 所以好不容易正式办学的哈佛学院在暴戾的伊顿(Nathaniel Eaton)院长的管理下仅一年就

---

① 转引自：[美]S. E. 佛罗斯特. 吴元训，等，译. 西方教育的历史和哲学基础[M]. 北京：华夏出版社，1987：306.

② [美]S. E. 佛罗斯特. 吴元训，等，译. 西方教育的历史和哲学基础[M]. 北京：华夏出版社，1987：306－307.

③ 转引自：和震. 美国大学自治制度的形成与发展[M]. 北京：北京师范大学出版社，2008：49.

陷入停顿，关闭了近一年。而解雇伊顿院长的不是校监委员会，而是马萨诸塞议会，因为校监委员会还没有被赋予这样的权力。同样，1640年，聘用毕业于剑桥大学马大林学院、年仅30岁的亨利·邓斯特（Henry Dunster）担任学院院长，也还是由马萨诸塞议会而不是校监视委员会。正是这位农民的儿子艰苦创业，励精图治地奋斗了十四年，才使得哈佛学院摆脱了生存危机，而且为后来的发展奠定了坚实的基础。

哈佛学院在初期的发展进程中遇到了管理的现实问题，主要原因是担任着总督、副总督等职务的校监委员们由于交通不便、自身事务繁忙等原因，加之缺乏对教育事业的兴趣，无法完成对大学"额外责任"的管理工作。1642年，马萨诸塞议会通过了新的法案，重新改组了校监委员会的构成，批准住在校内、有时间、有精力、更有兴趣的学校日常工作的管理人——校长作为校方唯一代表加入校监委员会。并且，校监委员会成为一个永久性的委员会，由马萨诸塞总督、副总督、哈佛学院院长、马萨诸塞议会的9名助理和9名相邻镇的牧师组成。根据法案规定，校监委员会拥有权力接受并持有礼物、遗赠、税收、土地、捐赠，在学院管理上享有更大更直接的权力，校监委员会由马萨诸塞总督主持。正是在这个新法案中，马萨诸塞议会正式使用"Overseers"来称呼这个委员会，这就是哈佛的第一个董事会。

（三）第二董事会：哈佛管理委员会（The Harvard Corporation）

可以说，哈佛学院创立时也是实行单一董事会制度的。但哈佛学院第一董事会的存在并没有持续太久。1650年，励精图治的邓斯特校长向马萨诸塞议会提出一个请求，他希望创立一个比第一董事会更积极、更主动地开展工作的董事会；董事会要集校内外人士于一体，并且是单一的，从而实现学院更为稳定的发展。为了完善对学校的管理，马萨诸塞议会颁发了特许状给哈佛学院，又设立了一个驻校管理机构——哈佛董事会（又称哈佛学院管理委员会、哈佛法人会，The Harvard Corporation），规定其基本拥有了学校开办的所有权力："……今后新英格兰的中塞克斯郡剑桥镇的这所学院的权威应当是一个法人会（A Corporation），由七个人组成，一个校长，五个评议员（Fellows）和一个司库或会计；……他们都应是本海湾的居民，此法人会应当由这七个人组成"[①]。同时，该特许状赋予了校监委员会具有

① 转引自：和震．美国大学自治制度的形成与发展[M]．北京：北京师范大学出版社，2008：51.

"认可"管理委员会的规定,"同意"付诸实施和"否定"管理委员会的决定等权力。[①]而管理委员会则基本拥有了学校开办的所有权力:拥有固定的印章、聘任教职员、出售财产、接受捐赠、诉讼权和财务支出等。但马萨诸塞议会在允许邓斯特校长创立一个新董事会的同时,仍然保留了校监委员会,将其作为董事会而不只是一个监视性团体,从而形成了哈佛学院的"双董事会制"管理模式。在1650年马萨诸塞议会颁发给哈佛大学的特许状中明确规定,"当上述成员(哈佛大学管理委员会成员)中的一人或多人死去或离去时,这七个人或者他们中的多数在征得学院监事会(Overseers)出席或经他们商议和同意的情况下有权并被授权在任何时候选举新的校长和评议员,或司库,此处所谈的校长与评议员从此在名义上和事实上,对于所有的意愿和目标,都将在法律上是一个政治和法人团体(One Body Politic and Corporate in Law),应当被称为'哈佛学院的校长与评议员'(President and Fellows of Harvard College)的名称;凭此名称他们和他们的继任者应当且可以购买价值不超过500英镑包括土地、房屋或不动产的礼品和捐赠,以及任何对于有益于校长、评议员和学生的需要和利益的货物和钱财"[②]。同时设立"双董事会制"的还有威廉·玛丽学院,以及1764年建立的罗得岛学院(1804年更名为布朗大学)。

目前,哈佛大学监视委员会(The Harvard Board of Overseers)更多是个荣誉和名义上的管理机构,所以其更正式的称呼是"The Honorable and Reverend Board of Overseers",意为"荣誉和令人尊敬的监视委员会"。虽然哈佛大学监视委员会更多侧重于咨询、顾问的管理责任而少于具体管理事务的功能,但"由于哈佛大学董事会(监视委员会)早于哈佛管理委员会成立,所以有时也被看作是更为'高级的'治理董事会"[③]。如今哈佛大学监视委员会主要由校友选出的30名成员担任,在一定程度上可以说哈佛监视委员会是可以自我更新和存续的。每年由哈佛大学校友要选出5名任期为6年的董事,候选人由哈佛大学校友会提名,而自愿董事候选人则要从哈佛大学校友中获得足够的选票推荐。

哈佛管理委员会虽然时间成立在后,却是当今哈佛大学日常工作的管理机构。但哈佛管理委员会开展工作必须接受哈佛监视委员会的监督,校长的任命也掌握

① 郭健.哈佛大学发展史研究[M].石家庄:河北教育出版社,2000:29.

② 转引自:李子江,张斌贤.大学:自由、自治与控制[M].北京:北京师范大学出版社,2005:173.

③ Harvard Board of Overseers-Wikipedia, the free Encyclopedia: http://en.wikipedia.org/wiki/Harvard_Board_of_Overseers

在哈佛监视委员会的手中。所以在实际的管理过程中，哈佛自"双会制"管理模式形成以来，并没有像设立时人们想象的那样互相配合，积极发挥作用。两个董事会之间一直纷扰不断，经常发生冲突，互相争权，很难调和双方的矛盾。但"双董事会制"的管理架构也不是完全没有优点，正如哈佛大学第21任校长艾略特的评论，"这种制度显著优点在于两个（董事会）互相监督和制约的机构能够有力地维护学校的利益"[①]。

三、单一董事会制度：耶鲁学院首创

尽管哈佛大学实行的"双董事会制"开创了美国私立大学管理体制的先河，但这一制度并没有被大多数美国高校所借鉴、采纳和应用。"美国高等教育管理体制的原型，实际上是在'耶鲁'和'普林斯顿'形成的。在这两所学校里，社会代表们组成一个单一的校董会，既是学校的主人，又有效地控制着学院。校董并非各个院系的成员，他们是牧师、地方长官、律师、医生或者商人。"[②]所以在这里，我们将从耶鲁入手挖掘单一董事会制度——这一美国大学管理体制的实际原型，从而更深入地探寻私立大学董事会制度的演变历程与制度源头。

如果从创立者的角度来看，我们可以把耶鲁大学看作是哈佛大学建立的："随着当地清教徒组织的日益衰退，以及各种宗派主义和英国圣公会使大学中原来的信仰动摇了，于是在试图维持总督委员会控制的保守的加尔文主义者和要给大学带来各种宗教信仰的自由分子之间展开了一声激烈的争斗。这使1701年许多教师和学生脱身去建立耶鲁大学。他们认为这所学校是'先知者的真正学校'。"[③]而提到的这些清教公理会的牧师和学生——他们基本都是哈佛学院的毕业生（10个人中有9人是哈佛毕业生），想在新英格兰的康涅狄格殖民地创办一所新的学院，从而通过学院培养自己的牧师来教化新移民。尽管他们几乎全都是哈佛学院的毕业生，他们认为哈佛正偏离真正的、纯粹的卡尔文主义教义。加上1622年英国颁布的《统一法案》(Act of Uniformity)规定牛津、剑桥、都柏林和圣三一学院都不再

---

① Brubacher, J. S. & Rudy, Willis. Higher Education in Transition: A History of American Colleges and Universities. Harper & Row. Publishers, 1976:25.

② ［美］丹尼尔·布尔斯廷. 中国对外翻译出版公司，译. 美国人：开拓历程[M]. 北京：生活·读书·新知三联书店，1993:202-203.

③ ［美］S. E. 佛罗斯特. 吴元训，等，译. 西方教育的历史和哲学基础[M]. 北京：华夏出版社，1987:308.

向非国教教徒开放,哈佛学院就成为苏格兰以外,说英语地区唯一的一所加尔文教派的高等教育机构①。正是出于坚持宗教信仰的动机,他们向康涅狄格议会提出建立一所真正属于自己教派的学院。在设立学院之初,这些牧师们就学院的建校事宜,特别是管理架构问计于哈佛学院的第6任院长——被誉为是当时"本殖民地最杰出的人物"——英格里斯·马瑟(Increase Mather)和他的儿子(克顿·马瑟),以及法官塞米尔·瑟瓦尔和理查德·阿丁顿。四人全都建议采用单一董事会制度的管理设计。鉴于当时哈佛学院的宗教自由主义(Latitudinarianism)倾向和"双董事会"制度运行的弊端,马瑟父子都认为哈佛学院的"双董事会制"使世俗权力和公理会之外的教派都参与学院的管理,容易造成混乱,建议他们采取单一的董事会(Corporation)来管理学院,并且所有董事均应是信仰坚定的牧师,才能把学院的管理权力牢牢掌握在自己手中。而两位法官则认为世俗人士也可以成为董事会成员,所以建议由信仰坚定的牧师和世俗绅士共同组成董事会。直到此时,他们并不知道,这一建议将成为今后美国大学管理史上的里程碑——单一董事会基本上成为美国大学管理的普遍模式。1701年10月9日,康涅狄格议会通过了建立学院的法案;1701年11月11日,学院依法建立;1702年10名公理会的牧师(其中9人是哈佛毕业生)被委任为"信托管理人(Trustees)"。由于这些"信托管理人"事先对于学院管理体制征询哈佛学院的管理者给出的建议,创设学院时,就理所当然地选择了单一的董事会制度来管理学院。学院最初被命名为"康涅狄格学院式学校(Collegiate School in Connecticut)"。学院设立之初,校址一直迁徙不定,直到1716年才定址在纽黑文市(New Haven)。学院每年也只能从康涅狄格议会获得约120英镑的经费资助,学院办学特别艰难。1718年8月,曾供职于东印度公司的英格兰商人艾立胡·耶鲁(Elihu Yale)向学院捐赠了一箱书籍和价值约200英镑(也有史料称550英镑)的货物,才帮助学院建立起第一座大楼。1720年4月20日,学院正式被命名为"耶鲁学院"。

1754年,康涅狄格议会颁发特许状,批准耶鲁学院成立有9人组成的"耶鲁学院院长和院士"法人。"通过单一的非住校的、非学术的董事会进行控制;董事会中牧师的代表或者在数量上与外部世俗人士相同,或者在强度上占据优势;教派在某种程度上相互敌视,往往是强有力校长居于核心地位;尽管殖民地的官员在董事会

① 参见:李子江,张斌贤.大学:自由、自治与控制[M].北京:北京师范大学出版社,2005:197.

中有个别的代表，学院在本质上却独立于殖民地的控制和资助”[①]。从此，耶鲁学院设立的单一董事会成为以后大多数美国大学和学院董事会设置的效仿之源，成为通用的大学管理体制。耶鲁学院甚至因这一点被称为“美国大学之母”。

耶鲁学院首先设立的大学单一董事会制度已有超过300年的历史，尽管也称不上是尽善尽美，但它经受了历史的考验，成为美国私立大学管理体制的源泉。正如W. H. 考利说：“一院制的董事会制度赋予了行政人员完全的治理权利……它最根本的特点就是它把所有权力都集中在这十个董事会成员身上，他们懂得如何自我更新，而且不受任何人的控制……允许他们自主选择他们的继承人，不受任何人的监视与控制，这样才可以延续这所学院的传统，不需要做出什么改变。”[②]正是由于这样保守的设置，三百多年来，耶鲁大学始终屹立在世界大学之林的前列。

第三节　私立大学董事会制度的制度化历程

事实上，私立学院实行主要由校外人士组成的董事会管理之初，由于还要经常接受政府的资金资助，在学院与政府之间一直存在着控制与反控制的斗争，而斗争的焦点就集中在董事会权力方面。这种斗争一度严重到出现了学院试图摆脱董事会管理的地步。威廉·玛丽学院就曾在1729年设立由校长和教师组成的院务委员会，差点就实现了“自治”。后来，由于弗吉尼亚地方法院否决了该学院的自治地位，学院仍旧由校外人员组成的董事会管理。独立战争结束后，美国形成联邦国家，联邦宪法规定教育成为各州的保留权力。一些州试图把私立学院改造成公立学院，于是私立学院展开了保持独立权力的斗争，其中以“达特茅斯学院案”最为著名，该案的判例成为美国私立大学、私立大学董事会制度的标志性依据。美国纽约州立大学分校的霍布斯教授说：“要区分公私立大学，在1819年的达特茅斯案判决之前是回答不出来的，在1870年赠地法案实施以前也还是不明显的，此后才有明显的差别。表现在资金来源及分配方式不同，所有权迥异，管理权限有别等方

---

① Hofstadter, Richard. Academic Freedom in the Age of the College. New York: Columbia University Press, 1955:143.

② Cowley W H. President, Professors, and Trustees: The Evaluation of American Academic Government. San Francisco: Jossey-Bass Inc, 1980: 40－43.

面。但各州以及各历史时期的差异与变化很大,因而又不是绝对的。”①

一、达特茅斯学院案:董事会权威的摇摆与稳固

达特茅斯学院是1729年由清教公理会根据英国国王乔治三世(George III)颁发的《特许状》而设立,是美国最早设立的9所学院之一。《特许状》规定学院设立董事会,同时赋予董事会具有补充缺额和选任学院院长的权利。在第二任院长约翰·惠洛克(John Wheelock)执掌学院期间,由于与校董事会矛盾不断,从起先的个人恩怨发展成宗教与政治派系的斗争。1815年,双方的矛盾激化到无法在学院内部调解的地步,院长惠洛克向学院所在的新罕布什尔州议会提出控告,状诉学院董事会挪用学院基金捐助乡村的传教活动、浪费学校钱款,从而影响了教学质量。他指出学院董事会的一些做法已构成“毁约”行为,请求州议会给予裁决。由于学院董事会成员主要是公理教会(Congregation)和联邦党成员,而惠洛克、州长以及受理该案的议员大多是民主共和党人,政治派别的差异,导致了该案的复杂性。尽管考虑到双方矛盾的严重性,州议会在听完惠洛克的控诉和学院董事会的辩护后,认为学院董事会反映的情况需要成立调查小组亲临学院深入调查。但在该调查报告还没有送达州议会之时——1816年6月27日,州议会通过一项法律,宣布撤销英王核发给达特茅斯学院的《特许状》,宣布该学院停办,解除院长惠洛克(事实上不过是个幌子)院长职务。同时,修改了学院特许状,将学院改为“大学”,由校长和大学董事会共同监管。新校董事会成员由12名增加到21名,成员必须由州长及州政府委员会选派,并设监事(Overseer)25名,其中21名由州长及州政府委员会委派。监事会对董事会及其行为有否决的权利。校长每年必须将校务向州长报告一次,州政府委员会每隔5年对达特茅斯大学视察一次,并将结果向州议会报告。由于新增设的董事和监事基本都是民主共和党成员,处处为难昔日的董事,引起了旧任董事成员的极大不满和抵制。利用这一机会,新任董事把旧任董事驱逐出大学,又将解聘的院长惠洛克召回,改任达特茅斯大学校长。被驱逐的旧任董事并没有放弃,在学院附近租房继续维持原达特茅斯学院的教学与其他活动,以行动向州政府表明学院并没有被关闭,以抗议州议会不合理的做法。

在旧任董事被赶出学院的时候,担任达特茅斯学院秘书和财务员的伍德沃德

---

① 转引自:刘娜,刘苏华,吕英芳.美国私立大学的概念、特点与功能[J].高等工程教育研究,2003(6).

把校印、文件及账簿等材料私自拿走。不久他投奔了新设立的达特茅斯大学，拒绝把原达特茅斯学院的上述物件交还。于是，达特茅斯学院的董事为了索还被侵占的物品，向新罕布什尔州各级法院控告伍德沃德非法侵占学院财产；连带诉新罕布什尔州擅定法律，破坏英王颁发的具有契约效力的《特许状》，要求法院取消州议会于1816年6月27日通过的法律。

遗憾的是，该州各级法院先后均判达特茅斯学院败诉，而新罕布什尔终审法院也维持初审法院的判决。达特茅斯学院不服判决，开始不断上诉。1818年3月向联邦最高法院提出了上诉。开庭辩护时，面对联邦最高法院七名大法官，原告律师丹尼尔·韦伯斯特(Daniel Webster)的理、法、情兼具的辩词成为一时之经典。

首先从以理服人的角度，他指出，达特茅斯学院是一个私人慈善团体，设立已达半个世纪。学院特许状是英王乔治三世核发的，并承认当初该学院为法人(Corporation)。就董事会(Trustees)来说，该特许状是一种契约，因为当初董事会是以创办一所学院为理由向英王提出的申请的。特许状获准后，学院董事会随即以私立资产和私人名义创办了这所学院。假如当初他们预料到有一天政府会剥夺他们的财产控制权的话，他们肯定决不会创办的。

其次从法律的角度，他慷慨陈词，新罕布什尔州终审法院所谓既然达特茅斯学院从事的是公益事业，就应该属于公众的说法，纯属标新立异之说，不成能为理由。试问有谁会指派立法机关去替它管理自己的慈善事业呢？在此之前，究竟有谁听说过学院、医院或难民所接受的赠与居然变成了对州政府的赠与呢？由此足以证明新罕布什尔州议会对达特茅斯学院的处理，显然已构成侵占行为。根据联邦宪法第一条第10款的规定，各州不得制定法律去破坏义务。何况根据新罕布什尔州宪法的规定，该州也无权在未经法院审判之前擅自对人民作判决，并对人民的财产予以没收。此外，法人的权利应与个人无异，法人的印章、文件、账簿等属于个人财产，扣押它们无异于侵占其财产。

最后，韦伯斯特辩护道，本案并非平日所发生的普遍案件，而是非常重要的一个案子。它不但影响达特茅斯学院，而且影响到全国各学院及教育文化机构。把教育文化机构卷入党派斗争是非常危险的做法。如果学院受政府意见变化或政党兴衰的左右，那么学院将不能稳定的存在。这将导致私立捐赠者转变他们的方向，从而使学院失去大量的捐赠。达特茅斯学院是个弱小的教育机构，它的命运正操纵在诸位手里。诸位法官先生，你们可以把它毁掉；但请记住，它正维系着很多人的爱心！韦伯斯特的辩护词深深感动了大法官们，甚至包括那些强占该学院的新董事会。

1819年2月2日，联邦大法官马歇尔宣布达特茅斯学院胜诉。他指出，达特茅斯学院的《特许状》具备了完整、合法契约的一切条件。而将达特茅斯学院改为大学，是对州政府“献媚”的做法。达特茅斯学院是由文化界人士所创立的私立机构，其控制权应由创办人掌握。他们有权选举该机构的接班人，州政府无权越俎代庖。新罕布什尔州初审法院的判决，显然已违反联邦宪法关于保护契约的规定，应属无效判决。

如此详细地介绍达特茅斯学院案是因为达特茅斯学院案被认为美国私立大学和学院发展史上的里程碑。“它决不是一个简单的判例。它从美国国家权威的角度出发为源自于政府赠与的所有权力和特许状设置了一个屏障，赋予了我国文化机构、慈善机构、宗教机构和商业机构以稳定性和神圣不可侵犯性”①。联邦最高法院对达特茅斯学院案的判决结果，使契约的神圣性得到全美的尊重。各州也因此而受到警惕，对于契约义务，不敢再存心侵犯。更为重要的是，联邦最高法院的判决解决了各院校面临的复杂的所有权区分问题，从而带来了私立大学在美国的新发展。

在这里应该要记住联邦最高法院首席大法官马歇尔做出的英明裁决。他认为，达特茅斯学院是一个宗教慈善性私立社团，达特茅斯学院设立特许状所建立的契约，在新旧政府领导下应当都一样。联邦宪法已经确立了这一限制：州立法机关不能通过损害契约义务的法案。经过深思熟虑之后，联邦最高法院给出的判定意见是：这是一个契约，损害它的契约义务不可能不违反联邦宪法。因此，新罕布什尔州立法机关通过的法案必须撤销。并且，达特茅斯学院案的裁决结果适用于美国所有的私立慈善性社团。“达特茅斯学院特许状之契约义务在新旧政府之下都是一样的，政府的权力也是一样的，如果在美国宪法生效之前的任何时候废止这个特许状，都将是非同寻常和没有先例的权力行为。在这个州的宪法中规定的对议会的限制可能已被质疑。但是美国宪法已经确立这一限制，即州议会不能通过任

① Duryea, Edwin D. Academic Corporation: A History of College and University Governing Boards. New York: Falmer Press, 2000: 137.

何‘损害契约义务’的法律”①。这场关于学院领导权的斗争最终以董事会顺利而告终。董事会仍然可以自由地按照他们的见解来管理学院。

应该说,达特茅斯学院案的裁决结果在美国高等教育发展史上,特别对于私立大学和私立大学董事会的发展来说具有非凡的意义。它明确了“私立大学的存在与发展同样是符合美国社会的公共利益的;私立大学不受政府的干预;私立大学的董事会是该校唯一的法定的权力机构”②。正如马歇尔大法官在判决书中所言,“几乎所有的慈善社团,为促进宗教、慈善事业和教育而创办的那些慈善社团,都是同一性质。此判例是适用于所有同类案件的法律”③,从而确立了董事会对学院的控制权威,彻底排除了政府对学院的干预,为私立学院的发展奠定了牢固的基础。

二、私立大学董事会制度化演变

在独立战争(1775—1783)之前的殖民地时期,美国仅建立起 9 所学院,即哈佛大学、威廉·玛丽学院(College of William and Mary, 1693)、耶鲁学院(后来改称耶鲁大学 Yale University, 1701)、新圣西学院(也称新泽西学院,后来改称普林斯顿大学 Princeton University,1746)、国王学院(后来改称哥伦比亚大学 Columbia University, 1754)、费城学院(后来的宾夕法尼亚大学 University of Pennsylvania, 1755)、罗特岛学院(也有称罗得岛学院,后来改称布朗大学 Brown University, 1765)、皇后学院(后来改为州立大学——拉特格斯州立大学 The State University of Rutgers, 1766)以及达特茅斯学院(Dartmouth College, 1769)。这些学院都无一例外地采用了董事会设置。据称这种由热心教育的非教职人士主控,并成为一种特色是受苏格兰大学的影响。在当时的历史条件下,这些院校在最初设立时都与政府有着联系,由于不直接从政府获得经费,都还能保持着办学的独立性。而独立战争是美国私立大学发展的重要转折期,特别是 19 世纪前半叶,建立与上述学院类似的小规模学院出现了高潮。由于任何团体或教派都可以尝试资助建立这类学院,1800 年至 1860 年间,各州颁发“特许状”并批准设立的学院多达 500 所。可是建立学院财物消耗甚大,尽管众多团体和教派充满投入办大学的热情,可能够提

---

① Hofstadter Richard and Smith Wilson. (eds.) American Higher Education: A Documentary History. Vol. 1. Chicago: The University of Chicago Press, 1961:218.

② 袁明.美国文化与社会十五讲[M].北京:北京大学出版社,2005:124.

③ 转引自:和震.美国大学自治制度的形成与发展[M].北京:北京师范大学出版社,2008:134.

供的资源却常常入不敷出。于是出现了不断地建立新学院，又不断地停办旧学院，其中仅有四分之一的学院最后生存了下来。资料表明，1776 年至 1861 年间建立起来的学院达到了 800 所，但这些学院维持到 1900 年的仅有 180 所了（请见表 1－1：1776—1861 年美国有关州创建学院及消亡情况）。[①]

表 1－1　1776—1861 年美国有关州创建学院及消亡情况

所在州	创建学院数（单位：所）	消亡学院数（单位：所）	消亡百分比
阿肯色州	3	3	100%
佛罗里达州	2	2	95%
堪萨斯州	20	18	95%
密苏里州	85	77	90%
宾夕法尼亚州		15	48%

数据来源：Westmeyer，Paul. A History of American Higher Education. Charles C. Thomas Publisher，1985：24.

在优胜劣汰的学院发展进程中，这种董事会领导的学院形式逐渐得到加强。正如美国著名学者伯顿翰·克拉克所认为的，“从 1650 年到 1800—1850 年的 150～200 年间，逐渐地建立起了私立董事会的控制机制，在具有慈善托拉斯法律地位的这样的院校中，董事会管理捐赠、财产和业务等工作。”[②]此间，董事会呈现出这样一种特点：众多学院的董事会中，企业家逐渐取代牧师成为董事，并发挥越来越重要的作用，使得学院在摆脱政府官员纠缠的同时，也削弱了教会对学院的影响，逐步确立了美国民间资助高等教育的模式成为固定的制度。

三、董事会治理结构继续演进：关联体形成

经历了达特茅斯学院案后，美国私立大学的发展日趋成熟、稳定。1860 年开始了美国高等教育的第一次跨越式发展。突出体现在，把威廉·洪堡建立研究型大学的理论引入到美国大学发展中，并把大学要实行教学和科研相结合的“洪堡思想”制度化了。“而这种制度形成以后，又逐渐内化成美国高等教育价值观念和行为准则的一部分，这就又把制度思想化了。”[③]这种“制度化”与“思想化”的相互转

① 转引自：和震. 美国大学自治制度的形成与发展[M]. 北京：北京师范大学出版社，2008：136.

② [加]约翰·范德格拉夫，等. 王承绪，等，译. 学术权力——七国高等教育管理体制比较[M]. 杭州：浙江教育出版社，2001：107－108.

③ 袁明. 美国文化与社会十五讲[M]. 北京：北京大学出版社，2005：118.

换，带来了美国私立大学发展的新进展。具体表现在1861年，耶鲁大学授予了美国第一个哲学博士学位，哈佛大学在19世纪70年代建立起研究生系。随后，早先差不多同时设立的私立大学如普林斯顿、哥伦比亚、布朗和康奈尔等纷纷紧紧跟上，先后组建研究院，组成了一批名牌私立大学。

私立大学董事会在这种大学迅速发展的背景下获得了新的突破，主要集中在董事会成员的构成走向了多元化。一是表现在董事会发现了自身的在学校事务管理方面存在的严重不足，于是作为董事会代理人的大学校长的作用越来越重要，并最终确立了董事会领导下的校长负责制的管理模式。这一时期，一批富有声望、能力超卓；既是学术泰斗，又具企业家精神的活动家类型的私立大学校长脱颖而出，代表人物主要有哈佛的艾略特(Charles W. Eliot)、美国第一所大学——约翰·霍普金斯大学的吉尔曼(Daniel C. Gilman)、斯坦福的乔丹(David S. Jordan)和芝加哥大学的哈珀(William R. Harper)，在这些卓著人物的带领下，美国私立大学得以迅猛发展。

二是学术权力群体在董事会的地位逐渐形成，大学教师开始取得参与学校事务管理，甚至可以说是在董事会中拥有了重要的话语权。尽管非专业人士组成的董事会在私立大学的发展中发挥了重大作用，但大学毕竟是学术性组织，以教授为主的学者团体也需要在越来越多的学校活动中得到应有的权力和话语权。布鲁贝克和鲁迪曾指出，美国学院的权力结构有两个基本成分：一个是教学和住校的专业团队，另一个是非住校的，至少是有部分外行人士组成的董事会。① 但美国私立大学的教职员的声誉在相当长的时期并不高，加之外行董事会为主管理的传统，所以教师未被吸纳到学校管理组织中。到1712年，威廉·玛丽学院开始设立自然和数学教授职位，1721年，哈佛学院建立了霍利斯神学教授职位，耶鲁在1753年设立了神学教授职位；教授职位的设立显示了学术专业地位的提升和教师专业权力的加强，尽管教师地位的提升是缓慢而艰难的。直到19世纪末，在美国的经济衰退和劳资冲突的背景下，美国大学教师的学术自由权利遭到了粗暴践踏，总共发生了20多起大学教授因与大学董事会意见对立而遭到解雇的事件。特别在1900年，斯坦福大学经济学家爱德华·罗斯(Edward Ross)因为斯坦福夫人(Lady Leland

① Brubacher John S and Rudy Wills. Higher Education In Transition：A History of American Colleges and Universities，New Brunswick：Transaction Publishers，1997：28.

Stanford)不满他对移民劳动力和铁路私有化的批评而遭到解雇。斯坦福大学的另外几名教授也因为支持爱德华·罗斯愤然辞职,以示抗议此事对教授学术自由权力的侵犯,表达对爱德华·罗斯教授的支持。这一事件给了约翰·霍普金斯大学哲学教授阿瑟·洛夫乔伊(Arthur O. Lovejoy)很大的震撼。1915 年 1 月,他与约翰·杜威(John Dewey)经过长期的酝酿,发起召开了一次会议,在会上成立了一个捍卫大学教授学术自由的组织——美国大学教授协会(AAUP),协会同时还发表声明,明确提出保护学术自由和设立终身教职的原则。1940 年、1958 年、1970 年美国大学教授协会(AAUP)相继发表了声明,进一步明确了大学教师应享有的学术权力,全面宣传教师的学术自由权利和终身教职的密切关系。经过不懈的努力,1972 年,AAUP 提出的"教师经过一定年限的服务就可享有终身教职"的主张被美国最高法院认可。没有了后顾之忧的终身教职人员,为以教授为代表的学者群体在董事会中取得足够话语权起到重要作用。而在董事会之下,设立由教授、特别是终身教授为主的各种评议会、董事会下设委员会、教授会,教师逐步参与大学的学术和行政管理事务,在董事会中的地位越来越重要。尽管学术权力在私立大学地位的上升并不是平稳、顺畅地前进,但美国大学教授协会(AAUP)的成立为教授参与大学管理提供了重要的支持,正如卡内基教学促进基金会所指出:"决策已经成为董事、校长和教师们的共同责任。"①

此外,由于各个大学的校友对学校资金的贡献越来越大,高等学校不得不在其董事会中为这些施惠者安排位置,"校友们于 19 世纪 70 年代开始在董事会中获得席位"②。"私立大学的董事会主要由大学校友选举或者实行终身制"③。至此,大学内部权力的各个关联群体都开始进入董事会治理的框架。

四、董事会发展的路径:权力共享的多边治理④

进入 20 世纪 60 年代,美国私立大学已确立起其旗舰的地位,在大学的排行榜上,私立大学总把持着顶端。这时美国的大学正如著名教育家克拉克·科尔在哈

① [美]罗伯特·伯恩鲍姆.别敦荣,主译.大学运行模式[M].青岛:中国海洋大学出版社,2003:6.

② [美]乔治·凯勒.别敦荣,主译.大学战略与规划[M].青岛:中国海洋大学出版社,2005:7.

③ [美]詹姆斯·杜德斯达.刘彤,主译.21 世纪的大学[M].北京:北京大学出版社,2005:46.

④ 本部分相关内容参考了:甘永涛.美国大学共同治理制度的演变[J].清华大学教育研究,2009(3):25-30.

佛大学发表的经典演讲——《多元化巨型大学》中指出的，大学已经发展成为“一个充满无穷变化的城市”；同时，“大学也是一种矛盾重重的机构多种社群组成，它有多种目标、多种灵魂，它是一种非常复杂的社会组织”①。作为私立大学最高治理机构的董事会也有了更新的、更为有效的发展——权力分享成为董事会发展的新方向，这就意味着越来越多的群体与个人加入到私立大学的管理活动中来。

大学校长作为董事会精心挑选的代理人，和相关行政管理人员一起，围绕大学的行政(管理)事务形成了专门的管理层。校长在其中担任着沟通、协调各种机构之间关系的重任。而教师则通过加入董事会的各种评议会、学术委员会和教授会更加积极主动地参与大学的管理。尽管美国大学的学生组织一直比欧洲大学的学生组织弱，政治意识也低，但进入 20 世纪 60 年代美国大学生运动越来越多，也使得大学吸纳学生加入董事会行使管理权力；然而在董事会为负责具体大学事务设立各个层次的正式委员会中，学生仍然没有什么发言权。校友们一直是私立大学的宝贵财富和重要的捐款对象，如今吸引杰出校友加入董事会的更加普遍，一些董事会的董事就是由校友们选举或推荐产生。私立大学一直尽可能避免与政府的紧密接触，总刻意保持着距离，但是私立大学的发展毕竟需要政府在其运行中给予资金与帮助，特别是在宾夕法尼亚州和马里兰州，州政府更倾向于用高等教育拨款资助现有的私有学院(大学)，而这种资助也不可避免地会带来公共权力对私立大学发展的介入。

美国私立大学董事会逐渐实行权力共享的共同治理的主要标志是 1966 年美国大学教授协会(AAUP)、美国教育理事会(ACE)、美国大学与学院董事会协会(AGB)联合发表的《学院与大学治理的联合声明》；1978 年，美国大学与学院董事会协会(AGB)颁布了《治理宣言》，对上述的联合声明进行了部分调整，提出七项原则对美国大学治理模式进行重建。20 世纪 60、70 年代，美国经历了民权运动、和平运动以及大规模的对抗政府政治游行运动。外部的社会动荡也极大地影响了大学内部的政治权力争夺，大学也兴起了校园民主运动。学生采取激进的校园运动方式提高自身在大学决策活动中的地位，教师则通过成立教授会或修正教授会章程，从而进一步巩固在大学决策活动中的权力。正是在巩固校园民主运动成果的背景下，AAUP、ACE、AGB 联合发表了《学院与大学治理的联合声明》。声明中将

① 转引自：黄福涛. 外国高等教育史[M]. 上海：上海教育出版社，2003：456.

“共同治理”定义为“基于教师和行政部门双方特长的权力和决策的责任分工，以代表教师和行政人员共同工作的承诺”；“在本声明中学生是与董事会成员、行政人员和教师同等重要的大学组成要素”，大学和学院的董事会具有“决定性的制度权力”，从而“确保大学或学院的历史将发挥作用通向未来的序幕和灵感的作用”①。这就意味着大学和学院董事会、行政管理部门(人员)、教师、学生等大学各类成员共同参与大学的治理。联合声明用两条原则来规定“共同治理”，即“大学组织重大事情的决策既需要首创能力，也需要全体人员的参与；大学各组成群体在决策中的地位有所不同，谁对具体事务负有首要责任，谁就最有发言权”②。尤为重要的是，该声明对大学共同治理的权力分配进行了比较详细、深入的分析与分类，明确了董事会、校长、教师、学生的主要权力和责任范围。并且建议大学建立起教师、校长、董事会之间长期的协商机制，包括实行三方谅解备忘录的机制，建立特别联合委员会和常设联络委员会，扩大大学管理委员会和增加董事会中的教师代表等一系列措施。

20世纪90年代，美国高等教育界对大学和学院的共同治理提出了批评与质疑，一时间关于是否实行共同治理的争论不休。面对这种批评与争论，AGB提出传统的大学共同治理模式需要完善与改革。1998年，AGB颁布了《治理宣言》，对1996年发表的《大学和学院治理的联合声明》进行了补充和调整，除了《大学和学院治理的联合声明》中提到的大学关联群体的决策权威，主张大学中的非终身教职教师、学术员工、学生、兼职教师和助教都参与决策，并提出运用七项原则对大学共同治理模式进行改革和重建。《治理宣言》的主要内容体现为对共同治理中的权力进行了重新分配，设置新的决策标准(如下页表2所示)。

20世纪八九十年代到进入21世纪，全球化思潮盛行，公民社会崛起，信息化对管理带来了新的挑战，社会管理模式有了新的变化，“新公共管理”理论开始出现。在此基础上，随着越来越多的利益关联体试图在公共管理中发挥作用、参与决策，超越“新公共管理”理论的公共管理新模式诞生了，这就是公共管理专家苏珊·菲利普所指称的“后新公共管理时代”，也即“多中心治理管理时代”。作为社会组织的大学在治理中也逐步走向“多中心治理时代”，多边利益共享治理得以进

① www.AAUP.org/AAUP/Pubsres/policydocs/governancestatement.htm，2007-10-10

② www.AAUP.org/AAUP/Pubsres/policydocs/governancestatement.htm，2007-10-10

一步深化和加强。

表 1－2　《学院与大学治理的联合声明》(AAUP、ACE、AGB)与《治理宣言》(AGB)对大学治理相关者的权力责任分配比较

决策项目	《学院与大学治理的联合声明》	《治理宣言》
决策	董事会和行政机构对此种决策负有首要责任，但决策应与教师协商	董事会对大学使命的决策负有首要责任，并与最高行政管理人员商议
战略导向和宏观规划	同上	董事会负责战略决策，宏观规划则应获得部分其他利益相关者的同意或理解(全职教师排在首位，应该包括兼职教师和学生)
物质和财政资源 预算和资金分配	同上	董事会应该设置财政资源分配预算方针，通常由行政管理人员执行，应与利益相关者沟通并做好应对挑战的充足准备
建立学部、系、学院、学校层次，公司或大学的项目	同上	董事会应该保留大多数学术项目批准的权力
宣布财政赤字的决策	同上	董事会首先应与利益相关者协调并分析情况，进而作出重要决策
选举和评价校长和院长	同上	仅董事会拥有选举和评价校长和院长的责任，经董事会同意，与其他利益相关者组织协商
课程 学生教学程序 教师能力标准和伦理行为	教师应该对 该事务具有首要权力——董事会和行政机构“同意教师判断，除非极少数例子和强制性原因，并且应陈述细节”	课程和教师个人聘任、晋升和相关的事务中，教师权威下降
招生政策 学生能力标准/学习适应环境	同上	与第一项相同，但教师权力有所下降
财政原因终止学术项目的决策 无紧急原因宣布的终止项目或学部指令的决策	同上	董事会应要求行政部门提供参与决策的渠道，包括与其他利益相关者组织充分的协商和沟通
研究 教师(和其他)教学行为	教授个人对该事务具有首要权力，服从同行的能力评议	董事会和行政高级管理人员应尊重教师在课堂和实验中学术自由活动，董事会应避免干涉行政微观事务

资料来源：Hamilton，N. W. Academic Ethics：Problems and Materials on Professional Conduct and Shared Governance. Praeger Publisher，Westport，2002：58.

第四节　我国近代私立大学初创时董事会制度情况

私学在我国有着悠远的传统，从历史记载看，春秋战国时期，孔子首开私人讲学之先河起，私学在历代都有着自己独到的地位，特别是始于唐代末期、绵延宋、元、明、清的书院，成为我们谈到我国古代私立高等教育时必然涉及的方面，但真正的私立大学却是直到近代才出现。所以，本节将主要把研究的重点放在我国近代私立大学的创设与发展及董事会制度设立情况。

一、我国近代私立大学初创的背景

进入 19 世纪，特别是 1840 年鸦片战争之后，西方列强凭借船坚炮利打开了中国的大门，清代奉行的妥协投降政策让中国从此开始了多灾多难而痛苦的半殖民地半封建年代。这一时期，中国大部分时间处于战争状态，内忧是太平天国起义（1851—1864 年），外患则是中法战争（1884—1885 年）、中日甲午战争（1895 年）。清政府在军事上节节败退，被迫与他国签订屈辱的战败条约，不断割地赔款，国家处于被瓜分的边缘。此时的清政府“在政治上更加黑暗腐败，在经济上民穷财尽，在军事上涣散无能，在文化教育上日趋空疏落后”①。在这种背景下，清政府地主阶级内部的有识之士成为改革派，积极主张睁眼看西方世界、学习西方进步的科学技术和军事技艺、改革旧的教育制度、创办新式教育以培养经世致用的新式人才。

其次，屈辱的战败条约让中国门户敞开。条约中有一个条款却对于我国私立大学的出现有着重要的“推动”作用，同时我们不能忘记这一条款是帝国主义在武力侵略之外对中国进行的柔性的、深层次的文化教育的侵略——这就是西方的传教士以治外法权深入到中国内地传播宗教、办医堂、办学校。正如毛泽东所指出的，帝国主义“对于麻醉中国人民的精神的一个方面，也不放松，这就是它们的文化侵略政策。传教、办医院、办学校、办报纸和吸引留学生等，就是这个侵略政策的实施。其目的，在于造就服从它们的知识干部和愚弄广大的中国人民”②。

第三，在帝国主义的侵略过程中中，一个被加拿大学者许美德 (Ruth Hayhoe)

---

① 曲士培.中国大学教育发展史[M].北京:北京大学出版社,2006:164.

② 毛泽东.毛泽东选集(第 2 卷):中国革命和中国共产党[M].北京:人民出版社,1952:624.

教授称为“中国知识分子”的群体成长起来[①]，他们是睁眼看世界的人，包括具有变革精神和图强新思想的开明绅士、深受教会影响的知识阶层、归国留学生、具有爱国思想的实业界和教育界人士等，成为私立大学积极创办人和支持者。这是我国近代私立大学兴起的又一动力。此外，当时动荡的时局，使得国家无暇也无力关注高等教育的发展，国立大学随着政治潮流的动荡摇摇欲坠，而私立大学由于出资者基本不介入政治活动，更容易保持稳定与中立，潜心于私立大学自身的发展从而取得了长足的进步。

二、近代私立大学创设的两种来源

尽管悠久的历史传统对我国高等教育有着深刻的影响，在“当时中国既没有真正懂得欧洲大学的精神，也没有认真仿效它的办学模式”的条件下[②]，我国近代大学的兴起还是脱离不了欧洲大学的影响。从我国私立大学创设者的情况来看，一种来源是国外机构，包括教会组织、社团（企业）创设的大学；而另一个来源则是前文提及的富有图强爱国精神的知识分子群体。

（一）国外机构创设的私立大学

1. 国外教会创设的私立大学

在战争中屡屡失利的清政府与帝国主义列强签订的屈辱战败条约中，有允许外国传教士创教设会的条款，正是在这种情况下，教会学校纷纷出现。起初，教会学校还停留在初等、中等学校的程度，加拿大学者许美德（Ruth Hayhoe）教授指出：“在1911年以前，只有少数教会学校的办学水平达到大学标准。”[③]教会学校的设立是基于宗教教育的目的，宣传宗教，培养教徒，学生毕业后能够从事传教工作，扩大教会在中国的影响。但从更深层次来看，教会学校还有着利用西方文化来实现培养中国学生奴化的目的，培养教会所在国家统治中国的代理人是其核心所在。1890年，在上海举行的“第二次在华传教士大会”上，美国传教士卜舫济说：“在我

① 参见：[加]许美德．许洁英，主译．中国大学（1895—1995）：一个文化冲突的世纪[M]．北京：教育科学出版社，2000.

② [加]许美德．许洁英，主译．中国大学（1895—1995）：一个文化冲突的世纪[M]．北京：教育科学出版社，2000：64.

③ [加]许美德．许洁英，主译．中国大学（1895—1995）：一个文化冲突的世纪[M]．北京：教育科学出版社，2000：61.

们学校内，我们训练中国未来的教师和传教士……使他们成为中国未来的领袖和指挥者，给未来的中国施加最强有力的影响。”另一位美国传教士狄考文更进一步地说：“一个受高等教育的人是一支燃着的烛，别人就要跟着他的光走。……作为儒学思想的支柱者，是受着高等教育的士大夫阶级。如果我们要取儒学的地位而代之，我们就要准备好自己的人，用基督教和科学教育他们，使他们能够胜过中国的旧士大夫，因而取得旧士大夫阶级所占有的统治地位。”而美国传教士遏菲尔则赤裸裸地说：“中国诚然需要西方学者所能传播的哲学和科学，但它必须从基督教传教士的手里来获得这些哲学和科学的知识。如果哲学与科学的知识离开了基督教，那知识就会使人们自大和自信……只有使哲学和科学的研究浸润于基督教教义之中，才能使人们的内心卑怯，使其在宇宙的创造主面前低头。”①为了未来教会的在华利益，教会学校选择的教育对象主要是贫困家庭的孩子和无家可归的流浪儿，以便用宗教来麻醉中国人民的精神，使这些学生更忠诚于教会学校。

20世纪初，科举制度被废止，清政府颁布实施新教育制度，出于对未来中国掌控的目的，教会纷纷将原先的中等程度的教会学校升格为大学，同时还新办了一批教会大学（见表1-3）。

表1-3　国外教会创设大学情况一览

大学名称	创设教会名称	创设时间	创设时名称	成为大学的时间
之江大学	美国长老会	1845年	崇信义塾	1910年
齐鲁大学	美国长老会（狄考文）	1864年	蒙养学堂	1917年
华中大学	美国圣公会（主教文氏）	1871年	文氏学堂	1924年
东吴大学	美国监理会	1871年	存养书院	1901年
圣约翰大学	美国圣公会	1879年	对约翰书院	1906年
岭南大学	美国长老会	1888年	格致书院	1918年
燕京大学	美国美以美会	1888年	汇文书院（北京）	1919年
金陵大学	美国基督教（传教士傅罗）	1888年	汇文书院（南京）	1910年
协和医学院	英国伦敦会	1906年	北京协和医学校	1915年
沪江大学	美国浸礼会	1908年	浸礼大学	1915年

① 转引自：曲士培．中国大学教育发展史[M]．北京：北京大学出版社，2006：233-234．

续表 1-3

大学名称	创设教会名称	创设时间	创设时名称	成为大学的时间
华南女子文理学院	美国美以美会	1908 年	华南女子文理学院	1922 年
华西协和大学	美国美以美会等 5 个教会	1910 年	—	—
福州协和大学	美国公理会、复初会、美以美会、英国圣公会	1911 年	注：1911 年联合筹建，1915 年成立。	
金陵女子大学	美国浸礼会、监理会、美以美会、长老会、基督教	1913 年	注：1913 年筹办，1915 年开学，1930 年改名为金陵女子文理学院。	

资料来源：曲士培. 中国大学教育发展史[M]. 北京：北京大学出版社，2006：234.（整理而成）

教会创设大学是实现其文化侵略的重要途径，对中国社会有着颇为严重的破坏力量。但另一方面，它在西方大学理念传承、科学教育、接收女子学员、医学教育、中西方文化交流方面有着积极而现实的作用。此外，教会学校一些面向农业技术、医学等职业领域的专业设置对促进我国这些领域的进步起到了一定的积极作用。

2. 国外社团（企业）、个人创设的私立大学

与教会创设大学基本在同一时期，一些国外社团、企业和个人也在华设立专门类的私立大学，但这种类型的大学并不多，或者说他们是专门类大学更确切。其中日本东亚同文会依照《日本专门学校原则》在南京设立了东亚同文书院，开始只招收日本青年学习，后为表示对华“亲善”，设立“中华班”，招收中国学生，主要学习语言。当时英国在华的两大企业之一——福公司根据与清政府签订的《河南矿务章程》，在河南焦作创办焦作路矿学堂，该公司根据其主要经营项目，学堂旨在培养采矿、铁路和冶金方面所需的专门人才。德国医生宝隆则是在上海创办了德文医学堂，主要招收中国学生，致力于为中国培养施诊医生。①

（二）国人创立私立大学

从清代末年起，一批爱国自强的开明有识人士、留学生一面痛恨帝国主义的侵略，又感慨西方国家的强盛与发达，睁眼看世界后对旧教育深恶痛绝，对教会学校（大学）的奴化教育的愤慨不满，为振兴中华民族，充满了“教育救国”的热忱。由于受经费、师资条件等客观因素制约，这一时期国人创立的私立大学很少。从现有的资料看，以 1905 年创办的中国公学、复旦公学以及在 1910 年左右有关省份成立的

① 参见：宋秋蓉. 近代中国私立大学研究[M]. 天津：天津人民出版社，2003：20－21.

法政学堂为主要代表。

中国公学，是中国留日学生反对日本文部省颁布的《关于许清国留学生入学之公私立学校之规程》，以及由此引发的留日学生罢课归国在上海创办的学校。创办之初，中国公学十分艰难，曾经一度处于求助无门的尴尬境地。1905 年 12 月，留日学生会派刘棣英等四人抵上海筹办学校时，四人即致书上海总商会会长曾铸，求其协助。又上书学部及各省学务处，求将各省派遣学生之官费酌提若干以充兴学之经费。然而，“其卒也，竟无一焉。”上书出洋三大臣求为转呈学部拨款补助，其“所希望之影响销沈”。向曾铸本人、学部的求助无音讯，之后，中国公学的创办者只得转而求己。幸得四川学生郭果能、孙境清、于右任等捐款万金。加上郑孝胥捐款千元，中国公学才得以在 1906 年 3 月正式建校开学[①]。在曲折的办学过程中，学校得到郑教胥、张謇、熊希龄等开明绅商的大力支持，在 1908 年 9 月 13 日召开的中国公学第一次董事会上，张謇被推选中国公学的校董会会长，熊希龄为副会长。

如果从正式设立的时间看，复旦公学要早于中国公学。复旦公学的成立，与震旦学院有着渊源，取名“复旦”，既有从“日月光华、旦复旦兮”中得名的缘故，也有恢复震旦(学院)的含意。1903 年，爱国人士马相伯创立了震旦学院，被称为第一所由中国人通过民间集资自主创办的高等学校。1905 年，因法籍耶稣会传教士南从周受派试图抢夺学校的管理权，在教学使用法语为主，突出宗教教育、奴化教育，100 多名学生签名退学，并拥护马相伯先生另建新校。1905 年 5 月 27 日，学校在《时报》上刊登建校广告，宣布震旦学院解散，新校更名为“复旦公学”，并于 9 月 13 日正式开学。学校先后邀请严复、张謇、熊希龄等 28 位社会知名人士担任校董。复旦公学的设立寄托着当时的知识分子自强不息地教育强国理想。

而各省法政学堂的成立与当时立宪派人物的鼓吹与努力分不开。1909 年，各省立宪派代表联合进京，提出“立宪时代需要通晓法政人才尤多，不能专恃各省官立法政学堂为养成之所”。1910 年，浙江省翰林院编修陈敬第等呈请浙江巡抚代奏准予设立浙江私立法政学堂，终获学部批准。随后，“复经学部议奏，准予各省私立学堂专司法政以广教育”。由此，相关省开始设立私立法政学堂，限于史料，相关情况不再作详细介绍。

清末到民国建立前，在外患与“内优”(国民中的开明志士)的共同的努力下，我

① 参见：中国公学的建立及早期发展(1905—1911). bbs. ltgx. net

国的私立高等教育开始走上历史的舞台。虽然有着不足，对于中国真正意义上大学制度的建立与发展却影响深远。

三、私立大学董事会设立情况

从我国私立大学发展的情况来看，不论是国外教会创设的私立大学，还是国人创立的私立大学，董事会制度基本上是其内部管理的统一选择。国人创立的私立大学在很大程度上是由于私立大学经费筹措的困难而建立董事会制度，而教会设立的私立大学则更多是受美国私立大学董事会制度的影响。在这里，选择金陵大学、南开大学、厦门大学来讨论我国私立大学初创时期的董事会制度情况。

（一）金陵大学董事会

金陵大学是一所由美国教会创办的私立大学。① 其前身是 1888 年由美国美以美会在南京创办的汇文书院，汇文书院是美国教会在南京地区创办的第一所高等学校。1910 年，汇文书院和宏育书院（1907 年创办）合并，改名为金陵大学堂。金陵大学堂在美国纽约州教育局备案，学生毕业时可同时接受纽约大学的文凭和学位。②

在《金陵大学史料集》整理的金陵大学学校行政管理（第二章）部分，根据金陵大学的外文档案整理、翻译的《金陵大学校董会章程》，可以清晰地展现该校董事会制度的情况。

1. 校董会的组成

校董会的组成主要包括中国宗教团体成员、金陵大学校友会选派成员、有合作关系美国教会布道使团代表、增选成员（由前三类董事会成员公推，享有与其同等权力）、金陵大学校长（当然董事）。对于董事的身份要求是大多数成员为“中华民国”的公民，金陵大学的教学行政人员、学校雇用的其他人员和学生不能当选为校董会董事。

① 南京大学高教研究所校史编写组. 金陵大学史料集[M]. 南京大学出版社，1989：1（前言）.

② 参见：南京大学高教研究所校史编写组. 金陵大学史料集[M]. 南京大学出版社，1989：前言.

表 1-4　金陵大学校董会组成人员情况一览表

类别	校董来源情况	人数	类别	校董来源情况	人数
中国宗教团体	浙江—上海浸礼分会	2	布道使团	中华基督布道团	2
	美以美会华中分会	3		美国浸礼会国外布道团华东教区	2
	中华基督教会华东分会	3	增选	前三类已当选校董会董事公推	5
	中华基督教会	3	校长	金陵大学校长(当然董事)	1
校友会	金陵大学校友会	4			
布道使团	卫理公会、圣公会华中布道团	2			
	美国长老会江岸布道团	2			

资料来源:南京大学高教研究所校史编写组.金陵大学史料集[M].南京大学出版社,1989:103.(整理)

2. 校董会的职责

校董会的基本职责有八项:批准建立新的系科;批准学校开设的课程;选举任命校长和司库;任命学校行政人员和教学人员;决定由创建者委员会支付工资的人员以外的其他教职工的工资数目;提供合适的校舍和办公教学设备;根据学校的财政预算,决定学费的金额,并通过学校的行政管理机构按预算收纳和分配;负责为学校提供足够的师资力量和办学经费以及执行有利于提高学校管理效率的其他职责。

由于前面提到的金陵大学是在美国纽约备案的,所以在校长和教员会的推荐下,校董会可根据中华民国的有关条例授予学位,并可以向创建者委员会推荐获得美国学位的人选。

3. 校董会成员任期及校董会运行情况

《金陵大学校董会章程》规定首届校董会成员将分为人数大体相等的 3 组,第 1 组任期为 1 年,第 2 组任期 2 年,第 3 组任期 3 年,但以后各届校董会董事的任期均为 3 年,任何校董会成员在任期期满以后皆可连选连任。校董事会行政人员主要由校董会在年会上投票选举 4 人组成:主席 1 名、副主席 1 名、司库 1 名、秘书 1 名。

校董事会的运行主要采取会议和常设财务执行委员会的形式。校董会每年举行两次会议,一次为校董会年会,年会中要听取校长作学校工作情况报告、任命学校教师和行政人员、审查各委员会的报告、制定下一年度财政预算。而校董会的各个特别会议由校董会主席或者大学校长召集。任何一次校董会会议上形成决议的法定人数必须占校董会董事的半数以上。

校董会每年从董事会中选出 7 人组成财务执行委员会，负责处理校董会休会期间的日常事务，但是特别重要的问题以及须改变方针政策的问题除外。对日常事务的处理决议只要委员会 4 名成员同意就可生效。

4. 金陵大学校董会名单

表 1－5　金陵大学校董会成员基本情况(1951 年 1 月)

姓名	籍贯/国籍	简历	备注
洪章	安徽金山	金陵大学文学士，美国西拉古斯大学经济学硕士，现任南京基督教卫理公会理事	代表美以美会
李汉铎	南京	金陵大学文学士，美国波士顿大学神学博士，卫理会牧师、教区长，曾任金陵神学院院长	同上
章文新	美国	美国西北大学文学士，芝加哥大学硕士、联合神学院博士，福建蒲田中学校长	同上
黄安素	美国	美国阿海阿外斯连大学文学士、硕士、法学博士，历任美以美会华西区及华东区主教	同上
诚质怡	北京	河北协和大学毕业，哥伦比亚大学及纽约神不院研究，现任南京金陵神学院长	代表长老会
朱继昌	江苏镇江	金陵大学毕业，金陵神学院毕业，留美研究，现任南京基督会沛恩堂牧师	同上
孙恩三		曾任齐鲁大学教务长，现任上海广学会出版部干事	同上
蔡路德	美国	美国哥伦比亚大学化学博士，曾任金陵女子文理学院教授，教务长等职	同上
马三乐	美国	美国普林斯顿神学院学士，耶鲁大学博士，历任金陵神学院教授	同上
邵镜三	南京	金陵大学文学士，美国耶鲁大学哲学博士，曾任育群中学校长，现任中华基督会总会总干事	代表中华基督会
蔡汝霖	南京	金陵大学毕业，美国菲利浦大学硕士，法国巴黎大学博士，育群中学校长，金陵神学院教授	同上
黄绍基	江苏吴县	金陵大学毕业，曾任中华基督会爱群社总干事，现代中华基督会总会计	同上
麦克伦夫人	美国	美国怀斯大学文学士，担任青年服务及音乐教员	同上
葛思巍	澳大利亚	美国菲利浦大学文学士及神学博士，美国耶鲁大学神学士及文学硕士，历任合肥、滁县等地乡村宗教工作	同上
鲍哲庆	浙江	沪江大学文学士，美国神学博士，服务华东浸礼会宗教及教育工作	代表浸礼会

续表 1-5

姓名	籍贯/国籍	简历	备注
丁佐成	浙江勤县	金陵大学理学士，美国芝加哥大学研究，现任上海大华仪器业造公司总经理	同上
陈裕华	浙江勤县	金陵大学学士，美国康奈尔大学硕士，中央大学及沪江大学教授，新华银行南京分行经理	校权会临时代表
徐国懋	江苏镇江	本校文学士，美国霍浦金大学博士，全国经济委员会秘书、专员室主任，重庆金城银行经理	特邀校董
陈光甫	江苏镇江	美国宾州大学商学士，上海银行创办人，历任总经理	董事长
吴贻芳	浙江杭州	金陵女子大学文学士，美国密歇根州大学硕士，哲学博士，北京女高师教员，国民参政员，现任金陵女子大学校长	特邀校董
崔宪详	山东	燕京大学毕业，美国哲吾神学院毕业，现任基督教教会全国总会总干事	特邀校董
陈鹤琴	浙江上虞	美国哥伦比亚大学教育硕士，国立幼稚师范专科学校校长，国立南京大学师范学院教授兼院长	特邀校董
王志萃	上海	美国哥伦比亚大学硕士，曾任江苏省农民银行总经理，现任新华银行总经理	特邀校董

资料来源：南京大学高教研究所校史编写组. 金陵大学史料集[M]. 南京大学出版社，1989：118－120.

（二）南开大学董事会情况

南开大学创办于1919年，创办人是著名爱国教育家张伯苓（1876—1951）和严范孙（1860—1920）。南开大学成立时，设文、理、商三科，共招收学生96人，周恩来先生为文科第一期学生（学号62号）。早期的南开大学是私立大学，其经费除政府少许补贴和学费及校产收入外，基本赖于基金团体和私人捐赠。本着“贵精不贵多，重质不重量”的原则以及投资所限，其规模一直较小，1937年在校学生也仅429人，但师资力量较强，著名教师包括凌冰（教育学）、姜立夫（数学）、刘晋年（数学）、饶毓泰（物理学）、邱宗岳（化学）、杨石先（化学）、李继侗（生物学）、熊大仕（生物学）、蒋廷黻（历史学）、李济（人类学）、肖公权（政治学）、徐谟（政治学）、张忠钹（政治学）、何廉（经济学）、方显廷（经济学）、陈序经（社会学、历史学）、李卓敏（经济学）、黄钰生（心理学）、张彭春（教育学）、柳无忌（英文）、司徒月兰（英文）、冯文潜（哲学）、张克忠（化学）、张洪沅（化学工程学）等。竺可桢（气象学、地理学）、汤用彤（哲学）、萧叔玉（经济学）、范文澜（历史学）、罗隆基（政治学）、吴大猷（物理学）等也都曾在南开大学短期任教。

私立南开大学在办学之初就设立了董事会，1920年南开大学组织董事部，延请严慈约、范静生、孙子文，李琴湘，蒋梦麟，王濬明，陶孟和，刘芸生，卞俶成诸先生为董事，大学渐具雏形矣。[①] 在天津南开大学一览（1923 年）、私立南开大学章程（1932 年）中对校董会的情况都有明确的规定。

1. 校董会的组成

私立南开大学董事会共有 9 人组成，“每年由校董会更选三分之一，但得连任”[②]。除了南开大学校董会，南开大学还设立有“矿科董事会”、“经济学院董事会”、“商学院董事会”和“经济研究所董事会”。

表 1－6　南开大学创办人、校董（董事）情况一览表（1936 年）

南开校董会	矿科董事	商学院董事	经济研究所董事	
丁文江（在君）	王正廷（儒堂）	卞寿孙（白眉）	王景春	范旭东
王秉喆（浚明）	王宠佑（佐臣）	卞肇新（俶成）	周作民（作民）	张公权
卞肇新（俶成）	李晋（组绅）	李绶（组才）	胡适（适之）	颜惠庆（骏人）
李金藻（琴湘）	翁文灏（詠霓）	周作民（作民）	张伯苓（当然董事）	周寄梅
李晋（组绅）	张新吾（星五）	马寅初	刘鸿生	金叔初
胡适（适之）	张轶欧（翼后）	张锦镳（伯龙）	任叔永	陶履恭（孟和）
陶履恭（孟和）			吴达诠	穆藕初
颜惠庆（骏人）				
严智怡（慈约）				

资料来源：自“南开大学创办人、校董及教职员一览表（1936）”整理，引自：王文俊，等. 南开大学校史资料选（1919—1949）[M]. 天津：南开大学出版社，1989：49－50.

2. 校董会的职权

根据《私立南开大学校章程》（1932 年）规定，校董会具有下列职权——聘任校长；筹募本校经费；议决预算及审查决算；对于本校章程之制定、变更或撤废，予以同意。从南开大学的校史资料中发现，作为由个人办学的私立大学，南开大学校董会及其校董的重要任务就是筹款和募捐。

（三）私立厦门大学董事会

厦门大学是由著名爱国华侨领袖、被毛泽东同志誉为“华侨旗帜、民族光辉”的陈嘉庚先生于 1921 年创建的，是中国近代教育史上第一所华侨创办的综合性私立

① 王文俊，等. 南开大学校史资料选（1919—1949）[M]. 天津：南开大学出版社，1989：3.

② 参见：私立南开大学章程（1932）第二章“行政组织”之第一节“校董会”，引自王文俊，等. 南开大学校史资料选（1919—1949）[M]. 天津：南开大学出版社，1989：127.

大学。陈嘉庚先生独资创办厦门大学，并在财政上资助厦门大学达16年之久。面对经济危机的艰难境遇时，陈嘉庚仍然坚持“宁可变卖大厦，也要支持厦大”。

1919年8月，在上海聘任全国教育界名流蔡元培、黄炎培、汪精卫、余日章、郭秉文、胡敦复、黄琬、叶渊、邓萃英等10人为筹备员。

1919年10月召开私立厦门大学筹备委员会第一次会议，拟订《厦门大学组织大纲》，会议推举邓萃英为厦门大学首任校长、郑贞文为教务长、何公敢为总务长。1921年4月6日，私立厦门大学假集美学校举行开学仪式，中国第一所由海外华侨传办的大学宣告成立。初创时，学校设有师范、商学两部，师范部下分文、理两科，学制预科两年、本科四年。

1922年2月，私立厦门大学董事会正式成立，陈嘉庚为永久董事，陈敬贤(陈嘉庚胞弟)为董事，林文庆为当然董事。

1935年5月10日，私立厦门大学重新组建校董会，陈嘉庚先生仍然是永久董事，林文庆为当然董事，陈延谦、李俊承、黄廷元、黄伯权、洪朝焕为董事，汪精卫、孙科、宋子文、王世杰、孔祥熙、黄奕柱、曾江水为名誉董事。

上述三所著名的私立大学中，其董事会设置的由来、董事会成员来源、董事会设立形式、董事会的权限等各方面均有不同之处。私立金陵大学是由美国教会组织创办的，采用董事会制度是沿袭美国私立大学久有的传统。董事会中成员不限于大学人员，商界人士占据了较大比重，董事人数也较多。董事会制度完备，运行良好，对大学事务的管理也比较得当。金陵大学的办学也取得了突出的成就。私立南开大学是由民族有识之士创办的私立大学，从其设立之初，志在兴学的严修与张伯苓先生就南下游说各地，募集办学经费，其校董会的成员募集办学资金是当然的、最重要任务。为了办学募款的需要，各科(学院、系)也成立了人数不等的董事会。私立厦门大学是由著名侨领陈嘉庚先生独资创立，并由其资助16年，其间，陈嘉庚先生为了筹款费尽心力，虽然他“宁愿卖大厦也要办厦大”，但是办学的艰难与心酸实难以诉说。其董事会中成员有永久董事和当然董事，主要是因为创办人和出资人而设的，另外邀请了当时的名人政要担任董事成员，也是为了给学校的发展提供安全保障的需要。1937年，正是适逢经济危机，私立厦门大学校董会筹措办学经费的现实困难，才让陈嘉庚先生做出将私立厦门大学赠予当时的国民政府这一无奈选择。

第二章　私立大学董事会制度解析：以美国为例

尽管大学的起源在中世纪的欧洲，但如今私立大学系统最发达的国度却是美国。综观世界各国的私立大学，无论私立大学的数量还是占国家所有大学的比例均以美国为最。并且，在美国这个世界级名校林立的国度，最好的大学中私立大学占据着极为突出的优势。尽管在别的国家也有或曾有过一些私立大学，但这些国家的私立大学无法在其本国的高等教育体系中享有美国私立大学那样的卓越地位。正如美国学者爱德华·希尔斯所指出的："布鲁塞尔自由大学是私立大学，米兰的博科尼大学也是私立大学。日本和菲律宾有大量的私立大学，但没有一所在本国的体系或更大范围的学界具有美国一流私立大学那样的地位。印度有大量的私立学院，但它们是公立大学的组成部分，并且，无论在何种情况下，没有一所学院，即使是它们中最好的，能够达到美国一流私立大学那样卓越的知识水平。"①因为美国私立大学具有的典型性和代表性，追溯、研究私立大学董事会制度的历史渊源离不开对美国私立大学董事会制度的挖掘。尤为重要的是，理查德·霍夫斯塔特(Richard Hofstadter)谈到美国高等教育制度时，就强调它有三个显著特征，其中他认为第三个特征就是"早期美国学院发展出一种外行管理(Lay Government)的体制——即一种重大决定由非教师的且非住校董事会做出的体制"②。美国高等教育管理研究专家 J. V. 鲍德里奇(J. Victor Baldrige)则认为："理解校外人士的管理在美国高等教育中所起的作用是理解当代美国高等院校管理问题的关键。"③

① ［美］爱德华·希尔斯．李家永，译．学术的秩序——当代大学论文集［M］．北京：商务印书馆，2007：137．

② Hofstadter，Richard．Academic Freedom：in the Age of the college．New York：Columbia University Press，1955：114．

③ Baldrige，J．Victor．Policy Making and Effective Leadership，Jossey-bass Inc．Publishers，1987：240．

所以，本研究选择美国私立大学董事会制度为例来解析私立大学董事会制度存在的基础、董事会制度的核心及其内蕴性矛盾，从而为开展我国私立大学董事会制度的研究提供借鉴。这也正如英国著名历史学家哈罗德·珀金提出的，“一个人不理解过去不同时代和地点存在过的不同的大学概念，他就不能真正理解大学。历史表明，过去的偶然事件的决定与选择比有意识的计划和决策带来的影响更大，过去的希望、抱负和价值观与现代大学概念紧紧结合在一起。甚至过去的缺陷与不满也体现在现代高等教育的结构中”，同样本研究以美国私立大学董事会作为解读的对象，主要在于实现：“不是水晶球的预言，不是魔镜的占卜，如果你想要知道你要去哪儿，它帮助你了解你曾去过哪儿。”①

第一节　美国私立大学董事会制度的基础

美国是私立大学系统最为发达的国家，其私立大学是自殖民地时期就开始从欧洲大陆汲取营养，特别是在借鉴和效仿其殖民宗主国——英国的教育模式基础上发展起来的。“像这样移居到美洲来的各个教派或不同国籍的移民，带来了他们在老家所熟悉的特有的宗教形式和学校惯例，并且在新的殖民地忠实地把它们复制出来”②。从殖民地时代起，美国就仿照牛津大学和剑桥大学的模式一共设立了9所宗教色彩浓厚的私立学院（美国大学历史上的“常青藤”联盟的创始学校），也正是出于宗教的缘故建立了私立学院——“在上帝把我们平安地带到新英格兰之后，我们建造了自己的房屋，提供了生活的必需品，并在附近建立了上帝的教堂，设立了市民政府；下一步我们所期望的就是得到高深的知识，使子孙后代得以生存；我们害怕在我们现有的牧师死后，给教会留下的是无知的牧师”③。为了适应训练牧师、培养政治领袖、保存和传播文化的迫切需要，美洲大陆的高等教育开始发展起来。而起点就是建立起哈佛学院，在这里也诞生了美国第一个私立大学董事会，就像在前一章所描述的，并且在董事会设置上采用了双董事会制度。接着，又在耶

① 参见：[美]伯顿·克拉克. 王承绪，等，译. 高等教育新论：多学科的研究[M]. 杭州：浙江教育出版社，2001：49.

② E. P. 克伯雷. 华中师范大学等四校教育系，译. 外国教育史料[M]. 武汉：华中师范大学出版社，1990：316.

③ 转引自：[美]S. E. 佛罗斯特. 吴元训，等，译. 西方教育的历史和哲学基础[M]. 北京：华夏出版社，1987：306.

鲁大学诞生了美国私立大学董事会制度的原形——单一董事会制度。不论哈佛大学的双董事会还是耶鲁大学的单一董事会，这两种董事会形式都具有一个共同的特点，就是由院外人士来组成董事会领导大学（学院）的发展，后来"外行"领导"内行"成为美国私立大学董事会最为突出的特点之一。

一、美国私立大学董事会产生的历史基础

美国私立大学的出现是基于美国当时的现实历史背景。"美国高等教育是在具体的历史现实中发展起来的，这一历史过程最终铸就了美国高等教育系统的特征。"①因此，回溯当时美国（美洲大陆）的现实情况则是研究美国私立大学、私立大学董事会必须要回答的问题。首先，美洲学院尽管是其对宗主国英国大学的移植，但美洲学院具有与欧洲大学不一样的历史背景。正是殖民地自身的条件对美洲学院的管理形成起了重要作用。托克维尔说："可以确信：在美国，任何一种见解，任何一种习惯，任何一种法律，而且我敢说任何一件事件，都不难从这个国家的起源当中找到解释。"②那么美国私立学院又是在何种背景下形成的呢？特别是这种背景与其模仿的宗主国英国又有什么不同呢？"美国高等教育被各种历史性力量所塑造和影响，一方面是从西欧带来的模式和传统，另一方面是影响和改变这些移植来的高等教育机构发展的美国自身条件。在这两个基本因素的相互作用之中，最为重要的是，伴随在各个时期美国生活里民主因素的增长，形成了真正独特的高等教育体制。"③

其次，从美国殖民地学院模仿、创建的历史现实情况来看，作为美国殖民宗主国的英国，"尽管牛津与剑桥的起源隐藏于中世纪的迷雾之中，但它们对英国高等教育的控制主要来自明确的合法垄断权……到18世纪，牛津与剑桥大学的暮气沉沉……牛津与剑桥仍是这个国家的高等文化的博物馆与大本营。"④但美洲大陆作为其殖民地显然是不同的。牛津与剑桥作为现代意义上大学起源在欧洲也具有重

---

① ［美］菲利普·G. 阿特巴赫，帕特丽夏·J. 冈普奥特，D. 布鲁斯·约翰斯通. 别敦荣，陈艺波，主译. 为美国高等教育辩护［M］. 青岛：中国海洋大学出版社，2007：10.

② ［法］托克维尔. 董果良，译. 论美国的民主（上卷）［M］. 北京：商务印书馆，1998：32.

③ Brubacher John S and Rudy Wills. Higher Education in Transition: A History of American Colleges and Universities. New Brunswick: Transaction Publisher, 1997:3.

④ ［美］丹尼尔·J. 布尔斯廷. 时殷弘，等，译. 美国人：殖民地的经历［M］. 上海：上海译文出版社，1989：228－230.

要地位，与现代大学的直接来源——中世纪大学一样，这些大学不外乎由“学者”和“学生”两个社群(当时被称为行会，Guild)为主构成，奉行的是大学内部的自我管理。“在17世纪的欧洲，尤其是在英国，大学及其学院是一群骄傲与杰出的有学识者聚集的中心……聚集在大学各部门的学者们，控制了学校的书籍、校舍、资金和闲职，他们颇为珍爱自己的权力。”①所以，英国的大学管理是由学院内部人士垄断的，院外世俗人士根本无法参与大学的管理。而美国的大学是在当时的美洲大陆上并没有形成专门的“学者”和“学生”社群的基础上出现的。亚伯拉罕·弗莱克斯纳就指出：“我相信一大批教师也无法管理一所大学。人们经常将美国大学的教师与牛津大学管理一所学院的教师或德国的教师治校相比较，其实这种比较是错误的。”②因为事实是，与欧洲，特别是英国大学相比，美国大学(学院)的设立主要是出于培养宗教及社会管理领袖的需要，以及适应当地社会实际发展的需要。这就是伯顿·克拉克认为的“美国的高等教育是在与英国及欧洲大陆国家相当不同的条件下发展起来的”③。而这种不同，很大程度上的原因在于“那就是这里(美洲大陆)不存在大量饱学之士”④。那么我们再来看看，当时的美洲学院与她所效仿的欧洲大陆的大学有什么不同的背景才造成了引入“外行”领导“内行”的事实呢？

美国私立大学之所以选择“外行”董事会是由于“这是从英国本土借来的一种形式，由院外人士控制。管理人员不是学术人员，也不是政府部门的人员，但必须是创办团体的人员。由此建立的控制机构是董事会”⑤。当时从英国逃难来到美洲大陆的清教徒主要属于加尔文教派，该教派的一个重要信条和传统就是欢迎非教派人士参与社会机构的管理与决策。另外，作为美国大学最主要的借鉴来源，英国的大学在创立时由于规模较小，也是主要依靠由创办团体的人员来管理“公众利

① [美]丹尼尔·J.布尔斯廷.时殷弘，等，译.美国人：殖民地的经历[M].上海：上海译文出版社，1989：233.

② [美]亚伯拉罕·弗莱克斯纳.徐辉，陈晓菲，译.现代大学论——英美德大学研究[M].杭州：浙江教育出版社，2001：163.

③ [加]约翰·范德格拉夫，等.王承绪，等，译.学术权力——七国高等教育体制比较[M].杭州：浙江教育出版社，2001：106.

④ [美]丹尼尔·J.布尔斯廷.时殷弘，等，译.美国人：殖民地的经历[M].上海：上海译文出版社，1989：234.

⑤ [加]约翰·范德格拉夫，等.王承绪，等，译.学术权力——七国高等教育体制比较[M].杭州：浙江教育出版社，2001：106.

益”,教师和政府也没有管理的兴趣与可能,学院的教师(牧师)都希望尽快结束学院事务,好到教会去从事工作,于是有着浓厚兴趣承担学院管理工作的董事(会)就成了当然的选择。

从历史的追溯中我们发现,尽管我们常常会把在美洲大陆创建的“外行”领导“内行”的董事会制度的产生归结于当时在美洲大陆建立学院的初创者的智慧与见识,事实上,美国私立大学选择外行为主的董事会制度应该说既是偶然,也是必然。这种偶然与必然都是扎根于美洲大陆当时的历史与现实背景。“我们在回顾这段历史时,似乎可以清楚地看到,‘世俗人士’控制美洲的学院,与其说是由于任何人的智慧和远见,毋宁说是由于绝对必需和美洲尚无学校。17 和 18 世纪的欧洲大学继承了富足的土地、房舍、捐款、政府拨款以及无形的资源,而第一批美洲学院,正如霍夫斯塔特和梅茨格指出的,是崭新的‘人造物’。它们由一些小社团所建;世俗的管理委员会帮助掌握其有限资源并使其保持与全社会的接触,毕竟若无社会的支持就不会有任何学院。”①应该说“外行”领导“内行”的美国私立大学董事会制度的创立既是偶然:因为正如布尔斯廷所指出的,这并非什么先贤哲人的远见与智慧;也是必然:因为正是在美洲大陆这块独特的土地上,现实条件导致了美国殖民地时期的大学由热心教育的非教职人士主控管理机构,并由此保留这一传统至今。

二、宗教基础

一种管理制度的形成与确立,都有其内在的深刻渊源。既是偶然,也是必然出现的美国私立大学董事会制度,除了历史现实之外,这种“外行”领导“内行”特色的私立大学董事会制度到底在怎样的基础上确立起来的呢?美国教育发展的历史表明,美国私立大学董事会制度建立的基础与宗教有着不可分割的联系。因为无论是美国的中小学教育还是高等教育,从其诞生之日起就与宗教有着极为密切的关系。殖民地时期几乎所有的教育机构都是由基督教会开办的,包括:识字班、主日学校、慈善学校、乡镇学校、私立老妇人学校、私立读写学校、假日学校、普通中小学、女子学校、黑人学校和职业培训学校,教会开办了大量各类学校。同时,基督教

---

① [美]丹尼尔·J. 布尔斯廷. 时殷弘,等,译. 美国人:殖民地的经历[M]. 上海:上海译文出版社,1989:234.

也是开创美国高等教育的先驱。殖民地时期的9所大学(即后来的常青藤联盟学院)均为基督教会所办,在美国内战前设立的180多所大学中,有150所是由基督教会开办的。伯特纳就总结说:"加尔文主义随着五月花号来到美洲大陆。美国最伟大的历史学家班克鲁称这批美国的先祖天路客为'按着最严紧的教门作加尔文主义的信徒'。马萨诸塞港殖民地的首任总督恩德克(John Endicott),第二任知事温斯罗(Winthrop),创建康涅狄格州的胡克(Thomas Hooker),创建新哈芬州(New Haven)的戴文波特(John Davenport),创建罗得岛(Rhode Island)殖民地的罗杰威廉(Roger Williams)都是加尔文主义者。"①

在美洲大陆,三所最早成立的学院(哈佛学院、威廉与玛丽学院和耶鲁学院)都是为了支持殖民地的相关教会而建立的。到美国革命时,几乎每个基督教派都有了自己的学院。以殖民地时期的哈佛学院为例:在1630年抵达马萨诸塞的清教徒移民中,大约有70人毕业于英国剑桥大学,30人毕业于牛津大学。为了"荣耀上帝",清教徒要求这些"有知识的人"在马萨诸塞湾建立一所与剑桥的伊曼纽学院相似的学校。1636年学校在坎布里奇建成,1638年市镇会议将其命名为剑桥学院。不久,青年牧师哈佛将400册图书和780英镑赠给该校,学院改名为哈佛学院,目的是为了培养宗教人才。哈佛在为学院订立的几条需要遵循的规定和原则中,特别强调学校的宗旨是"让每一位学生都得到同样教导并被严肃地要求去认真思考他的生活和研究的主要目的,了解作为永恒生命的上帝和耶稣基督,继而把基督作为一切知识和学识的唯一基础;并认识只有上帝赋予智慧,让每个人严肃地在私下的祈祷中寻求上帝的智慧"。哈佛学院后来成为美国的第一所高等院校。学校的控制权掌握在著名牧师组成的学院"校监委员会"手中。"校监委员会"是哈佛大学一直坚持的"双董事会"制度之一,从1637年开始,哈佛校监委员会已有吸收学院以外人员进入管理机构的传统;1642年,在哈佛学院首届毕业生授予学士学位以后,在当时的邓斯特(Henry Dunster)影响下,哈佛学院校监委员会在马萨诸塞议会的支持下决定重组,并成为了一个永久性的委员会,"由总督、副总督、校长、议会的9名助理和9名邻镇的牧师组成,其有权力接受并持有'礼物、遗赠、税收、土地、捐赠'……1637年的12人委员会转变成为一个代表教会和世俗政府的当然

① http://www.chinareformation.com/3-2.htm

(Ex Officiis)受托人的委员会”[①]。

这种董事会制度的形成，可以追溯到中世纪在意大利北部的波伦亚、帕多瓦、佛罗伦萨和比萨设立的大学，这些中世纪大学都与宗教有着直接的联系。而“外行”董事会制度较为成熟，并对美国私立大学(学院)有影响的是宗教改革时期仿照加尔文教思想建立的日内瓦学院和荷兰、苏格兰的大学。受益于当时在美洲大陆盛行的以清教徒秉持的加尔文教义信奉的世俗人士(外行人士)介入管理的理念与实践的影响，“加尔文教派1559年在日内瓦建立的大学，就成立了由牧师和市民组成的董事会，负责学校的外部管理。此后建立的其他大学在管理体制上也实行这种托管，如1575年在荷兰成立的莱顿大学，由贵族和立法机关共同选拔的董事会管理；1583年在苏格兰成立的爱丁堡大学，由城市理事会管理。三一学院则是1593年实行两院制管理模式，董事会由7名校外人士组成，对学校负监督之责”[②]。而从前文中可以发现，选择世俗或者非学术人员参加学院的管理，还与美国私立大学没有其欧洲宗主国大学所特有的学者社群的现实背景有着直接的关联。美洲大陆当时建立的学院都是整个社会力量共同兴建的，院外人士组成的董事会掌握有限的资源，并帮助学院保持与社会的接触，其管理和控制也不可避免地落入社会代表手中。因此，爱德华·希尔斯就认为，美国“私立大学的董事会存在于一种不同的传统。这一传统部分是在一个政教分离的国家的新教管理传统中形成的”[③]。

三、分权思想

从美国私立大学董事会制度的历史、运行及取得的巨大成就来看，“外行”可以领导“内行”在于作为法律意义上的大学最高管理机构，却不是独占大学的所有权力。从历史上看，大学和学院中的管理机构必须由校外人士组成的管理形式在美国大多数大学和学院成立时就被沿用下来了，“尽管其名称各异，例如，‘董事会’、‘理事会’、‘观察员委员会’、‘访问者委员会’、‘督导委员会’和‘管理委员会’等，但这种机构主要由校外人士组成并负责管理和监督大学的各项事务”[④]。这种管理

---

① 和震. 美国大学自治制度的形成与发展[M]. 北京：北京师范大学出版社，2008：49－50.

② 刘宝存. 美国私立高等学校的董事会制度评析[J]. 比较教育研究，2000(5).

③ [美]爱德华·希尔斯. 学术的秩序——当代大学论文集[M]. 北京：商务印书馆，2007：187.

④ V. R. Carodozier. American Higher Education：An International Perspective. Gower Publishing Company：Brookfield，1987：28.

形式在美国早期学院成立的时候还基本可行，当时的学院学生规模很小、教师很少，董事会可以依法履行所拥有的全部权力。但与教学活动有关的事务依然由校长与教师来主导。在大学和学院的发展变得越来越复杂的时候，董事会就很难把全部的权力抓在手上了。经过近400年的发展，从美国大学、学院的管理形式的变迁来看，董事会的决策权力、以校长为首的行政权力、以教授为代表的学术权力、以学生为代表的学生事务、校友对母校的关注、社会（政府）和家长对大学和学院的期望等等构成了一种共同管理的架构。这种共同管理大学和学院的制度被称为“分享治理”（Shared Governance），而这种分享治理的内核就是分权思想——这可以一直追溯到哈罗德·珀金认为的“大学就是在这种分权的、有社团思想的时代精神（中世纪）影响下发展起来的……正是这种组织形式使中世纪大学获得了力量、持久性和一定的自主权”①。

（一）分权思想的渊源

分权学说在西方政治思想史上具有极为重要的地位，特别从政治学角度来看。作为一种理论学说的分权思想不是凭空而来的，而是具有源远流长的历史。西方分权思想源自于古希腊、古罗马思想家混合政体理论。混合政体理论是由古希腊的亚里士多德分析和研究了当时希腊城邦的政治实践后提出来的一套国家政体理论。亚里士多德认为，“一切政体都有三个要素作为构成的基础，……三者之一为有关城邦一般公务的议事机能（部分）；其二为行政机能部分——行政机能有哪些职司，所主管的是哪些事，以及他们怎样选任，这些问题都须一一论及；其三为审判（司法）机能”②。从政治学意义上说，虽然亚里士多德的政体三要素论与近代国家的立法、行政、司法三权分立理论并无共同之处，但作为一种萌芽形态的分权思想启迪了后人。后来亚里士多德的思想为其他政治学家所继承和发扬。比如，古罗马时期波利比阿、西塞罗就以罗马的现实政治制度为蓝本，继承和发扬了亚里士多德的混合政体及分权思想。中世纪的时候，由于长期的政教斗争中宗教占据着主动，宗教思想是意识形态的主流，政治理论的地位变得无足轻重，但分权思想微弱的火花并未完全熄灭。

分权思想发展的第二个阶段是洛克和孟德斯鸠倡导的“职能分权”理论。英国

---

① [美]伯顿·克拉克. 王承绪，译. 高等教育新论：多学科的研究[M]. 杭州：浙江教育出版社，2001：29.

② 亚里士多德. 政治学[M]. 北京：商务印书馆，1965：214－215.

的洛克从职能上将政府权力分为三种，即立法权、执行权和对外权，从而被认为是近代意义的分权思想的首创者。“以一种科学的态度和自由主义眼光来研究权力制约问题，严格来说，是从洛克开始的。”[①]分权理论的集大成者是法国的孟德斯鸠，《论法的精神》一书是其论述分权和权力制衡思想的代表作。孟德斯鸠的贡献不仅在于他更为精辟地强调了分权制衡对于保护公民自由所具有的极其重要的意义，而且在于他用一种公认的现代形式提出了政府职能的三重划分，并以此为依据划分了政府的三种权力，即“制定法律权、执行公共决议权和裁判私人犯罪和争讼权”[②]。至此，“政府有三种而且仅有三种职能的思想现在确立下来了”[③]。他还确立了政府有三个部门———立法、执行和司法的观点，主张各个职能应当由恰当的政府机构行使，并且进一步提出三个部门的人员不应重合。

近代分权理论的最终完成者是美国的联邦党人。他们当时所面对的美洲大陆，不同于欧洲大陆的任何一个国家：在清教徒开拓的大地上几乎没有历史文化传统，也没有一个世袭的君主，更没有一个稳定的贵族阶层。因此，能够将美国社会凝聚到一起的不可能是君主权威，也不可能是贵族的统治。洛克和孟德斯鸠的君主立宪理论在这里缺乏能够直接生长的土壤。清教徒们结合当时美国的现实情况，以洛克的分权体系为蓝本，特别是1690年洛克发表的《政府论》第二篇，经改造后创立了他们引以为傲的复合共和制的国家制度。这种复合共和制具有多中心、多种结构交叉重叠的特点，被认为能够最有效地保护自由的实现。[④]

（二）分权思想在美国私立大学管理中的应用

美国的政治制度经历了延续殖民宗主国、短暂的邦联制时期和联邦治理三个阶段。殖民地时期的政府是一种立法、行政和司法三个部门混合在一起的政体形式，是英国宪政体制在北美殖民大陆的延伸。推翻英国的殖民地统治后，首先建立了邦联制为基础的共和国。由于邦联制是一种松散的政治联合，不利于维护国家统一，所以在国家独立以后不久，美国废除了邦联制，建立了联邦制，把国家主权赋予联邦政府。为防止联邦政府权力过于集中，同时将联邦政府的权力分给国会、总统和联邦（最高）法院三个独立的政府部门。这就是提倡分权的经典政治理论——

① 参见：[美]乔治·霍兰·萨拜因.政治学说史（下册）[M].北京：商务印书馆，1965.

② [美] M. J. C. 维尔.宪政与分权[M].北京：生活·读书·新知三联书店，1997：80－81.

③ [美] M. J. C. 维尔.宪政与分权[M].北京：生活·读书·新知三联书店，1997：83.

④ 参见：[美]文森特·奥斯特罗姆.复合共和制的政治理论[M].上海：上海三联书店，1999：154－155.

联邦主义。

“美国私立高等教育的特征并不是系统设计的结果，而是在分权体制下长期演化的结果。”[①]这种特征可以从美国私立大学管理沿革发展来看，经历了私立学院最初由院外人士(主要是教会牧师)独立掌管学院—校长渐渐作为教师代表和董事会代言人进入董事会—工商企业家以捐赠获得董事成员地位—大学教授运用学术权力争取董事会的话语权—校友发挥在董事会的影响力的发展历程；从董事会运行模式来看，董事会采用建立多种专门委员会和委托大学校长的方式来履行职责，逐步形成了董事会集体为核心的最高权力机构、以校长为首的行政权力、以教授为代表的学术权力三者共同管理私立大学的情形。所以，美国学者布鲁贝克和鲁迪认为，美国学院和大学的管理制度结构“复制了美国联邦主义的多元管理政治结构”[②]。

四、信托制度

一般认为，信托作为一种制度源自于中世纪的英国，衡平法设计的用益制度(Uses)是现代信托制度的雏形。“Uses” 一词由拉丁文“Opus”而来，意为“为他人的利益而持有”。“Uses”的实现必须以信任为前提，因而又被称为“Trust”。这个词的原意为：信任；委托。也就是后来所说的“信托”。根据用益制度，土地所有人将土地转移给另一个人所有，但土地上的收益却归第三人所有。在用益制度中，土地所有人将土地转让给另一个人所有，却没有使另一个人享有该土地利益的意思，而是要求受让人将土地上的收益交付给第三人，由此看来土地所有人的内心真意是将土地利益转让给第三人。英国著名的法律史学家梅特兰(F. W. Maitland)在其著作《衡平法》中写道：“如果有人要问，英国人在法学领域取得的最伟大、最独特的成就是什么，那就是历经数百年发展起来的信托理念，我相信再没有比这更好的答案了。”他在另一著作“Equity: A Course of Lectures”中又指出：“作为一种具有强大弹性和普遍性的制度，信托的灵活性令人称羡。”[③]

为什么英国要采取用益设计(Uses)这样一种方式呢？一般认为，用益制度产

① 阎凤桥.美国私立高等教育特征分析[J].黄河科技大学学报，2003(3).

② Brubacher, John S. and Rudy, Wills: Higher Education In Transition—An History of American Colleges and Universities. Transaction Publishers, 1997:222.

③ 转引自：金锦萍.论公益信托制度与两大法系[J].中外法学，2008(6).

生的历史原因在于：第一，教徒们为了规避世俗法律限制向教会捐赠土地的规定。11 世纪的英国，许多人因为对宗教信仰的虔诚，非常热衷于在自己死后将土地捐赠给教会等宗教团体。但此举很大程度上侵犯了封建领主的利益，13 世纪英国颁布了“死手法”（又称“没收法”），禁止将土地捐赠给教会，否则一概没收。为规避法律，13 世纪中期英国教徒将其土地以转让为名移交给社会上的某人，实际上却是委托该人为教会的利益而经营该土地，并将该土地所有收益全部交给教会。这种做法尽管不能使教会取得该被转让土地的所有权，却能使其享受由该土地所产生的全部利益，因此它极大程度地受到教会的欢迎和支持。第二，有地农民为规避封建长子继承制和土地继承税，也使得用益制度在土地继承方面获得推广和应用。土地所有者可以将土地遗赠给长子或独子以外的其他人或者使作为继承人的未成年人得以维持生计且逃避向封建领主缴纳高额的土地继承税。第三，参加十字军东征的骑士们为了其死后土地的继承和家族（家庭）保障的需要，出征前将土地托付给他所信任的人，使受托人为了保障他本人、他的妻子和子女的日后生活而经营和管理土地。① 用益制度（Uses）的主要功能包括：首先是规避赋税。“用益设计”（Uses）乃下位阶层者透过移转“占有”或“所有权”于受托人而保留“用益”权之方式，进而规避传承时所需缴纳的税赋。其次是规避处分权之限制。透过“用益设计”（Uses），基于法律下本来被禁止取得土地权力之社会阶层或机构（长子外之子女或教会）均可以取得“占有”或“所有权”之用益权。而处分权人亦可不受配偶权力之限制，透过“用益设计”（Uses），给予受让人完整之用益权。

而英国 1601 年实行的《公益用益法》（也有译作《慈善用益法》，Statute of Charitable Uses）明确规定了公益（慈善）目的，以防止公益信托的滥用。在该法的“序言”中专门指出，“资助学术机构，兴办义学和大专院校”属于公益（慈善）目的。②《慈善用益法》对当时的北美殖民地的慈善事业和教育事业的发展产生了重大影响。依据该法，如果学校被作为一个公共慈善信托组织来建立的话，它的目标和效用必须有益于或应该有益于该社区，受托人对公众福利所负有的责任应该大于对其学生福利所负的责任，他们应该与公众——最终的受益人，而不是与学

---

① 郭晓霞. 论信托制度的价值与功能[J]. 山东社会科学，2008(7).

② 何宝玉. 英国信托法原理与判例[M]. 北京：法律出版社，2001：304.

生——直接受益人形成信托关系。[①] 对此，凯普琳也认为："如果一所高校是公共信托机构，那么它的董事就必须承担公共受托人的特殊受托责任，为公众的教育收益管理信托财产。"[②]在北美殖民大陆上，这种信托董事会制度提供了一个极为便利的制度来建立学校，同时提供了最大程度的法律保护，而不要考虑王室或教会的权威与干预，为管理大学、学院之类的公共慈善机构提供了理想的制度选择。

第二节　私立大学董事会制度运行的核心：委托与代理

美国教育学者卡罗多尼尔(V. R. Carodonier)认为"董事会制度是美国大学管理的特色，在美国私立大学通常被称为'董事会'(A Board of Trustees)，而公立大学的董事会则被称为'理事会'(A Board of Regents)"[③]。"Trustees"正是指"受委托人"的意思。在谈到美国私立大学的"外行"董事会制度时，伯顿·克拉克指出："董事中的校外人员以代表广大社会利益的名义负责对院校的长远发展进行指导……(在私立大学里)董事会最重要的职责是任命大学的行政负责人，即校长，并把许多权力委托给他，与此同时保留其余权力和最终的法律控制权。当然委托给校长哪些权力是由董事会和行政机构各自权力的历史发展来决定的。"[④]这里的校长，更确切地说是以校长为首的大学内部(行政)管理人员作为私立大学董事会的代理人来行使对大学的管理权限。因此，美国私立大学董事会制度运行的核心在于董事会与以大学校长为首的行政管理人员的委托代理关系，而这种类似于经济管理领域的董事会与校长(行政管理群体)之间的委托代理关系，其基石是法人。所以，本节将主要讨论美国私立大学的法人性质、私立大学董事会与企业(公司)的联系与差别以及董事会与校长为首的行政管理组织的委托代理关系及形式等内容。

---

① 参见：Herbst, J. From Crisis to Crisis: American College Government, 1636—1819. Cambridge: Harvard University Press, 1982:40－41.

② William A. Kaplin. The Law of Higher Education: A Comprehensive Guide to Legal Implications of Administrative Decision Making (2nd edition). San Francisco, London: Jossey-Bass Publishers, 1985:446.

③ Carodonier, V. R. American Higher Education: An International Perspective. Brookfield: Gower Publishing Company, 1987:28.

④ [加]约翰·范德格拉夫，等. 王承绪，等，译. 学术权力——七国高等教育管理体制比较[M]. 杭州：浙江教育出版社，2001:117.

一、美国私立大学的法人性质

从前面美国私立大学董事会制度的历史描述中可以发现美国私立大学董事会制度是移植、吸取了英国大学董事会制度的模式和传统，并在此基础上根据美国的现实情况创新的结果。英国大学对美国大学的影响主要在殖民地时期奠定的，德耶认为，英国大学实行的法人和“外行”董事会制度组成了当时美国学院的基本管理模式①。实际上，“外行”董事会制度要想发挥作用，必须以法人为基础，也就是说确立美国私立大学的法人属性才能确保“外行”董事会实现对大学的领导。

美国私立大学是模仿英国大学的结果，要讨论美国私立大学的法人性质问题也离不开其模仿的对象——英国大学那里寻找渊源。法人制度被称作是民法中最繁复、深邃的制度之一。一般认为其源于罗马法，在古代西方社会，由于当时的简单商品经济主要是单个个人活动，没有产生运用大量资本进行大规模分工和协作的需要。所以在这一阶段，民事主体只有自然人。后来罗马社会开始出现诸如公社、慈善机构、宗教团体、俱乐部、友好协会、商业和实业团体这些社会团体，其中商业和实业团体已类似于现代公司，但罗马法依然只承认公社区别于组成公社的成员，从而成为独立的权利义务主体，但并非法人(Corpora)。在罗马法的规定中，虽然一些团体已具有某种法律上地位，但作为民事主体的还只能是自然人。所以，直到 14 世纪、15 世纪，英国的律师和法官仍然用社团(Community)来称呼郡县、城镇、行会、慈善组织、宗教机构、大学和俱乐部，尽管这种社团能体现出法人的部分特征，但并非所有的社团都是法人。加雷斯・威廉斯认为，英国大学的法人地位确立于 16 世纪，“当时的君主及其支持者剥夺了教会的财产，并把它们捐赠给了英格兰的大学。牛津和剑桥大学的许多学院从此逐渐成为富有的法人”②。此后，英国王室运用法人制度管理商业团体、慈善机构和大学组织。以牛津大学为例，1570年，在伊丽莎白女王批准的法令中宣称：“……牛津大学的校长和它的永久继任者，和目前牛津的教师和学生应当是法人并且拥有永久连任权，无论在事实上还是名

① Duryea，Edwin D. The Academic Corporation：A History of College and University Governing Boards. New York：Falmer Press，2000：3.

② [美]伯顿・克拉克. 王承绪，等，译. 高等教育新论——多学科的研究 [M]. 杭州：浙江教育出版社，2001：87.

义上，以牛津大学的校长、教师和学生的名义。”[①]对于大学法人的形成，著名中世纪大学史研究专家拉什达尔总结认为大学法人特征的确定有四个必要的条件：不成文的惯例转变为成文的组织章程，被认可以一个团体资料拥有起诉与被起诉的权力，任命永久的共同管理者，使用共同的印章。[②]

英属美洲殖民地建立以后，“英国对形成美洲文化影响最大。从最初进驻弗吉尼亚开始，英国有关政治、经济、宗教阶级结构和教育的观点就成为美洲发展的基础”[③]。在美洲大学（学院）的设立过程中，很多创办人都是来自牛津大学和剑桥大学的毕业生，他们创办学院时模仿的对象就是牛津和剑桥。正如前文指出的，1650年，哈佛学院的邓斯斯校长向马萨诸塞殖民议会提出的建议导致了由校长、5名评议员和1名司库（会计）组成的法人团体与哈佛大学监视会一起管理哈佛学院，“……因此本法院规定，为了促进如此崇高的一项事业和上述目标的实现，今后新英格兰的中塞克斯郡剑桥镇的这所学院的权威应当是一个法人团体（a Corporation）……此处所谈的校长与评议员从此在名义上和事实上，对于所有的意愿和目标，都将在法律上是一个政治和法人团体（One Body Politic and Corporate in Law）”[④]。在1650年5月31日得到当时的殖民地总督杜德雷（Dudley）签名后哈佛学院董事会正式获得法人地位。而另一所在讨论私立大学董事会制度设立中具有重大意义的耶鲁学院从1701年开始设立，直到1745年才正式成为一个法人团体。对此，塞缪尔·休厄尔（Samuel Sewall）法官和伊萨克·阿丁顿（Isaac Addington）在解释1701年自己起草的建立耶鲁（学院）的法令时说：“担心举止越轨而不知如何行动……于是我们有意给这一学府定个尽可能最低的名称，以使其能经受住风险；我们也不敢授予它法人权力，以免招来一张权限质询状。”[⑤]耶鲁学院董事会章程将其法人性质规定为：耶鲁学院董事会作为管理团体，应当被称为“纽黑文耶鲁学院的校长与评议员”（The President and Fellows of Yale College in New

① Brody, Alexander. The American State and Higher Education: the Legal, Political and Constitutional Relationships. Washington, D. C.: American Council on Education, 1935:10.

② Rashdall, Hastings. The University of Europe in the Middle Ages. Volume I. Oxford University Press, 1939:299.

③ [美]S. E. 佛罗斯特. 吴元训，等，译. 西方教育的历史和哲学基础[M]. 北京：华夏出版社，1987:287.

④ Hofstadter Richard and Smith Wilson(eds.). American Higher Education: A Documentary History. Volume I. Chicago: The University of Chicago Press, 1961:10-12(The Harvard Charter of 1650).

⑤ [美]丹尼尔·J. 布尔斯廷. 时殷弘，等，译. 美国人：殖民地的经历[M]. 上海：上海译文出版社，1991:232.

Haven)的名称，该董事会是一个法人团体(An Incorporate Society)、一个法人的和政治的法人团体(A Body Corporate and Politic)，信托人——"Trustee"作为描述董事成员的专用名词，董事会制度的核心内容及其精神开始显现并被应用到耶鲁学院的管理实践中。[①] 耶鲁学院建立之后成立的6所殖民地学院，也就是后来被称为"常青藤联盟"的院校都获得了法人地位。

1819年达特茅斯学院案判决标志着美国私立大学与公立大学在法律上的区分得以明确。联邦首席大法官马歇尔认为，学院创办人惠洛克先生以自己的财物和慈善的自愿捐赠来维持学院，以教育印第安人，所以特茅斯学院是一个慈善机构，它组成法人是为了按照捐助的特定目的而永久使用捐赠人的慷慨捐赠，它的董事会最初是由创办人任命的，并被赋予永久自我更替权；"经过深思熟虑之后，法院认为特茅斯学院的特许状是一个契约，损害契约义务不可能不违背美国宪法……(根据特许状) 特茅斯学院是一个慈善的，而且就它的资金而言，是一个私法人(Private Corporation)"[②]。并且马歇尔大法官在判决书中强调，"几乎所有慈善的社团，为促进宗教、慈善事业和教育而创办的那些慈善社团，都是同一性质的。此判例是适用于所有同类案件的法律"[③]。自此，美国私立大学是致力于慈善(非营利)目的的社团私法人(Private Corporation)的性质得以确立[④]。

二、私立大学董事会与企业(公司)董事会

美国私立大学在董事会领导下，自创立以来的300多年中创造了非凡的办学成就。实际上，董事会是经济领域中企业(公司)中最为普遍的管理设计。为什么经济领域的董事会会被应用到美国私立大学领域呢？私立大学董事会与企业(公司)董事会存在怎样的联系与差异呢？

(一) 董事会制度在企业(公司)管理中的出现与应用

对董事会进行关注和阐述的经济学文献早在亚当·斯密时代就开始了。斯密

---

① 参见：Hofstadter Richard and Smith Wilson(eds.). American Higher Education: A Documentary History. Volume I. Chicago: The University of Chicago Press, 1961:49－53.

② Olivas, Michael A. The Law and Higher Education(2nd ed.). Durham, N. C.: Carolina Academic Press, 1997:32－33.

③ Duryea, Edwin D. Academic Corporation: A History of College and University Governing Boards. New York: Falmer Press, 2000:137.

④ 美国也有赢利性质私立大学、学院，但显然它们在大学体系中的地位和成就远不能跟非营利私立大学相比的，人们的重视和关注程度比较低。美国较为著名的营利私立大学是凤凰大学。

在其著作《国富论》(1776) 中对董事会曾有过这样的说明:“不过,股份公司的董事,与其说是自己钱财的管理者,不如说是别人钱财的管理者,不能期望他们像看管自己的钱财一样用尽心智……于是,疏忽和浪费,常常或多或少地存在于股份公司的管理事务中。”①股份公司是典型的现代企业(公司)制度,关于股份制公司的研究认为,股份制公司的产生与发展离不开 18 世纪初英国“南海公司事件”的影响。“南海公司事件”发生以后,英国官办股份公司走向衰败,民间合股资本自发应运而生,到 1844 年,英国政府承认其法人地位,股份制公司成为一种平民化公司组织形式。股份公司的出现意味着企业(公司)所有友和经营权分离的企业(公司)组织形式的产生。马克思说,“与信用事业一起发展的股份企业,一般地说也有一种趋势,就是使这种管理劳动作为一种职能越来越同自有资本、借入资本的所有权相分离”;进而他又指出,“实行执行职能的资本家转化为单纯的经理,即别人的资本的管理人,而资本所有者则转化为单纯的所有者,即单纯的货币资本家”②。这种所有权与经营权的分离使得股东远离对公司运营的掌握,只能通过一年一度的股东大会来行使资本所有者的权力,而董事会成为是现代企业(公司)治理中的权力机构和企业(公司)的法定代表。以股份公司为代表的现代企业(公司)制度与其他企业(公司)制度相比,具有这样的明显特征:股份公司具有(企业)法人资格、股份公司实行有限责任原则、融资方式多样化、股权结构分散化,以及企业(公司)所有权的经营权的分离。

研究表明,20 世纪 30 年代开始出现的企业(公司)所有权和控制权的分离,引起了人们对(企业)公司治理问题,特别是“董事会中心主义”的更多注意。没有控制权的资产所有权与没有财产所有权的控制权乃是股份公司发展的逻辑归结,实行“董事会中心主义” 是适应股权高度分散的需要,是人力资本作用的结果,有利于维护交易的自由和安全。而关于公司治理,就是指在企业(公司)所有权和管理权分离条件下,根据契约理论,协调股东和其他利益相关者相互之间关系的一种制度安排。这种制度安排通过股东大会、董事会、监事会(不是当然设立机构)等组织机构和高层经理人员来实施。其中股东大会是企业(公司)的权力机构,董事会与高层经理人员是企业(公司)的执行机构上,监事会的设立在不定的国家有不同的

① 转引自:李克成,刘红生,毕海. 国外有关董事会研究的理论文献回顾[J]. 中州大学学报,2002(3).

② [德]马克思. 资本论(第 3 卷) [M]. 北京:人民出版社,1975:436,493.

法律规定（比如美国公司采取的“一元董事会”架构，就不设监事会），但一般是作为企业（公司）的监督机构出现。

董事会由企业（公司）股东大会选举产生的全体董事组成，是以企业（公司）的名义进行经营决策和业务执行的常设机构，是现代企业（公司）治理的核心主导所在。董事会作为受股东委托的常设执行机构，对企业（公司）经营及管理行使管理和控制权，这种委托是法律性与制度的契约，股东不能随意收回，也不能随意干涉董事会以公司运营的监控行为。董事会聘任管理团队负责企业（公司）运营及管理，管理团队直接向董事会负责，无法也不得向股东大会直接提交公司运营及管理的议案。董事会和股东的法律性的委托契约关系，决定了董事会在现代企业（公司）治理的权力结构中处于核心位置。[①] 需要说明的是，董事会的权力行使要由董事共同表决决定，所以董事（包括董事长）以个人身份行使职权的机会极少。

（二）美国私立大学董事会与企业（公司）董事会比较

私立大学与企业（公司）是两种不同性质的组织，在组织管理上却选择同样的制度安排。那么在这种奇特的相同制度安排下，私立大学董事会与企业（公司）董事会又有什么差异呢？

1. 法人制度是董事会共同的基石

不论私立大学董事会还是企业（公司）董事会都是建立法人制度的具体体现，也就是说法人属性性质使两种属性不同的组织采取同样的董事会制度。同时，这二者的差异也是显而易见的：美国私立大学董事会是非营利性质的私法人组织，而企业（公司）法人是必须追求利润的公司法人组织。

2. 董事会都是受托执行机构

私立大学董事会与企业（公司）董事会都是在所有权和管理权分离条件下，接受委托来执行管理任务，从委托代理关系上来说二者是一致的。但在承担委托权力方面有着差异：私立大学董事会是在信托机制下行使大学最高决策权的机构，而企业（公司）董事会并非最高权力机构，而是接受股东大会委托的执行机构，股东大会才是最高决策机构，通过董事会来实施其决议。

3. 董事会成员的外部来源倾向

私立大学董事会与企业（公司）董事会成员来源上原本区别显著。因为美国私

① 参见：文宗瑜．现代公司治理：董事会与CEO的较量及制衡[M]．北京：经济科学出版社，2005：66－67.

立大学董事会成员主要是“外行”董事，也就是说董事中除了大学校长，基本不是以在大学里任职的人员为主，而是以社会各界的贤达知名人士为主；而企业（公司）董事会成员一般是内部人员，因为董事成员必须是企业（公司）的股东。但是，“最近15年来，越来越多的人认识到，一个整体是由管理层所构成的董事会通常不能使代理成本最小化，而外部董事在监督经营者比内部董事更重要、更有效。例如，多数美国公司中非管理董事在董事会中所占的比重已达到69%”①。当然，董事产生方式上的区别也非常明显：私立大学董事会成员的产生主要是董事成员的自我更新（一些私立院校赋予校友推荐的权力，但不普遍），而企业（公司）董事成员主要是通过股东大会的推选产生。

4. 董事会成员的权限与责任

私立大学董事会成员与企业（公司）董事会成员的权限都源自董事会的职权，具体包括决策权和经营权等。这里要特别说明的是，在这两种董事会中，普通董事和董事长之间只存在职责分工上的差别，而无地位高低之分，实际上，董事会总是以董事会集体的名义做出决策，以董事或董事长个人身份参与对外活动的情况是罕见的。其中私立大学董事会成员更侧重于决策权的行使，因为私立大学的“经营权”董事成员通过遴选的校长来行使，而不是直接参与大学事务管理；从责任来看，私立大学董事会成员的责任主要是对董事会的承担责任。企业（公司）董事会成员在权限上与私立大学董事会成员接近，但在责任方面，企业（公司）董事会成员除了对企业（公司）股东和债权人负担，还要对企业（公司）负责，直接经营管理企业（公司）。美国著名高等教育哲学家布鲁贝克在谈到大学董事会与企业（公司）董事会的差别时强调：“不应该把他们（大学外行董事会）的作用等同于企业中的董事会。后者的目标是为他们的股东获取更多的利益，而前者的目标是促进和提高学者的工作。”②这就带来了私立大学董事会与企业董事会不同的责任要求。

5. 董事会成员的待遇问题

在经济待遇问题上，私立大学董事会成员与企业（公司）董事会成员之间有着较大分别。私立大学董事会成员除董事长之外，董事成员并不从董事会、大学获得经济

① 李维安. 现代公司治理研究：资本结构、公司治理和国有企业股份制改造[M]. 北京：中国人民大学出版社，2002：33.

② [美]约翰·S. 布鲁贝克. 王承绪，等，译. 高等教育哲学[M]. 杭州：浙江教育出版社，2002：38.

上的报酬，都是自愿、义务付出劳动；甚至董事会成员参加董事会会议和其他活动的费用都要自理。企业（公司）董事会成员的报酬基本上与承担的责任、创造的经济价值直接相关，无论是内部董事成员还是外部董事成员，都要获得相应的报酬和津贴。

三、私立大学董事会制度运行的核心：委托与代理

委托与代理关系是经济生活中一种普遍的关系，“在经济学著作中，人们大多将董事会同公司的关系理解为一种受托代理关系，这基本上已经成为共识”[①]。那么，美国私立大学董事会是通过怎样的方式来实现对大学的领导呢？从私立大学董事会制度运行来看，显然也是委托与代理的方式：私立大学董事会作为委托人将大学的经营权委托给以大学校长为首的大学管理团队来实现对大学的领导与管理。也就是说，私立大学董事会制度标志着大学的决策与执行、组织活动分离：董事会作为大学的法人代表，承担起大学重大事务的决策，并帮助大学实现与社会之间的沟通、协调。而以大学校长为首的大学管理团队形成管理机构，执行董事会形成的办学决议。私立大学董事会制度形成的委托代理关系具有其自身的特殊性。

（一）委托代理理论简介

经济学意义上的委托代理关系是由罗斯（Ross）在 1973 年提出来的，他认为，“当代理人一方代理委托人一方的利益行使某些决策权时，则当事人双方之间的代理关系就随之产生了”[②]。随后，詹森、梅林克在《企业理论：经理行为、代理成本和所有权结构》（1976）一文中提出了委托代理理论更为系统的阐述，委托代理关系是“一个或一些人（委托人）委托其他人（代理人）根据委托人的利益从事某些活动，并相应地授予代理人某些决策权的契约关系”[③]。正如詹森和梅林克所强调的委托代理关系是契约关系，所以研究者也把委托代理理论看作是契约理论重要的发展之一，而且从契约角度用委托代理理论来分析私立大学董事会制度也更具有可行性。

委托代理理论建立在两个基本假设基础之上：委托人和代理人目标不一致；委托代理双方信息不对称。同时，委托代理理论强调，构成委托代理关系需要满足五个基本条件：委托人与代理人双方具有谈判、订立契约的行为能力，委托人必须

---

① 徐茂魁. 现代公司制度概论[M]. 北京：中国人民大学出版社，2001：97.

② Ross S. The Economic Theory of Agent：The Principle's Problem. American Economic Review，63(2)，1973.

③ 转引自：费方域. 企业的产权分析[M]. 上海：上海三联书店，1998：99.

拥有控制权，代理人必须具有信息优势，委托代理双方都面临市场确定的风险且双方掌握的信息非对称，委托代理双方在一方违反合约时可自由退出契约关系。①

委托代理理论认为，由于所有者和经营者的利益不同，便会产生一系列的代理人问题。代理人问题是委托代理理论的核心问题，委托代理理论的相关内容基本都围绕这个问题而展开。这里的代理人问题是指由于代理人目标函数与委托人目标函数不一致，加上存在不确定性和信息不对称，代理人有可能偏离委托人的目标函数而委托人又难以观察并监督之，这样便会出现代理人损害委托人利益的理解。代理人问题的具体表现为两种类型：道德风险和逆向选择。肯尼思·阿罗（Arrow）则将这两类代理人现象称作隐蔽行动和隐蔽信息。②

（二）美国私立大学董事会制度运行过程中的委托代理方式

从历史看，美国私立大学从创立之初就运用委托代理的方式来实现管理。在谈到美国高等教育管理体制时，伯顿·克拉克认为："当时的美国殖民地人口稀少分散，没有古老的城市，没有中世纪的传统，缺乏资源，以哈佛学院、威廉玛丽学院、耶鲁学院为首的最初的学院就是在这样一个殖民地上建立起来的。……由院外人士控制，管理人员不是学术人员，也不是政府部门的人员，但必须是创办团体的人员。由此建立的控制机构是董事会，在董事会中，董事们代表'公众利益'。……由创办该院校的团体建立一个上级机构——董事会，它拥有所有权力，然后按照它自己的意愿把权力委托给校长和教授。……董事会最重要的职责是任命大学的行政负责人，即校长，并把许多权力委托给他，与此同时保留其余权力和最终的法律控制权。"③同时，伯顿·克拉克还强调，在大学这个管理层次上，美国高等教育与其他国家有很大不同："主要表现在吸收院外人士作为董事，负责总政策并负有最终责任，掌握最后权力，与此同时，又设立了一个行政机构向董事会负责并掌握着受董事会委托的权威、权限和责任。"④由此可见，美国私立大学董事会制度运行中委托代理关系是十分明显的。

---

① 参见：李福华. 大学治理结构的理论基础与组织架构[M]. 北京：教育科学出版社，2008：99－100. 何维达. 企业委托代理机构的比较分析：制衡机制与效率[M]. 北京：中国财经出版社，1998：19.

② 参见：李福华. 大学治理结构的理论基础与组织架构[M]. 北京：教育科学出版社，2008：101.

③ [加]约翰·范德格拉夫，等. 王承绪，等，译. 学术权力：七国高等教育[M]. 杭州：浙江教育出版社，2001：106－117.

④ [加]约翰·范德格拉夫，等. 王承绪，等，译. 学术权力：七国高等教育[M]. 杭州：浙江教育出版社，2001：118.

1. 私立大学董事会章程保证了契约（委托）关系

美国私立大学史上著名的达特茅斯学院案就是基于契约关系才使得在达特茅斯学院案中董事会得以胜诉。马歇尔大法官在判决书中开宗明义地支持了丹尼尔·韦伯斯特关于1769年达特茅斯学院的董事会章程（特许状）就是契约的观点，他指出："毋庸置疑，本案的种种条件构成了一个契约。向英王申请的特许状是为了建立一个宗教和人文的机构。申请书陈述了为此目的已有大量捐赠，一旦此法人创立，就该转给该机构。特许状获准后，捐赠财产如约转让。可见，完整和合法契约所需之一切要素皆存在于这一转让中。"[①]这也符合委托代理理论所强调的基于契约的委托代理关系。

美国私立大学董事会实行的委托代理有一定的特殊性，因为这种委托代理首先从特定的公益信托开始，到董事会成为受托人之后再行使委托代理权利来完成。公益信托是一项强制性义务，受托人不能因为担任受托人而获得利益，这可以解释为什么美国私立大学董事会成员都是没有报酬的；委托人（主要指财产捐赠人）是明示信托的创设者，一旦信托成立，委托人本身就失去了对信托财产的所有控制，受托人（董事会）承担管理和控制信托财产的责任，但只能是为了受益人的利益，这里的不是直接受益人——学生，而是指最终受益人——公众。在成为信托受托人之后，受托人（董事会）再通过建立委托代理关系，将私立大学的办学管理事务委托给以大学校长为首的大学行政管理团队来执行、实施。美国私立大学董事会制度这种信托委托—受托代理—委托—代理关系都是建立在大学章程（特许状）这一特定契约基础之上的。

2. 美国私立大学董事会的两种委托代理路径

美国私立大学董事会最重要的特征之一就是校外人士，也就是相对于大学中学术人士的非学术人员的管理在美国高等教育中起到的重要作用。那么非学术人员如何来实现对大学以及大学中学术人士的管理呢？围绕这一问题，美国私立大学董事会在实行委托代理关系时形成了两种独特的路径：一种是把大学的行政权力委托给以校长为首的大学行政管理团队代理，另一种是把大学的学术权力主要委托给教授为核心的教师团队来代理。

① Hofstadter Richard and Smith Wilson. (eds.) American Higher Education: A Documentary History. Vol. 1. Chicago: The University of Chicago Press, 1961:213.

遴选、任命、定期考察和支持校长被看作是美国私立大学董事会最重要的职责。受董事会委托，大学校长负责主要管理具体学校事务的管理。同时，作为成熟学者的校长也是沟通董事会与大学教师之间的联系人。罗伯特·伯恩鲍姆和皮特·艾克尔是这样来刻画大学校长承担董事会委托代理事务的角色形象："作为一个管理者，校长要执行董事会的决策，监督下属，分配资源，建立责任体系，并履行任何类似的复杂机构都存在的职能。作为一个政治家，校长必须对各种选民的需求作出回应。他还必须考虑和迎合教师、学生、校友、当政官员等团体和亚团体的利益，另外校长还必须去结盟和妥协。作为企业家，校长被期待去发展和开拓市场，以给院校的发展提供必需的资源。筹集资金可能是这个角色最常见的工作。"正是这样复杂却又充满挑战的代理人角色，事实上校长还面临着更多的困扰，曾在1769年担任哈佛学院校长的爱德华·霍约克在临终时悲叹："如果有人想要过得卑微和苦恼，那么就让做哈佛学院的校长。"①

关于董事会将学术权力委托给以教授为主的教师团体，这在美国私立大学中经历了漫长的过程后，教师才被赋予参与管理的权力。但曾担任常青藤名校——康奈尔大学校长达18年之久的弗兰克·罗德斯认为："董事会委托给教师的权力是具体的，这些权力在系、学院及至整个大学里发挥的越有效，大学作为整个机构的运行也就越有效。"那么董事会委托给教师的权力应该体现在哪些方面呢？"教师对课程、教学、教师地位以及学生生活的学术方面等基本领域负有主要责任。主要责任的含义是'董事会和校长应当同意教师的判断，除非情况特殊和具有令人信服的理由，即便如此，也应当详细地说明清楚'。这样，在学校应教什么、由谁来教和谁能入学等一些重大问题上，从法律上来讲，董事会拥有权力；但实际上，处理这些问题的权力更多地掌握在教师手里"②。

3. 特别的补充

不可否认，美国私立大学董事会制度运行中委托代理是其中的核心所在。但对于董事会成员来说，委托代理理论尚不足以描述其角色形象，倒是管家理论(Stewardship Theory)与私立大学董事会成员呈现的角色特点更吻合：因为常常是

---

① [美]菲利普·G.阿特巴赫，罗伯特·O.波达尔，帕崔凯·J.甘波特.施晓光，蒋凯，主译.21世纪的美国高等教育：社会、政治、经济的挑战(第2版)[M].青岛：中国海洋大学出版社，2007：266－268.

② [美]罗伯特·伯恩鲍姆.别敦荣，主译.大学运行模式：大学组织与领导的控制系统[M].青岛：中国海洋大学出版社，2003：9.

功成名就的社会人士去受聘美国私立大学董事会成员；他们并不是为了挂名，而是全力以赴地为董事会付出；他们希望通过成功地完成工作而得到内在的满足，希望得到同事或他人的认同，这种对成就的需要使得他们的行为更容易受非金钱的激励，董事会和管理者成了恪尽职守的"管家"，为了追求委托人利益的最大化，董事会就像"管家"一样管理好所有者的财产，并努力使之增值，而不会牺牲组织利益来谋取利益，从而实现个人目标与组织目标的一致，追求组织目标的自我内驱动力使董事会成员为了私立大学的发展竭尽所能，身体力行。

第三节　私立大学董事会制度的特征及其内蕴性矛盾分析："外行"如何领导"内行"

美国私立大学董事会制度是美国私立大学管理的重要特征。"在殖民地时期出现了一种外部控制方式，它将永远成为美国高等学校的特征"①。这种外部控制方式就指的是以由校外团体来管理私立大学(学院)。"无论是哈佛实施的双院制管理还是耶鲁及其他院校实施的单院制管理，一个根本性的特征在于由校外人士掌握学院的管理权。这一由'世俗人士'掌握学院管理权的制度，保证了殖民地学院对社会实际需要的关注，拉近了学院与社会的距离"②。而以"外行"为主的董事会来领导美国私立大学的发展，并带领私立大学取得了辉煌的成绩，处于各种大学排行顶端的基本都是著名的私立大学。在私立大学管理中，"外行"可以领导"内行"吗？答案是肯定的。可是，"外行"为主的美国私立大学董事会制度尽管取得了丰硕的成绩，但围绕"外行"如何领导"内行"带来的内蕴性矛盾也一直是美国私立大学管理中充满争议的话题。

一、"外行"可以领导"内行"

(一)专注谋划大事

美国私立大学在1650年到1800—1850年的150～200年间，逐渐地建立起了

---

① [美]丹尼尔·J.布尔斯廷.时殷弘，等，译.美国人：殖民地的经历[M].上海：上海译文出版社，1989：235.

② 贺国庆，等.外国高等教育史[M].北京：人民教育出版社，2003：186.

私立大学董事会的控制机制……董事会管理捐赠、财产和业务等工作。① 到了1966年,美国大学教授协会(AAUP)、美国教育理事会(ACE)和大学与学院董事会协会(AGB)联合发表了《关于学院和大学管理的声明》,就董事会的职责做了详尽的说明。大学和学院的董事会具有"决定性的制度权力",它的特殊使命是"确保大学或学院的历史将发挥作为通向未来的序幕和灵感的作用"②。《关于学院和大学管理的声明》中还指出,董事会的具体职责如下:第一,把管理行为委托给管理官员(校长、院长),把教学和研究行为委托给教师。第二,保证规定机构全面政策和程序的声明的公开。第三,在以下方面发挥中心作用:(1) 寻求未来可预见需要的资源;(2) 有责任节俭地使用捐赠;(3) 有责任获得所需的资本和运行经费;(4) 关注人事政策。为履行上述责任,董事会有权要求管理机构和教师提出长期的规划。第四,当机构或其中的任何部分受到恶意的威胁,董事会必须提供支援,等等。③加上董事会成员通常都是事业有成的社会知名人士,而董事会的规模一般也就在30～50人(公立大学的董事会常常只有8～12人),所以董事会的运行主要采用每年定期召开若干次董事会会议的形式(会议次数在董事会章程中约定),其余时间则由执行委员会来行使日常功能。这就决定了在大学管理层级中处于权力顶端的董事会只关注于大学发展大事,围绕大学的管理而不是经营发挥监护人的作用,就广泛的政策与治理问题提出建议。董事会作为独立的机构,拥有很高的地位和较大的权限。在美国,无论是公立还是私立高校,董事会都处于整个管理系统的顶端,是学校最高决策机构和最高权力机构,可以说是学校的"最高法院",全权裁决学校一切事务。因此,董事会有权对全校的总政策、财政、学术等方面的重大问题做出决策,并监督这些政策在全校有效地贯彻实施。对此,曾担任康奈尔大学校长18年之久的罗德斯说:"董事会的责任是管理而不是经营。'保持用鼻子探询比插进一只手指头去更重要'(Noses In, Fingers Out)这句话对所有董事会成员来说再

① [加]约翰·范德格拉夫,等.王承绪,等,译.学术权力——七国高等教育学术权力[M].杭州:浙江教育出版社,2001:107-108.

② American Association of University Professors: Statement on Government of Colleges and Universities[J]. AAUP Bulletin, 1966(52): 375-379.

③ American Association of University Professors: Statement on Government of Colleges and Universities[J]. AAUP Bulletin, 1966(52): 375-379.

适用不过了。”①

(二) 精选委托代理人

丹尼尔·布尔斯廷就认为，美国私立大学的“外部控制附带产生了另一种制度，即美国高等学校的首脑制……外人管理学校的美洲体制造成了一种新需要。学校理事们通常是缺席理事，他们却无时间也无兴趣去管理，而学院教员中的负责者通常年纪较轻且又经常变换。在这种权力真空中学校首脑便自然填补进去。只有他既代表教员又代表公众，因为他是常驻该校的管理委员会的成员之一”②。确实，除了大学校长，美国私立大学董事会成员一般不是真正从事学术性、教育职业的人员，所以要想管理好大学这个学术型组织，它需要选择代理人。“董事会最主要的职责是任命大学的行政负责人，即校长，并把许多权力委托给他，与此同保留其余权力和最终的法律控制”③。遴选合适的大学校长，对大学的健康发展很有益处。一位耶鲁大学董事会成员曾这样描述大学校长的形象：“他必须是一个明智稳健的领导者、能干的公众学说家演说家、伟大的作家和同各界交往的政治家。他有强健的体魄、坚韧的毅力，集各种美德于一身。事实上，他的妻子必须是维多利亚女王(Queen Victoria)、弗洛伦斯·南丁格尔(Florence Nightinggale)和年度最佳着装仪表女士(Best Dressed Woman)的混合体。我们的选择虽是俗世上的普通人，但身上具有伟大的精神品质：一个经验丰富能够委以重任的管理者；一个地道的耶鲁人，而且是伟大的学者；一个思考世界难题的社会哲学家，又不丧失普通人的感受力。经过长时间的思考，我们得出结论，这样的人只有一个，那就是上帝。然而这仍然让我们困惑，我们仍然会问：上帝是耶鲁人吗？”④显然，耶鲁大学的校长不是上帝，但耶鲁人对大学校长的期望却是像上帝这样的神，所以作为董事会挑选的代理人，无论是能力，还是品质，大学校长是董事会追求完美的对象。纽约汉密尔顿学院的前校长 W. H. 考利在论及校长领导能力对院校追求卓越的过程中起

---

① [美]弗兰克·H. T 罗德斯. 王晓阳，蓝劲松，等，译. 创造未来——美国大学的作用[M]. 北京：清华大学出版社，2007：258.

② [美]丹尼尔·J. 布尔斯廷. 时殷弘，等，译. 美国人：殖民地的经历[M]. 上海：上海译文出版社，1989：235.

③ [加]约翰·范德格拉夫，等. 王承绪，等，译. 学术权力——七国高等教育学术权力[M]. 杭州：浙江教育出版社，2001：117.

④ [美]弗兰克·H. T 罗德斯. 王晓阳，蓝劲松，等，译. 创造未来——美国大学的作用[M]. 北京：清华大学出版社，2007：260－261.

着决定性的重要作用时说过："你将会发现，在任何一所著名的美国学院或大学，在其历史上曾有一位或多位有权威、有影响力的校长……在美国的社会体制和政治体制下，院校的繁荣或衰退都取决于领导的能力。学院和大学是国家的重点机构，尤其需要强有力的领导者。这么说并不意味着校长应该独裁式地自行制定政策。相反，他们应当确保，政策必须通过教师和董事们的共同努力得以制定，而且是明智地制定，并且使得政策得以有效的实施。"①在美国大学发展的历史上，19 世纪末 20 世纪初时成为大学校长带动私立大学事业发展的辉煌时期：艾略特（Charles W. Eliot）在哈佛大学、乔丹（David S. Jordan）在斯坦福大学、哈珀（William R. Harper）芝加哥大学。"这些人都是学术泰斗，是四处活动的领导者，他们多方筹集经费、招聘教授、配备行政人员，到处宣传自己学校的优势地位"②，从而带来了美国私立大学的迅速发展。所以美国私立大学的校长遴选是件大事，董事会需要据此找到适当的人来办好大学。董事会是大学的最高决策机构，是政策制定者；校长则是执行董事会决策的行政最高长官，被赋予了最大的办学权力，可以说大学校长对大学的成败影响更直接。为了大学的良性发展，董事会与大学校长之间必须相互密切合作，为大学的发展共同努力，分担责任。而董事会与遴选的代理人——大学校长之间若想维持良好的合作关系，需要有三个方面的保证：一是充分了解双方的职、权、责，二是坦诚地沟通与合作，三是彼此真诚地尊重与信任。

这也正如汉高祖刘邦感叹自己何以取得天下的原因："夫运筹帷幄之中，决胜于千里之外，吾不如子房；镇国家，给馈饷，不绝粮道，吾不如萧何；连百万之军，战必胜，攻必取，吾不如韩信。此三者，皆人杰也，吾能用之，此吾所以取天下也。"美国私立大学董事会在把握大事、大方向的前提下，把专业的事都委托给了精心挑选的代理人——"内行"们去处理带来了美国私立大学的良性发展。

（三）发挥董事会成员在优势领域的作用

"外行领导内行，却能产生世界上最发达的高等教育，这个奇迹要从美国特有的社会文化背景才能了解。美国文化有一个独特的现象，就是事业有成的公民，常常会去聘任公益团体，如博物馆、交响乐团、美术馆以及大学的董事会。而且，他们

---

① ［美］菲利普·G. 阿特巴赫，帕特丽夏·J. 冈普奥特，D. 布鲁斯·约翰斯通. 别敦荣，陈艺波，主译. 为美国高等教育辩护［M］. 青岛：中国海洋大学出版社，2007：258.

② ［加］约翰·范德格拉夫，等. 王承绪，等，译. 学术权力——七国高等教育学术权力［M］. 杭州：浙江教育出版社，2001：107 - 108.

出任董事，并不只是挂名而已，而是全力以赴”[①]。除了美国独特的文化背景之外，我们还可以从美国私立大学董事会董事发挥自身的突出优势，管理好董事会分内事的角度来理解、学习。

如果一定要用“外行”与“内行”来区分私立大学董事会成员的话，也只是由不同工作领域带来的划分。事实上，如果从管理者的角度看，决策管理活动所依据的逻辑和道理都是简单和朴素的常识和公理，无论对于“外行”和“内行”都是一样的，作为“外行”的私立大学董事会成员，他们拥有的非但不是什么缺陷，而是具有独特的优势，这种优势主要体现在四个方面。首先，这些“外行”董事会成员因为工作领域的不同，在教育领域来看他们属于“外行”，但是从其从事的工作来看，董事会成员对于所承担的管理工作来说都是“内行”，而且他们都是“内行”中的佼佼者。其次，董事会成员都是社会各个领域事业有成的精英，事业的成功使得担任私立大学董事时让他们用更广阔的视野来看待大学、看待大学的发展。在一定程度上，我们可以说这些“外行”董事不太懂得大学，但正是这种“不懂”让董事更容易站在大学的客户（主要是学生、家长和社会）的角度来看待大学发展的怎样，还存在哪些问题。私立大学的“外行”董事其实用更宽广的视野帮助大学厘清大学发展的方向与未来。第三，美国私立大学董事会的董事的敬业精神令人敬服。私立大学董事会成员除了通过例行的会议讨论及专门委员会活动帮助大学提供发展的思路与建议，其工作重点是帮助私立大学筹款，甚至可以说私立大学董事的筹款工作是其第一要务。大学的筹款不是一件容易完成的任务，但私立大学董事正是以自身的条件为基础，积极、主动地开展各类活动来帮助私立大学筹款，从而保证私立大学办学经费的较为稳定的来源。第四，“外行”董事成员成为私立大学与社会互动的桥梁。本研究在第一章中就讨论到，大学从创立之日起就离不开社会的理解与支持，大学发展的历史，一定程度上就是与社会互动的历史。美国私立大学的发展更离不开社会的支持与帮助。“……美洲学院是崭新的‘人造物’。它们由一些小社团所建；世俗的管理委员会帮助掌握其有限资源并使其保持与全社会的接触，毕竟若无社会的支持就不会有任何学院”[②]。已有的对私立大学董事会成员职业领域来源的研究数据显示了结构变化：“1860—1861 年间，15 所私立学院的董事会成员中

① 黄俊杰. 大学校长遴选——理念与实务[M]. 北京：北京大学出版社，2006：97 - 98.

② [美]丹尼尔·J. 布尔斯廷. 时殷弘，等，译. 美国人：殖民地的经历[M]. 上海：上海译文出版社，1989：234.

教士占了 39.1%，到 1900—1901 年间，这一比例下降到了 23%，董事会中律师和工商企业人士所占的比例第一次超过了教士；1874—1875 年间，哈佛校监会和校务会的 36 名董事中就有 7 位是教士，到了 1894—1895 年间，只有一位是教士；1884—1926 年间，普林斯顿大学董事会成员中教士的人数减少了 2/3，耶鲁减少了 60%。"①而近年来，我国学者围绕美国私立大学董事会成员的职业来源结构研究也显示私立大学董事会成员常常来自不同的领域（参见表 2-1：1996 年度 8 所著名私立大学董事会成员的职业分布统计），而且一般都是相关领域的精英人物，他们与社会之间有着深刻的联系和紧密的合作，董事会成员成为私立大学与社会之间互通的桥梁。

表 2-1　8 所著名私立大学董事会成员的职业分布统计（1996 年）(1)

学校 \ 职业构成	工商企业董事	公共事务官员	学术管理人员	律师	法官	医生	教授教师	学校管理人员	学生	基金会董事	银行家	作家	记者	科学技术人员	社会工作者	志愿者	其他(2)
哈佛大学	11	4	2	2	1	2	3	—	—	1	1	1	—	2	—	—	—
普林斯顿大学	17	—	1	3	—	5	1	1	2	1	3	1	1	1	—	—	2
耶鲁大学	7	1	2	—	1	—	1	2	—	1	—	—	—	—	—	—	2
斯坦福大学	16	1	2	2	1	1	1	—	—	4	—	—	—	—	1	—	—
麻省理工学院	47	1	7	2	1	1	6	—		—	4	—	1	1	—	—	1
芝加哥大学	23	2	1	6	—	—	1	—	1	1	1	—	—	—	—	2	2
达特茅斯学院	5	1	2	2	—	—	1	—	—	—	2	—	3	—	—	—	—
哥伦比亚大学	13	—	1	1	—	—	3	—	—	—	3	—		—	—	—	1
合计	139	10	18	18	4	9	17	3	3	8	14	2	5	4	1	2	8

（根据 Martin Anderson. Impostors in the Temple 一书附录所提供的资料整理）

(1) 本数据整理并转引自：张斌贤，张弛. 美国大学与学院董事会成员的职业构成——10 所著名大学的"案例"[J]. 比较教育研究，2002(12)：24.

(2) 被列入"其他"类的 8 人中，1 人为研究分析家，1 人为政治家，1 人为宗教领袖，2 人为新闻出版业的董事，1 人为职业运动队代表，1 人为博物馆馆长，1 人为学术顾问。

二、私立大学"外行"董事会领导"内行"的争议所在

不可否认，"外行" 组成的董事会领导美国私立大学取得的成绩十分显著。卡内基教学促进基金会在《校园的控制：关于高等教育管理的报告》中就强调："董事

① 转引自：李子江，张斌贤. 大学：自由、自治与控制[M]. 北京：北京师范大学出版社，2005：99.

会构成了（美国）高等教育管理结构的基石。”①在不断肯定私立大学董事会制度重要性的同时，对于“外行”董事会制度局限性的争论与担忧也一直存在。卡内基教学促进基金会在另一份报告中曾指出：“决策已经成为董事、校长和教师们的共同责任。尽管董事的法律地位并没有改变，但是对于他们究竟应当拥有多大的权力却存在着分歧。”②这种争论与担忧特别集中在：“外行”加入私立大学董事会是否需要限制？“外行董事会”是否真地可以领导“内行”的疑问？“外行董事会”与大学校长之间如何保护高效的合作？

（一）院外人士担任董事会成员的限制问题

在美国私立大学董事会中，吸引社会人士担任董事是个传统，这个传统导致工商企业界董事成员占有很大的比例。由工商企业界人员担任董事的董事会在大学发挥的影响很大成为很多高等教育研究专家的担忧所在，他们认为工商企业界人士注重的是经济利益，他们并不懂得学术组织的特性。塞斯顿·维伯伦认为：“大学被看成了一座经营知识商品的商店。学校置于一个博学的老板控制之下，老板的职责就是如何利用一切方法获得最大的实际效果。”③而罗伯特·伯恩鲍姆认为：“他们（企业人员董事会成员）更喜欢从学校和企业的结构和权力模式方面对二者进行比较，以支持‘由上到下’的垂直管理主张。董事们对学术自由原则较少理解，也较少支持……董事们认为某些学术决策无须教师参与。”④著名高等教育哲学家布鲁贝克针对这一问题也有自己的看法。首先他提出“如果在高等教育管理中既有专家也有院外人士的代表，那么，一旦在学术政策问题上发生分歧，应该由谁掌握最后的决定权呢?”的问题，然后，他指出：“像洛韦尔这样的高等教育权威认为，最后决定权不应该在学者行会或学者团体手里，而应该在外行的董事会手里。他的理解相当充分：大学之所以存在应归因于社会，即归因于政治方面的考虑。既

① Carnegie Foundation for the Advancement of Teaching. The Control of the Campus: A Report on the Governance of Higher Education. A Carnegie Foundation Essay. Washington D. C. : Carnegie Foundation for the Advancement of Teaching, 1982: 72.

② [美]罗伯特·伯恩鲍姆. 别敦荣，主译. 大学运行模式：大学组织与领导的控制系统[M]. 青岛：中国海洋大学出版社，2003：6.

③ 转引自：[美]罗伯特·伯恩鲍姆. 别敦荣，主译. 大学运行模式：大学组织与领导的控制系统[M]. 青岛：中国海洋大学出版社，2003：7.

④ [美]罗伯特·伯恩鲍姆. 别敦荣，主译. 大学运行模式：大学组织与领导的控制系统[M]. 青岛：中国海洋大学出版社，2003：8.

然它只有在外界公众的默许下才能存在，那么，这一公众的代表无论在私立院校还是在公立院校，都必须在政策冲突上拥有最终的裁决权。如果我们没有忘记正是外行的董事会掌握着财经大权的话，那就更会认为这一结论是自然而然的了。”① 但布鲁贝克针对这一问题却有着自己的看法：“尽管外行董事会的地位在某些方面优于教师，然而他们不应该把他们的作用等同于企业中的董事会。后者的目标是为他们的股东获取更多的利润，而前者的目标是促进和提高学者的工作……学者在监督减少到最低限度的自治条件下可以得到最充分的发挥。”②可以看出，外行董事会出于利益的追求，容易为了短期的成绩和目标急功近利，这与大学的发展常常是一个长期的过程是相悖的，由此会带来大学发展的牺牲。

除了上述方面的争论，院外人士董事会成员的捐赠道德问题也是一个重要的方面。美国私立大学董事会中工商企业界人士所占比重越来越大，常常意味着由这类人士提供的捐赠与募款就越多，在决定大学发展的重大问题时，“大学董事会成员代表着整个大学，并非体现了大学的集体智慧，只是履行其捐款受托事务的法律责任”③。这还不算特别严重的，更为严重的是捐赠与募款的附加条件问题。“在不少私立高校，董事会实际上已成为各大公司、企业财团在大学内的全权代表。大公司、企业财团控制着私立学校的财源，从而也就要求学校在人才培养、科研、社会服务方面更多地考虑它们的利益，而不是全面为社会服务”④。

（二）“外行”如何领导“内行”的疑问

本研究在前面分析了美国私立大学“外行”董事会可以实现领导“内行”的几个方面，但“外行”如何领导“内行”的问题一直有着热烈的讨论：“外行”董事会主要由校外人士组成，他们不懂得大学学术事务和大学管理，如何能拥有大学重大事务的最高决策权？而那些大学的“内行”工作人员——教授们会执行吗？罗伯特·伯恩鲍姆在其《大学运行模式》的中文版序中就写道：“学院和大学的组织与管理要比许多其他类型的组织更难以理解。政府部门或企业组织的结构常常采取科层制，高层人员负责决策，然后将其传达给低层工作者，而低层工作人员必须接受和遵循。

① ［美］约翰·S. 布鲁贝克. 王承绪，等，译. 高等教育哲学［M］. 杭州：浙江教育出版社，2002：37－38.

② ［美］约翰·S. 布鲁贝克. 王承绪，等，译. 高等教育哲学［M］. 杭州：浙江教育出版社，2002：38.

③ ［美］德里克·博克. 徐小洲，陈军，译. 走出象牙塔：现代大学的社会责任［M］. 杭州：浙江教育出版社，2001：（译者前言）.

④ 刘宝存. 美国私立高等学校的董事会制度评析［J］. 比较教育研究，2000(5).

但学院和大学的许多决策却并不是由高层管理者作出的，而是由教授'工作人员'作出的。由于教授们都受过专业教育，他们比其他工作人员更能根据专业判断行事，而不是接受上层下达的指令。"①

要管理好一所大学，董事会要花大力气管理学者群体。"(外行)董事和教师之间的紧张关系不是现在才产生的。最先看到这个问题并对之进行直言不讳的批评的也许要数塞斯顿·维伯伦(Thorstein Veblen)。在他 1918 年的著作《美国高等教育》中，对主要由企业主担任董事的董事会在高等教育中发挥的影响进行了激烈的批评。他认为企业主所注重的是经济利益，他们并不懂得学术组织的特性。……学者都是以自己的方式独立地开展工作的……管理者的责任不是去控制学者，而是作为助手为他们服务，满足他们的特殊需要。如果做不到这一点，大学的效率就会下降"；显然维伯伦苛刻地批评的问题就是："大学应当由董事和管理人员来控制(Governance)，还是应当由教师来控制(Governance)"?② 对此，乔治·凯勒(George Keller)则认为，"从本质上讲，以学者为主体所组成的大学，主要由学校的外行董事会及其主要行政官员——校长所管理。……教授们应当经常关注自己的学校，是学校给他们提供了一个工作场所。但与此同时，他们也要与学校和外行董事会的侵权行为进行斗争，以保护其专业特权和标准，并为了自身的专业发展而工作"；所以他认为"外行"与"内行"二者之间充满的冲突："由于在美国专门职业中，学术专业是独特的，学校管理人员和专业学者间日复一日的斗争便是不可完全避免的。学术专业几乎是唯一的一个只在校内发挥作用的职业，也是唯一的一个由当地外行董事会控制其工作和标准的职业。"③

前密歇根大学校长詹姆斯·杜德斯达(James Johnson Duderstadt)表示"外行"能否领导"内行"的疑问体现在董事会受限于专业知识(背景)方面的限制，"由于受到专业知识的限制，董事会需要掌握必要的经验和经历一定的培训才能行使它在政策开放、学术研究项目和管理专业化等方面的职责。举例来说，几乎所有的董事会在学术问题上都与大学教授们分享权力，通常都同意教师来管理学术性课

① [美]罗伯特·伯恩鲍姆．别敦荣，主译．大学运行模式：大学组织与领导的控制系统[M]．青岛：中国海洋大学出版社，2003：2(中译版序)．

② [美]罗伯特·伯恩鲍姆．别敦荣，主译．大学运行模式：大学组织与领导的控制系统[M]．青岛：中国海洋大学出版社，2003：7－8．

③ [美]乔治·凯勒．别敦荣，主译．大学战略与规划：美国高等教育管理革命[M]．青岛：中国海洋大学出版社，2005：37－38．

程计划。此外,由于需要在学术、财政、法律方面的必要经验,大学的日常管理工作被授权给了校长和大学管理机构”①。

在董事会对待大学中的“内行”——以教授为代表的学术人士参与管理问题上,詹姆斯·S.科尔曼认为存在着一个结构性缺陷。通过深入、透彻的分析,他一针见血地将当代大学和学院对教授参与管理的缺陷称为一个“中世纪时代的错误”——“教师拥有作为共同体成员所应拥有的权力,即自由掌握自己的活动和时间,而不需要接受共同体的一般限制和要求。他们也拥有一个有目标的团体中职员所拥有的权利,即薪酬是有保障的,还可享有作为这样的职员所享受的额外津贴,而没有义务为了服务于团体目标而放弃自己对时间的掌控。这种结构性缺陷使院校中出现了一种特权现象,即存在着共同体成员的自治、学校职员的安全保障以及无需承担义务等方面的特权”②。

对于“外行”与“内行”之间的管理问题,美国高等教育学者肯尼思·莫蒂默和T.R.麦克康纳尔表示:“我们认为,教师所持的某些观点是不切实际的,即有些工作,比如协调学校中人们对一门学科或积极的行动标准的看法,与管理是不相关的,……即便有一点关联的话,也只需要考虑很少的管理因素。同样,管理者如果认为在没有教师参与的情况下可以做出适当的大学财务决定,这样的观点也是不切实际的。总而言之,我们认为,这些与学院和大学有关的管理事务应该避免寻求单方面的权威意见,而应寻求加强合作的途径。”③与此同时,我们也应当看到大学“内行”要参与大学管理也一样面临着问题和现实困难:“由于管理工作变得越来越复杂,以至于那些对控制(Governance)有兴趣的教师要么由于没有充分的时间,要么由于缺乏必要的专门知识,难以全面理解决策过程或资源的获得与分配等许多涉及控制(Governance)本质的问题。”④同样,在大学中有一些问题的权力更多掌握在教师手上而不是由董事会管理,比如:大学应该教什么,谁来教,学生入学的标准等方面的问题。因此,合作的共同治理才是私立大学管理中“外行”与“内行”之间

① [美]詹姆斯·J.杜德斯达.刘彤,主译.21世纪的大学[M].北京:北京大学出版社,2005:206.

② 转引自:[美]菲利普·G.阿特巴赫,帕特丽夏·J.冈普奥特,D.布鲁斯·约翰斯通.别敦荣,陈艺波,主译.为美国高等教育辩护[M].青岛:中国海洋大学出版社,2007:256.

③ 转引自:[美]菲利普·G.阿特巴赫,帕特丽夏·J.冈普奥特,D.布鲁斯·约翰斯通.别敦荣,陈艺波,主译.为美国高等教育辩护[M].青岛:中国海洋大学出版社,2007:254.

④ [美]罗伯特·伯恩鲍姆.别敦荣,主译.大学运行模式:大学组织与领导的控制系统[M].青岛:中国海洋大学出版社,2003:9.

实现有效管理的共同选择。

（三）“外行”的董事会与大学校长合作问题

从历史来看，是“外行”董事会的附带下产生了美国高等院校的首脑制（即校长制）——“由外人管理学校的美洲体制造成了一种新的需要。学校理事通常是缺席理事，他们既无时间也无兴趣去管理，而学院教员中的负责者通常年纪较轻且又经常变换。在这种权力真空中学校首脑便自然填补进去。只有他既能代表教员又代表公众，因为他是常驻该校的管理委员会成员之一。从技术上讲，他是理事会的雇员，通常是其中最有知识者，因而成为其领导者”①。董事会是私立大学中的最高决策机构，任命校长是董事会职责中最为重要的组成部分；校长负责管理学校的具体事务，同时他也是大学里的“首席教师”——“只有校长能够以一个成熟的学者的身份代表着大学管理机构”②。从制度设计和两者的职责规定看，董事会与校长之间界限分明，只要各行其是似乎就可以实行二者的顺利合作。“大学校长是董事会和大学之间的联系枢纽，没有校长强有力的领导，大学的管理系统不可能有效运行”。所以，董事会与校长之间的良好的合作是大学面临的一个重要的管理问题。事实上，董事会与大学之间的合作并非容易的事，因为“在高等院校里，校长的职能夹在两层组织——董事会和教师中运行，而且同时对二者负责……组织的冲突都是很常见的，对于大学校长来说，其重要性和影响却可是独特的”③。

董事会与大学校长之间的权力分配一直是一个热门的话题。爱德华·希尔斯认为：“……校长专权制度是个令人不满的制度。当时（20 世纪初）的公共舆论对世俗的学问处理神圣事务的方式缺乏信心，董事会在更大程度上将自己视为外部利益的监护人和代表者以及教学人员行为的监督者，而不是学院和大学的知识和道德使命的托管者，经常出现令人不愉快的结果。”④。除了董事会与校长之间的工作合作冲突之外，大学校长的影响力及其领导权威变化也是一个与此相关的问题。传统的观点认为，只要对美国高等教育史稍有了解的人都会知道、熟悉 19 世

---

① [美]丹尼尔·J. 布尔斯廷. 时殷弘，等，译. 美国人：殖民地的经历[M]. 上海：上海译文出版社，1991：235.

② 转引自：单中惠. 外国大学教育问题史[M]. 济南：山东教育出版社，2006：295.

③ [美]菲利普·G. 阿特巴赫，罗伯特·O. 波达尔，帕崔凯·J. 甘波特. 施晓光，蒋凯，主译. 21 世纪的美国高等教育：社会、政治、经济的挑战[M]. 青岛：中国海洋大学出版社，2007：269.

④ [美]爱德华·希尔斯. 李家永，译. 学术的秩序——当代大学论文集[M]. 北京：商务印书馆，2007：202.

纪和20世纪初很多私立大学的传奇故事。“他们创办了第一批美国大学，并成为领导性公众人物，如哈佛大学的埃略特、霍普金斯大学的吉尔曼、密歇根大学的安吉尔、哥伦比亚大学的巴特勒、芝加哥大学的哈珀等，不胜枚举”①。随着现代大学的规模扩张庞大，服务对象的多样化，涉及知识领域更广泛，大学资金来源日趋复杂化，似乎这么多压力显示：“大学校长职位日渐式微，丧失了昔日英雄般的光环，它遭到了与之有冲突的利益集团的打压，受到了管理模式的限制，已经根本不可能为学校应对变化提供必要的指导。”②或许前密歇根大学校长杜德斯达对大学校长的角色描述会带给我们一些新的感悟和认知：“人们还希望校长是信念的守护者，不管是这个机构的信念的守护者，还是对大学来说非常重要的学术价值的信念的守护者。我有时候会把后一个角色想象成西部边疆小镇的疲惫的老治安官。每天他都把自己受伤的躯壳从床上拉起来，带上武器，然后到大街上去面对持枪歹徒射出的子弹。这些对立面有时候是政客，有时候是媒体，还有时候是大学中的各种特别的利益集团，甚至有时候还有大学的管理层，如院系主任或校董等。”③大学校长影响力和领导权威的弱化带来了董事会、其他大学组织群体对原属于大学校长管理事务的更多关注，甚至是直接干涉、处理，而事实上董事会改善这一问题更为直接的方式是重新遴选大学校长。

尽管已有的研究大多认为“美国高校的校长与校董会历来所扮演的都是一种永不妥协的如同绷紧的绳索的角色”④，实际上，关于私立大学董事会和大学校长之间，令人期待的合作情形却是这样的：“虽然董事会成员不必卷入到(大学)机构的日常管理中，但人们却希望他们以董事的角色出现，为当代和将来的一代保护和保存这一结构。虽然他们不能总在大学的教师、学生和管理制度上与大学保持一致，但人们希望他们成为可爱的‘批评家’，他们总是从学院的利益出发，从不依据自己的行动议程或为自己的拥护者而行动。”⑤

① [美]菲利普·G. 阿特巴赫，帕特丽夏·J. 冈普奥特，D. 布鲁斯·约翰斯通. 别敦荣，陈艺波，主译. 为美国高等教育辩护[M]. 青岛：中国海洋大学出版社，2007：193.

② [美]菲利普·G. 阿特巴赫，帕特丽夏·J. 冈普奥特，D. 布鲁斯·约翰斯通. 别敦荣，陈艺波，主译. 为美国高等教育辩护[M]. 青岛：中国海洋大学出版社，2007：187.

③ [美]詹姆斯·J. 杜德斯达. 刘彤，主译. 21世纪的大学[M]. 北京：北京大学出版社，2005：3(前言).

④ [美]乔治·凯勒. 别敦荣，主译. 大学战略与规划：美国高等教育管理革命[M]. 青岛：中国海洋大学出版社，2005：7.

⑤ [美]詹姆斯·J. 杜德斯达. 刘彤，主译. 21世纪的大学[M]. 北京：北京大学出版社，2005：206.

第三章　我国私立大学重建与董事会制度建立情况

我们探讨西方大学发展的历史，围绕国外私立大学制度的历史与现状的追溯，挖掘美国这个私立大学制度最为发达国家的经验，特别是研究其私立大学董事制度的历史演变及其嬗变，研究历史并不是本文唯一的目的。之所以这样做，诚如美国教育文化史学家巴茨所言："其一是叫人看清过去用以解决问题的要素有哪些还存在于目前？其二是叫人看清不同时代和不同民族曾怎样解决类似目前出现的问题？"因为"理解现代社会和现代教育的最高明的渠道之一是从人类文化发展的历史长河来对教育进行展望"[①]。除了开展理论研究的旨趣外，更重要的是通过以上的研究所得，更好地聚焦于对当下我国私立大学重建与发展提出建议。对于我国私立大学来说，其发展离不开对国外成功的私立大学的学习与借鉴，但更离不开自己诞生、成长的这块土壤。正如菲利普·阿特巴赫所指出，"大学是一种独特的教育机构，它们有着共同的历史渊源，又深深地植根于各自所处的社会之中"[②]。所以研究国外私立大学董事会制度最终是为了给我国私立大学董事会制度的重构提供借鉴与帮助。

第一节　我国私立大学重建之路

随着 1952 年开始的两次"院系调整"，我国所有私立大学都被改造成了公立高校。众多民国时期设立的私立大学中，只有南开大学、复旦大学保留了原校名，但

① R. Freeman Butts. A Cultural History of Education: Reassessing Our Educational Traditions. New York: McGraw-Hill Book Co.，1947：7.

② [美]菲利普·G. 阿特巴赫，等. 施晓光，蒋凯，主译. 21 世纪的美国高等教育：社会、政治、经济的挑战(第 2 版)[M]. 青岛：中国海洋大学出版社，2007：11.

还是被合并成了综合公立大学。而更多的私立大学则是被撤销，相关系（科）并入了同地区的其他大学。可以说，民国时期开始创立的私立大学自 1952 年起就从新中国高等教育体系中消失了。这种消失造成了私立大学持续中断达 30 多年。直到 20 世纪 70 年代末、80 年代初私立大学才通过试办、实验、改革、探索的方式重新逐渐回归大学舞台。而私立大学被民办院校这样的名词所代替，是由于“当时，对私人、私立、私营等字眼十分敏感，‘恐私症’依然流行，为避嫌，只好将那些非政府资金办的高校称为‘民办大学’，‘民办大学’之名称是一种无奈的选择”[①]。

一、私立大学重建的政策回顾

我们探索私立大学的重建从哪个方面来入手呢？首先将从国家对于私立大学管理的法律、法规、法令、政策演变来追索，毕竟“大学现在不是、过去也从来不是自我支持的机构”[②]。

私立大学重新回到大学舞台源于何时？一般认为我国私立高等教育开始恢复于改革开放以后的 20 世纪 80 年代，以 1982 年夏天由聂真、范若愚倡导，于陆琳女士创办的“中华社会大学”为起点。巧合的是，1982 年 12 月 4 日第 5 届全国人民代表大会通过的《中华人民共和国宪法》（新中国成立后的第 4 次修订）是最早涉及私立大学（这里似乎称民办高等教育更合适，当时用的是社会力量办学这一说法。在绪言中关于统一使用私立大学概念已作界定与说明）这一主题的法律文件，其中第 19 条之第 4 款规定：“国家鼓励集体经济组织、国家企业事业组织和其他社会力量依照法律规定举办各种教育事业。”“其他社会力量”是私立大学重新出现在公众面前涉及的一个重要的关键词，但在当时并没有说明这个重要的关键词到底指什么具体的范畴。直到 1987 年，当时的国家教育委员会发布了《国家教委关于社会力量办学的若干暂行规定》（1987 年 7 月 8 日，[87]教高三字 014 号）中首次明确了这一概念。在该规定的第二条指出：“本规定所称社会力量，是指具有法人资格的国家企业事业组织、民主党派、人民团体、集体经济组织、社会团体、学术团体，以及经国家批准的私人办学者。”就这样，各种“社会力量”办学机构成为了我国私立大学重回到公众视野的第一个标识，只是这个标识有点令人感觉苦涩。因为“社会力

① 潘懋元．中国高等教育百年[M]．广州：广东高等教育出版社，2003：248．

② [美]爱德华·希尔斯．学术的秩序——当代大学论文集[C]．北京：商务印书馆，2007：216．

量”只能举办不具备颁发国家承认学历证书资格的机构(学校),更直观地说办学机构只能承担非学历的办学辅助工作,比如当时的高等教育自学考试课程辅导、补习工作,而且就是这样的辅助性工作也开展得很不容易。因为该文件还规定,“凡申请办学的单位,均须由其上级主管部门出具同意办学的证明;在职人员申请办学,须经所在单位批准,并出具同意办学的证明;非在职人员申请办学,须经当地街道办事处、乡(镇)人民政府出具同意办学的证明。出具同意办学证明的部门或单位,应对所属办学单位或个人的办学方向、宗旨以及办学负责人的政治思想、道德品质、业务能力等方面认真审核,出具书面审核材料”(《规定》第7条)。尤其是该规定在第14条中又专门强调,“社会力量举办的未取得颁发国家学历证书资料的各级各类学校,不得颁发毕业证书。学生学习结束后,可由学校发给‘结业证明’,注明所学课程内容和各科考试成绩,学校校长在‘结业证明’上签字,以对学生的学习成绩负责……”,而在1988年10月17日国家教委发布的《关于社会力量办学几个问题的通知》中对于这项规定作出的解释是“学历文凭是国家教育水平的标志,体现了国家对劳动者素质的要求。因此,必须加强管理,确保其规格和质量,不能搞滥”。种种限制和当时社会对“社会力量”办学暂时的负面认识使得一些热心投身办学的创办人吃足了苦头,备感办学创业的艰辛和磨难。①

尽管如此不易,全国各地的“社会力量”办学积极性与热情依然不减。据不完全统计,1991年,我国私立大学(民办院校)已达到450所。② 但遗憾的是《关于社会力量办学的若干暂行规定》中的“社会力量”并没有包括后来成为我国私立大学重建、设立的主要力量——私营企业,这一缺憾直到1997年才得以弥补。

1993年2月13日,中共中央和国务院发布《中国教育改革和发展纲要》,指出:“改革办学体制。改变政府包揽办学的格局,逐步建立以政府办学为主体、社会各界共同办学的体制。在现阶段……高等教育要逐步形成以中央、省(自治区、直辖市)两级政府办学为主、社会各界参与办学的新格局。国家对社会团体和公民个人依法办学,采取积极鼓励、大力支持、正确引导、加强管理的方针。国家欢迎港、澳、台同胞、海外侨胞和外国友好人士捐资助学。在国家有关法律和法规的范围内进行国际合作办学。举办具有颁发国家承认的学历文凭资格的各类学校,应按国家

① 参见:张博树,王桂兰.重建中国私立大学:理念、现实与前景[M].北京:教育科学出版社,2003:62-69.

② 参见:潘懋元.中国高等教育百年[M].广州:广东高等教育出版社,2003:248.

有关规定办理审批手续。"在这一文件中，国家首次提出了关于民办教育的十六字方针——"积极鼓励，大力支持，正确引导，加强管理"。1993 年 8 月 17 日，国家教委首次颁布了以民办高等学校的这一与私立大学名称最为接近的专门性法令——《民办高等学校设置暂行规定》。文件指出，"民办高等学校的设置标准，应有别于普通高等学校和成人高等学校，从满足教学基本需要出发，实事求是地予以确定"(第 8 条)。其中的条款更有针对发展中的民办高等学校实际情况的援助性条款——"自行筹资建校尚有困难的民办高等学校，允许租借现有合适的校园或其他单位的适用土地、用房从事教学活动，但须有具法律效力的契约。长期租借外单位适用土地、房屋等设施满足办学需要的学校，其筹办启动资金要求可以适当放宽"(第 10 条)，以及"民办高等学校可以利用其他单位的实验、实习设施和图书资料，但应保持相对稳定"(第 12 条)。1994 年 7 月 3 日，在国务院《关于中国教育改革和发展的实施意见》中强调，"普通高等学校实行以政府办学为主，积极发展多种形式的联合办学。某些科类的高等学校可以试行以学生缴费和社会集资为主，国家财政补助为辅的办学模式……国家欢迎港、澳、台同胞，海外侨胞和外国友好机构和人士按照我国法律和教育法规，来华捐资办学或合作办学"。同年，"国家教育委员会在 1994 年的《教育年鉴》正文之后，列入'民办学校发展情况'项目。实施正规学历教育的民办教育机构开始出现"[①]。在菲利普·阿特巴赫和马越彻(Toru Umakoshi)主编的《亚洲的大学：历史与未来》一书中就认为："作为'社会主义市场经济'在 20 世纪 90 年代发展进程中的一部分，(中国)政府在 1993 年发布了认可私立高等专科学校与大学创建的新政策。紧随其来的是引人瞩目的私立高校大扩张。"[②]统计表明，1991 年，我国民办高等教育机构为 450 所，到 1994 年，就达到 880 所，1995 年更增加到 1209 所[③]。

1997 年 7 月 31 日，国务院以第 226 号令的形式正式颁布了《社会力量办学条例》，这是我国在进入 21 世纪之前最为权威的规范私立大学的法律文件。该文件在第 2 条中再次明确了"社会力量办学"的确切范围，这与 1987 年所界定范围有一

① 中国教育与人力资源报告课题组. 从人口大国迈向人力资源强国[M]. 北京：高等教育出版社，2003：440.

② [美]菲利普·G. 阿特巴赫，[日]马越彻. 邓红风，主译. 亚洲的大学：历史与未来[M]. 青岛：中国海洋大学出版社，2006：24.

③ 国家教育发展研究中心. 2001 年中国教育绿皮书[M]. 北京：教育科学出版社，2001：134.

定的差异，但这种差异对于私立大学重建更为有利。文件指出，“企业事业组织、社会团体及其他社会组织和公民个人利用非国家财政性教育经费，面向社会举办学校及其他教育机构的活动，适用本条例”。其中“企业事业组织”不再有“国家”的限制，意味着“私营企业”可以进入民办教育领域了。其次，该文件对于民办教育的定位有了进一步的提升，“社会力量办学事业是社会主义事业的组成部分，各级人民政府应当加强对社会力量办学的领导，将社会力量办学事业纳入国民经济和社会发展规划”(第 3 条)。并且，法令重申了国家发展民办教育的十六字方针——“积极鼓励、大力支持、正确引导、加强管理”。但这里的“加强管理”在一定程度上影响了民办高等教育的发展，文件指出，“社会力量应当以举办实施职业教育、成人教育、高级中等教育和学前教育的教育机构为重点。国家鼓励社会力量举办实施义务教育的教育机构作为国家实施义务教育的补充。国家严格控制社会力量举办高等教育机构”(第 5 条)。需要说明的是，即便在国家严格管理、控制的情况下，也无法抵挡私立大学投资者的热情与积极性。1997 年，我国民办高等学校从 1991 年的 450 所猛增到 1 252 所[①]。全国教育统计资料见表 3－1。

表 3－1　1998—2003 年全国民办普通高等教育基本情况

	1998	1999	2000	2001	2002	2003
全国民办高校数(所)					1202	1277
具有颁发学历文凭资料的民办高校数(所)	17	33	43	85	133	173
本科民办院校数(所)	1	1	2	2		
专科民办院校数(所)	16	31	37	82		
分校、大专班及其他(所)	—	1	4	1		
在校学生数(人)	22,232	40,186	68,321	140,359		1,810,000

资料来源：全国教育事业统计资料(1998—2003)
2002 年：http://www.stats.edu.cn/tjdt/2002.htm
2003 年：http://www.stats.edu.cn/tjgb/2003.htm

在国家教育研究发展中心发布的《2000 年中国教育绿皮书》中显示，“1999 年，教育部承认的具有颁发学历文凭资料的民办高等学校有 37 所。另外，还有高等学历文凭考试试点学校 150 多所，在校生近 10 万人；不具有颁发学历文凭资格的教

① 厦门大学高教所．亚太地区私立高等教育国际研讨会论文集[C]．厦门大学高等教育研究所，1995：177.

育机构 1 000 多个，基本属于高等教育自学考试助考辅导机构，在校生 100 余万人”[①]。(注：在国家教育发展研究中心编著的《2001 年中国教育绿皮书》中给出的统计数据是：1997 年民办高等教育机构为 1115 个，在校生人数为 120.4 万人；其中具有独立颁发学历文凭资格的民办高校 20 所，在校生 1.4 万人。1999 年为 1 277 个民办高等教育机构，在校生达 148.8 万，其中具有独立颁发学历文凭资格的民办高校 37 所，在校生 4.6 万人。[②])

二、私立大学的实践与探索：独立学院

从 1992 年起，在私立大学重建之初，就有个别学校开始尝试新的办学形式。天津师范大学成立了全国第一个国有民办二级学院——天津师范大学国际女子学院，成为新制二级学院首创者[③]。1996 年，东南大学与江苏省金坛市联合举办了金坛学院，同时还有与启东合作举办的启东学院[④]。四川师范大学则在 1996 年设立了同样性质的电影电视学院。这种办学主体新制的实践在 1999 年高等教育全面扩招、高校办学规模迅速扩大，新的公立高校无法增加，纯粹的私立高校尚没有被委以承担高校扩招任务的背景下，得以迅速发展。需要说明的是，这里的所指称的新制二级学院正是后来的民办二级学院、再后来的独立学院的第一个称呼。

1999 年，在中共中央、国务院颁布的《关于深化教育改革全面推进素质教育的决定》中提出：“进一步解放思想、转变观念，积极鼓励和支持社会力量以多种形式办学，满足人民群众日益增长的教育需求，形成以政府办学为主体、公办学校和民办学校共同发展的格局。凡符合国家有关法律法规的办学形式，均可大胆试验。在发展民办教育方面迈出更大步伐。”并要求“通过多种形式积极发展高等教育，到 2010 年我国同龄人口的高等教育毛入学率要从现有的 9%提高到 15%左右”。为了达到文件规定的高等教育毛入学率指标，高等教育扩大办学规模和扩大招生是当务之急。同年召开的第三次全国教育工作会议上决定以扩大招生规模为突破口，掀起新一轮高等教育改革和发展的高潮。在公办高校面临办学资源有限、国家

---

① 国家教育发展研究中心. 2000 年中国教育绿皮书[M]. 北京：教育科学出版社，2000：22.

② 国家教育发展研究中心. 2001 年中国教育绿皮书[M]. 北京：教育科学出版社，2001：111.

③ 张兴. 高等教育办学主体多元化研究[M]. 上海：上海教育出版社，2003：122(注：这一提法存在争议).

④ 详见：顾冠华. 解放思想出思路、大胆探索出经验——江苏高等教育教育 30 年若干重大改革举措述评[J]. 江苏高教，2008(6).

投入不足的现实情况下，为了完成扩招任务，面对民办教育政策空间的拓展，全国各级政府发挥各地的高等教育优势和创新办学新机制，开始积极探索引进社会资金进入高等教育办学。经济较为发达，高等教育资源丰富，本科院校众多的江苏省在 1998 年 12 月同意设立由苏州大学和苏州凯达房地产有限公司联合举办的民办二级学院——苏州大学文正学院。同处长江三角洲经济带的浙江省则在 1999 年 4 月批准建立以民营机制运作的宁波大学科学技术学院。江苏和浙江两地的办学实践成果得到了政府部门的关注、支持，国家教育行政主管部门也采取了尊重这一高等教育办学创新活动，全国效仿江浙高校成功举办民办二级学院的经验势头迅猛，各地高校（主要是本科层次）纷纷借助民办二级学院扩大招生规模。这一时期，这类民办二级学院的名称在不同的地区都不一样，有"国有民办二级学院"、"国有民营二级学院"、"公有民办二级学院"、"新制二级学院"、"独立设置的本科二级学院"等多种称呼。①

直到 2003 年 4 月，国家教育部在《关于规范并加强普通高校以新的机制和模式试办独立学院管理的若干意见》（教发 2003 年第 8 号文件）中按照"积极发展、规范管理、改革创新"的思路鼓励发展，对上述的民办二级学院进行了规范，首次将"由普通本科高校按新机制、新模式举办的本科层次的二级学院"正式称作"独立学院"。肯定了"独立学院是新形势下高等教育办学机制与模式的一项探索和创新，是更好更快扩大高等教育资源的一种有效途径"。同时在该意见中提出了独立学院的六个独立的硬性要求，即"独立的校园和基本办学设施，实施相对独立的教学组织和管理，独立进行招生，独立颁发学历证书，独立进行财务核算，具有独立法人资格并能独立承担民事责任"。由于独立学院的来源主要是原有的普通本科院校通过多种形式举办的二级学院，各个学校的模式各不相同，从独立学院的办学主体来看包括：高校独家举办模式、高校与企业合作举办模式、高校与地方政府合作举办模式、高校与地方政府及企业合作举办模式、中外合作举办模式、公立高校整合民办高等教育机构模式、公立高校联合举办模式等。② 尽管围绕独立学院的民办属性问题一直有争议，但事实上独立学院"民办"的特征十分突出。独立学院是一种以民办机制来举办的学校，一般由普通高校和社会力量联合举办，独立学院不依

① 参见：徐辉、季诚钧. 独立学院人才培养的理论与实践[M]. 杭州：浙江大学出版社，2007：3－6.

② 来茂德. 独立学院：中国高等教育发展的新探索[M]. 杭州：浙江大学出版社，2004：57－65.

靠政府经费投入，办学经费主要由合作方承担或以民办机制共同筹措，收费按照国家有关民办高校招生收费政策来制定执行。独立学院性质的争议并没有太多影响其发展。这种新的民办高等教育的办学模式主要是依靠普通高校的优质资源和社会资金的投入来运行，在实践中由于上述的优势得到了认可，一时发展迅速。国家教育部于 2003 年下半年开始对原有 360 多所“民办二级学院”进行全面清理整顿、重新登记。经过对各学院的逐个审查，取消了其中 100 多所“民办二级学院”的办学资格，并对其中 249 所进行了重新登记，确认为独立学院。通过整顿，独立学院“优”、“民”、“独”的特征获得了各界的广泛认同。2006 年，国家教育部对 6 所完全靠租赁土地和教学行政用房办学的独立学院实行停止 2006 年度招生资格的处理，对 38 所自有土地、教学行政用房不达标的独立学院实行限制 2006 年度的招生人数的处罚，对 189 所资产未过户的独立学院提出通报批评，对 77 所因统计报表填报错误或因计入中等职业教育在校生规模而导致了办学条件达不到有关规定要求的普通高校、独立学院也给予了通报批评。通过一系列强化管理与政策引导，独立学院自主办学、自我管理、自我约束能力逐步得到增强。

三、私立大学的新发展

经过私立大学多年的呼吁与努力，2002 年 12 月 28 日第九届人大常务委员会第 31 次会议通过，2003 年 9 月 1 日起《中华人民共和国民办教育促进法》(以下简称《民办教育促进法》)开始正式施行；同时，废止了 1997 年 7 月 31 日国务院颁布的《社会力量办学条例》。《民办教育促进法》是我国关于民办教育的第一部正式法律，它明确了民办教育性质和地位——“民办教育事业属于公益性事业，是社会主义教育事业的组成部分。国家对民办教育实行积极鼓励、大力支持、正确引导、依法管理的方针。各级人民政府应当将民办教育事业纳入国民经济和社会发展规划”(第 3 条)。“民办学校与公办学校具有同等的法律地位，国家保障民办学校的办学自主权。国家保障民办学校举办者、校长、教职工和受教育者的合法权益”(第 5 条)。国家以法律的形式来鼓励、支持和促进民办教育的发展，在社会上产生了积极的反响，极大地推动了我国私立大学的发展。为了配合、落实国家法律的实施，全国各地区纷纷出台了配套措施，带来了私立大学的快速发展。加上 2003 年 5 月由国家教育部发布的《关于规范并加强普通高等学校以新的机制和模式试办独立学院管理的若干意见》，明确了独立学院的民办性质——“试办独立学院要一律采用民办机制”。根据 2005 年 4 月教育部颁布的《2004 年全国教育事业发展统计公报》显示：“《民办教育促进法》及《民办教育促进法实施条例》实施以来，我国的民办教育得到了新的发展。2004 年全国各级各类民办学校(机构)共有 7.85 万所，在校生达 1 769.36 万人，比上年增加 352.96 万人，增长 24.92%。其中民办普通高校和成人高校 228 所，在校生 139.75 万人(含独立学院学生)；民办其他高等教育机构 1 187 所，注册学生 105.33 万人。”①

2008 年全国教育事业发展统计公报显示，全国共有各级各类民办学校(教育机构)10.09 万所，各类学历教育在校学生达 2 824.4 万人，比上年增加 240.9 万人。其中：民办高校 640 所 (含独立学院 322 所)，在校生 401.3 万人，其中本科生 223.3 万人，专科生 178.0 万人，另有其他形式教育的学生 26.7 万人；民办的其他高等教育机构 866 所，各类注册学生 92.02 万人②。

四、我国私立大学重建的模式讨论

从 20 世纪 80 年代初开始的私立大学重建历程中我们可以发现，在不同时期国家法律对于私立大学有着不同的规定和要求。正是在这样的背景下，各个地区私立大学在响应服务于社会经济发展的人才培养需求的基础上，根据地区性非公经济资源支持情况、高等教育资源可利用情况以及地方性私立高等教育公共政策的推动力和导向性，私立大学的重建形成了不同的选择，总结其中发展的经验和特点，我国的私立大学群体重建可以归结为四种模式。

(一) 以学兴学的初创模式

最初在 20 世纪 80 年代，首先以“社会力量办学形式”出现的私立大学是这一模式的典型代表，这也成为绝大多数私立大学群体中民办高校部分是共同特征。“以学兴学”模式的私立大学主要的办学活动集中在非学历的自考助学和国家考试为导向、私立高校为依托、宽进严出、教考分离为特点的办学模式的学历文凭考试，这类学校由于现实的原因没有充足的初始投入或是只有少量投入。在办学过程中，主要依靠学费收入支撑学校，并逐步扩大办学规模、积累办学经验、增加办学资

① 2004 年全国教育事业发展统计公报：http://www.moe.edu.cn/edoas/website18/10/info25210.htm

② 2008 年全国教育事业发展统计公报：中国教育报，2009-7-18.

本，走低成本累积扩张的发展道路。一般来说，采用这种模式的私立大学的办学主体是不具备雄厚经济实力的民间组织或有志兴学的个人，主要包括民主党派、学术组织、教授会及其他社会团体或个人。除了前面提到的相关院校，像私立大学中非常知名的黄河科技学院、西安外事学院、西安翻译学院等民办高校的发展都属于此类模式。

(二) 引资办学模式

随着我国改革开放的深入，到了 20 世纪 90 年代，从立法和市场经济的角度我国渐渐放宽了对国内外企业（公司）和个人资本进入高等教育领域的限制和要求。在这一背景推动下，吸引了国内外资金雄厚的公司、企业集团或海内外华人凭借其产业（群）的丰厚收益和充足的资金流量开始进行投资办学。这种类型的办学模式下，投资者通常采用在大中型城市规模化投资兴学，主要着力于打造一流的教学环境，引进现代化的管理机制，并积极延请名人担任（名誉）董事长和校长（院长），形成高投入、高起点、高标准、高速度、高效益的办学特点，常常容易形成良好的办学品牌效应。这类学校包括广东华立投资有限公司投资兴办的广东华立学院、旅居缅甸的华人在福建泉州投资创办的仰恩大学以及后来设立的宁波诺丁汉大学等私立大学。

(三) 依法转制模式

这种模式的私立大学主要产生于 20 世纪 90 年代中期，是指由国家、地方政府或行业部门主办并承担教育经费的学校，在学校原隶属关系不变的基础上，以一定的方式转给独立法人承办，从而按民办管理机制，自筹资金、自我管理、自主办学的运作模式，如齐齐哈尔职业学院（前身是黑龙江东亚大学）在经历 13 人艰苦创校，从最初的“校牌是借的、广告是赊的、校舍是租的、教师是聘的、学生是落榜的”，1993 年 4 月经黑龙江教委批准成立黑龙江东亚大学，同年 7 月兼并齐齐哈尔第一机床厂职工大学和党校的基础上，于 1993 年 12 月在齐齐哈尔市委、市政府的支持下，成建制地由公办转为民办，走上了“自主办学、自担费用、自我完善、自我发展”的民办教育之路。[①] 浙江万里学院原来是一所有 50 年历史的普通高校——浙江省农村技术师范专科学校，浙江省、宁波市教委及时地通过改制成为一所由省教委

① 李才，曹勇安. 民办高校产权制度改革的实践与思考[J]. 教育发展研究，2006(9)(B).

主管，浙江万里集团承办，按国有民办机制运作的民办大学；还有像湖北省的武汉工业职业技术学院也属于此类发展模式。

(四) 试验独立学院模式

2008年2月22日颁发的教育部第26号部长令——《独立学院设置与管理办法》中第三条明确规定：独立学院是民办高等教育的重要组成部分，属于公益性事业。独立学院的前身出现在1999年我国高等教育大扩招的背景下，之前也有公立高校的初步探索，如前文中提到的天津师范大学国际女子学院、四川师范大学电影电视学院、苏州大学文正学院以及宁波大学科学技术学院。这些学院是由公立院校在利用自身优质办学资源的基础上，以新的机制开展高等教育办学试验的重要探索。教育部教发(2003) 8号文件《关于规范并加强普通高校以新的机制和模式试办独立学院管理的基本意见》首次确立了独立学院的概念、性质、办学要求和发展思路。目前独立学院的试验又有如下七种不同实践形式：高校独家兴办形式、高校与企业(公司)合作办学形式、高校与地方政府合作形式、高校与外国教育机构合作形式、公立高校"收编"民办高校形式、若干公立高校合作组建模式以及高校、地方政府与企业(公司)合作形式等。①

第二节　我国私立大学董事会制度建立情况

谈到我国的私立大学董事会制度最早可以追溯到1874年，在徐寿拟定的《格致学院章程》中就有这样的表述："经理书院各务，公举董事八人，首先一二年，邀同捐银之西人合办，并于董事中选出精晓艺术者四人，以为院师，均须自备资斧。"②其后在民国时期建立的私立大学中，建立董事会制度成为一种惯例。从制度变迁的角度审视，这既有国外组织(机构)设立时从本国私立大学组织管理中的移植，也有我国私立大学董事会制度的诱致性变迁与强制性变迁的交织，比如在当时关于设立私立大学(学院、学校)的相关法律、法规中均有专门条款要求。新中国成立后，随着私立大学的国有化，加上我国高等教育制度借鉴苏联模式而不再设立校董会，董事会制度出现了一段时间的空白。但到20世纪80年代，改革开放后，一些

---

① 参见：徐辉，季诚钧.独立学院人才培养的理论与实践[M].杭州：浙江大学出版社，2007:22-25.

② 陈学恂.中国近代教育史教学参考资料(上)[C].北京：人民教育出版社，1986:232.

应用性强、与海内外企业联系密切的公立工科院校反倒率先建立或恢复设立董事会。如汕头大学、武汉工学院(后改名为武汉汽车工业大学,现并入武汉理工大学)、安徽大学、中国矿业大学、浙江大学、山东大学、武汉大学、四川大学、重庆大学、东北大学等。同样在这一时期开始重建的我国私立大学从最初就与董事会制度相联系,只是那时候是“社会力量办学”的称呼。

一、私立大学董事会制度:逐步成为基本选择

应该说,我国重建阶段的私立大学设立董事会制度经历了一个渐进的过程,而这一过程可以从国务院、当时的国家教育委员会围绕民办高等教育(包括社会力量办学)先后颁发的相关法律性文件中整理、挖掘中逐步揭示。

1993 年 8 月 17 日国家教育委员会发布的《民办高等学校设置暂行规定》这个可能是与我国私立大学概念最为相近的民办院校第一个文件。在其中并没有对民办高等学校是否建立董事会制度提出刚性要求,只是在文件的第三章“设置申请”之第十六条“申请筹办民办高等学校须报送以下材料之第三项要求提供——学校章程:实行董事会制度的学校,还须报董事会章程和董事长、董事名单及资格证明文件”。显然,此时董事会制度并非私立大学的必然设置,但部分私立大学根据自身的需要在选择。

1997 年 7 月 31 日发布的国务院令——《社会力量办学条例》第三章“教育机构的教学和行政管理”之第二十一条规定:“教育机构可以设立校董会。校董会提出校长或者主要行政负责人的人选,决定教育机构发展、经费筹措、经费预算决算等重大事项。校董会由举办者或者其他表、教育机构工作人员的代表和热心教育事业、品行端正的社会人士组成,其中 1/3 以上董事应当具有 5 年以上教育、教学经验。首批董事由举办者推选,以后的董事按照校董会规程推选。董事经审批机关核准后聘任。国家现职工作人员不得兼任教育机构的董事;但是,因特殊需要,经县级以上人民政府或者其有关部门委派的除外。”从上述文件规定可以看出,董事会制度开始成为国家引导私立大学发展的一种制度性设计,并对董事会、董事会成员、董事会的职责等做出了要求和规定。

2003 年 9 月 1 日起开始施行的《中华人民共和国民办教育促进法》在第三章“学校的组织与活动”中明确规定了建立董事会(理事会)的要求,并提出了董事会(理事会)的组成、产生形式、资格性要求以及行使职权的明确规定:

第十九条　民办学校应当设立学校理事会、董事会或者其他形式的决策机构。

第二十条　学校理事会或者董事会由举办者或者其代表、校长、教职工代表等人员组成。其中三分之一以上的理事或者董事应当具有五年以上教育教学经验。学校理事会或者董事会由五人以上组成,设理事长或者董事长一人。理事长、理事或者董事长、董事名单报审批机关备案。

第二十一条　学校理事会或者董事会行使下列职权:

(一)聘任和解聘校长;

(二)修改学校章程和制定学校的规章制度;

(三)制定发展规划,批准年度工作计划;

(四)筹集办学经费,审核预算、决算;

(五)决定教职工的编制定额和工资标准;

(六)决定学校的分立、合并、终止;

(七)决定其他重大事项。其他形式决策机构的职权参照本条规定执行。

第二十二条　民办学校的法定代表人由理事长、董事长或者校长担任。

2004 年国务院颁布的《民办教育促进法实施条例》做出了更进一步的规定,并且明确提出不符合要求的民办学校将不予批准:民办学校的章程应当规定理事会、董事会或者其他形式决策机构的产生方法、人员构成、任期、议事规则等。对学校理事会、董事会或者其他形式决策机构的人员构成不符合法定要求,或者学校校长、教师、财会人员不具备法定资格,经告知仍不改正的,审批机关不予批准办学申请。

尽管在近代私立大学兴起时,鉴于国内有识之士创立大学面临的现实资金困难,伴随着学习、模仿、移植西方私立大学、教会大学的成熟经验,董事会制度也成为我国私立大学内部管理机制的通常选择,国内爱国人士创立私立大学中董事会制度诱致性变迁与强制性变迁交织中为当时的私立大学发展提供了重要的保障与帮助。建国后私立大学的合并、转制使得董事会制度也随之消失。20 世纪 20 年代,我国公立大学也曾借鉴过美国的大学董事会制度,有研究者认为“由于董事会与政府、校长、教授之间在治校这个根本问题上的矛盾,成为一次失败的美国大学制度借鉴”[①]。20 世纪 80 年代在公立大学中设立董事会制度也曾风行,但显然设

---

① 张正峰.中国近代公立大学董事会制度:一次失败的美国大学制度借鉴[J].清华大学教育研究,2009(6).

立的董事会并没有成为像私立大学董事会那样的最高决策与权力机构，在公立大学中更多成为决策咨询与发展支持机构。从先前对私立大学重建的追溯以及对照已颁发的关于我国私立大学设立的法律、法规等规范性文件中我们可以发现，我国私立大学实行董事会制度并没有成为大学内部管理的强制规定和当然选择。所以，接下来对我国私立大学董事会制度的设立情况、基本治理模式、已有的董事会制度形态及特点的论述是根据既有的事实来展开的。

二、我国私立大学董事会制度的发展情况

当前我国私立大学发展的多元化态势也带来了内部管理体制的多样化特点，特别是关于私立大学的法律性文件还在逐步完善中，体现在实行董事会制度方面也各有不同。

(一)董事会设立情况

从前面的描述中可以看出，我国重建的私立大学设立董事会制度与民办高等教育相关的法律、法规有着直接的关联，从现有的资料分析来看，《民办教育促进法》、《民办教育促进法实施条例》是关键所在。在实施《民办教育促进法》和《民办教育促进法实施条例》之前，董事会制度并没有成为私立大学内部管理体制的当然选择。有部分私立院校根据自身的需要选择设立了董事会(理事会)制度。1982年3月成立的中华社会大学(现在名称为北京经贸职业学院)被认为是我国第一所私立大学，由聂真、刘达、张友渔、范若愚等老一辈革命家发起，该校就实行了董事会领导下的校长负责制。2003年原国家教委副主任柳斌同志就担任了该校的董事长一职。从获得的资料来看：1992年，西安外事学院、上海杉达学院成立董事会；1993年，广东培正学院成立董事会；1994年，江西蓝天学院成立董事会；1995年，吉林华侨外国语学院、西安欧亚学院成立董事会……[①]尽管无法获得私立大学董事会的详尽数据与资料，从现有的调查数据观察，我国私立大学并没有完全采用董事会制度。在一项由私立大学负责人主持的调查中，39所私立大学(学院)中只有27所院校设立了董事会[②]；而根据教育部有关管理部门对159所民办高等教育

---

① 参见：曹艳峰. 中美私立高校董事会制度比较研究. 硕士论文，2007年5月.

② 陈宝瑜，李国乔. 我国民办高校发展的多样化特征——39所民办高校调研报告[J]. 黄河科技大学学报，2000(2).

机构的调查数据显示，实行董事会领导下校长负责制的高等教育机构约占67%，实行校长负责制的占28%。①

在《民办教育促进法》、《民办教育促进法实施条例》以及我国民办高等高等教育特有的《独立学院设置与管理办法》(教育部令第26号)实行之后，上述三项法律(法令)均对我国私立大学设立董事会制度提出了明确规定和要求，尽管在董事会制度事实上的运行和执行情况有着差别，但在申报材料中由于设立私立大学法律性文件的硬性规定，相关院校都提供了董事会(理事会)的相关文本材料。

(二) 董事会治理基本模式

尽管《民办教育促进法》、《民办教育促进法实施条例》和《独立学院设置与管理办法》(教育部令第26号)为私立大学设立董事会(理事会)提供了法律保障，但在私立院校实行的董事会治理方面却因为院校成立与发展的历史、出资者的选择、操作者在管理中的现实需要等原因形成了与私立大学发展相适应的董事会治理模式。

在一项由私立大学负责人主持的调查中显示，在上述法律文件实施之前，我国私立大学领导体制有以下几种形式：董(理)事会领导下的校长负责制、董事会指导下的校长负责制、校长负责制、主办单位领导下的校长负责制、党委领导下的校长负责制、董事会领导下的职工代表大会基础上的校长负责制等②。而在一项由省级教育行政主管部门人员的研究论文中指出：目前，我国民办高校的内部管理体制呈多样化，归纳起来大致有以下几种类型，董事会(理事会) 领导下的校长负责制、董事会(理事会) 指导下的校长负责制、校长负责制、主办单位领导下的校长负责制、教育集团统筹下的校长负责制、教职工代表大会民主基础上的校长负责制、校长主持下的校务委员会制、党委领导下的校长负责制等。③ “我国公办高校与民办高校办学体制比较研究课题组”经过调查提出，从目前我国民办高校设立的管理体制来看是多种多样的，归纳起来有四种：董事会领导下的校长负责制，校长领导下

---

① 胡四能.民办高校法人治理结构研究[J].高等工程教育研究，2006(6).

② 陈宝瑜，李国乔.我国民办高校发展的多样化特征——39所民办高校调研报告[J].黄河科技大学学报，2000(2).

③ 廉世民.我国民办高校内部管理问题及对策[J].黑龙江高教研究，2007(10).

的校务委员会制，校长制，教育管理服务公司制。[①] 应该说，董事会制度、董事会领导下的校长负责制治理模式都不是在私立大学发展中一下就确立起来的。前面提及的关于私立大学的法律、法令发布以后，由于相关法律文件在私立大学的组织与活动部分中明确要求要设立董事会（理事会），结合私立大学发展与实践的探索过程，越来越多的研究者指出，参考西方发达国家私立高校和现代企业的经验，（私立）院校内部治理结构可以实行董事会领导下的校长负责制。[②] 在这种背景下，董事会领导下的校长负责制逐渐成为我国私立大学董事会治理模式基本选择。

私立大学实行董事会领导下的校长负责制模式，是一种在《民办教育促进法》、《民办教育促进法实施条例》等法律文件指导下，私立大学在学习私立大学体系发达国家经验的基础上采用的一种大学内部管理制度模式。从制度变迁的角度来看，私立大学选择董事会领导下的校长负责制模式是介于强制性变迁和诱致性变迁皆有的一种制度选择。主要实行所有权和经营权相分离，投资者投资办学，延聘专门的教育管理者经营学校的领导体制，是由学校资产所有人、董事会和学校最高行政执行者即校长三者组成的一种组织结构。通过这一架构，教育投资者组建董事会来发挥决策作用，董事会拥有对校长的聘用、解雇权，校长受雇于董事会，全面负责管理学校内部的各级行政机构并向董事会负责，对外则代表学校。[③] 董事会领导下的校长负责制是为重要的是坚持“董校分立”确立董事会的地位和职责，并建立它与校长职责既分工又互补的关系。[④]

尽管有较为明确的法律规定，由于我国私立大学成长的背景各异，生成机制也各有不同，特别是对私立大学的控制权，更确切地说是产权与董事会治理模式有着直接的关联，私立大学董事会治理模式还存在着差异，比如在许多出资人能力突出的私立大学就采取董事会指导下的校长负责制，有的私立院校实行董事长与校长一体的管理模式，甚至不设立董事会直接采取校长负责制。有研究者就围绕私立大学的控制权提出了人力资本控制模式——常常是校长与董事长合一、股东控制模式——董事会领导下的校长负责制以及共同治理模式——利益相关者共存治理

① 我国公办高校与民办高校体制比较研究课题组.我国民办高校内部管理体制与机制的探析[J].湖北成人教育学院学报，2006(6).

② 石慧.我国民办高校董事会治理研究.中南大学硕士研究生毕业论文.2008年12月.

③ 丁宜丽.民办大学董事会结构及有效性分析——兼与美国私立大学董事会制度的比较[J].浙江树人大学学报，2005(6).

④ 陈宝瑜.陈宝瑜论民办高等教育学校的内部管理[C].北京：人民日报出版社，2006:50.

模式。①

(三) 董事会类型划分

根据2004年教育部有关部门对159所民办高等教育机构和744所民办中小学的调查,实行董事会领导下校长负责制的高等教育机构约占67%。② 实施《民办教育促进法》以来,私立大学董事会依法设立并开展工作,有力地调动了校外社会力量参与办学的主动性和校内教职员工的工作积极性。从我国现设的私立大学董事会情况看,作为当前私立大学首选的董事会领导下的校长负责制在具体的实施与运行中,从董事会发挥功用的差异角度,存在过三种不同的形态:决策型董事会、咨询指导型董事会和决策参与型董事会。由于咨询指导型董事会与决策参与型董事会在功能上基本相近,特别在决策权方面来看更是相同,所以就合称为咨询指导型董事会讨论,同时这两种董事会形式在私立院校中采纳的比重并不大。

1. 决策型董事会

《民办教育促进法》及《民办教育促进法实施条例》颁布以后,董事会成为私立院校的最高决策机构,学校发展中的重大事项(包括校长的任免、筹措办学经费、管理学校的基金与资产、审议学校的预算和决算、学校发展战略规划等),都要由董事会决策。校长负责执行董事会做出的决定,并在董事会规定、许可的范围内自主开展教育教学管理工作,在聘用教师、在预算范围内使用经费、教育教学工作的组织与改革等方面拥有相应的权力。这是外国私立大学通用的董事会类型,但在我国很大程度上"决策型董事会"还仅仅停留在私立院校的章程中,一方面由于董事会制度与私立大学生存、发展的制度环境还不够匹配,但更深层次的原因在于私立院校产权的不确定性。决策型董事会的成员主要由投资入股的股东(董事长一般由这类董事担任)、校内外著名的教育家、专家学者、社会知名人士以及与学校没有直接利益关联的政府官员组成。上海建桥学院、北京吉利大学、西安外事学院、广东私立华联学院、广东培正商学院、广州白云职业技术学院等私立院校董事会就属于这种类型。而这种类型的私立大学董事会要注意的是,"不论董事会采用哪种运行模式,在民办学校仍然存在着董事会与校长之间关系无法理清而导致学校运行极

① 苗庆红.民办高校治理结构的演变研究[J].中国高教研究,2005(9).

② 转引自:张剑波,杨炜长.完善法人治理结构:民办高校可持续发展的重要保障[J].湘潭大学学报(哲学社会科学版),2007(1).

不正常的理解”。董事会与校长之间的权利、义务关系难以明确，在院校运行与管理过程中容易出现董事长兼任校长，校长与董事长之间就出现了无法制衡；或者就会形成校长在学校教育教学活动中利用信息不对称的便利，对学校的教育教学、行政活动大权独揽。董事会与校长之间常常矛盾突出。①

2. 咨询指导型董事会

这种类型的私立大学董事会没有最终决策权，董事会主要对决策起指导、参与作用，是一个咨询性、参谋性机构。董事会只对学校的重大事项，如办学方向、培养规模和层次、教育教学改革、学科建设与专业设置以及学校的中长期发展规划等方面具有建议权和咨询权，并在一定程度上给予指导，董事会成员对上述重要问题可提出指导性参考意见。学校在广泛听取意见的基础上，一般会认真地采纳董事单位的合理建议和正确的意见，具体、最终的决策由校长为首的学校管理机构（人员）提出，校长在院校管理中起着主导作用。根据对私立大学的调查资料显示，北京城市学院、福建华南女子职业学院等院校的董事会就属于这种类型。在《民办教育促进法》颁发以后，董事会制度在私立大学的决策地位逐渐确立，因此对咨询指导型董事会就不再多加介绍。而一些研究者提出的参与决策型董事会其实从行使的决策功能来看，与咨询指导型董事会并无二致，故在本文中不再讨论。

第三节　我国私立大学董事会制度借鉴由来

经过 30 年的重建，我国私立大学以多元化的办学形式和不断发展的态势在大学舞台上扮演着越来越重要的角色。董事会制度作为私立大学最为关键的内部体制架构在其发展中发挥着越来越突出的作用。从前面的分析可以看出，我国私立大学董事会制度的发展还需要进一步完善。本节将从董事会制度的变迁模式、设立的法律基础、法人地位的确立、董事会如何治理大学、董事会成员的构成情况等方面来比较我国私立大学董事会与美国私立大学董事会，进而为探讨我国私立大学董事会制度建设提供更为坚实的基础。

① 参见：韩艳. 民办高校董事会制度的运行与制衡机制构建[J]. 浙江树人大学学报，2006(2).

一、私立大学董事会制度的变迁

大学发展的历史表明，不同的土壤孕育了不同的大学，这里的土壤也就是阿什比(Eric Ashby)所说的大学成长的环境与历史传承。应该说美国私立大学(学院)在殖民地时期的发展是深受其殖民宗主国英国大学的影响，无论是当时大学(学院)的办学模式，还是大学(学院)最初的管理模式——“美国的形式比较独特，是单一的独立开办的学院。这些学院是由各种各样的宗教团体，如公理会、长老会、浸礼会等举办的，是经过批准获得特许状的法人，这是从英国本土借用来的一种形式，由院外人士控制。管理人员不是学术人员，也不是政府部门的人员，但必须是创办团体的人员。由此建立的控制机构是董事会”①。但是在美国大学(学院)发展的现实背景下，当时的美洲大陆没有英国大学那样传统而强大的学者社群来治校，加上最初的建校团体无力独自支撑大学(学院)的发展，这就使美国私立大学董事会有着与英国大学不一样的特点，也成就了美国私立大学董事会由“外行”为主领导私立大学创造了辉煌的成就，相当一部分私立大学在世界大学之林声名显赫。美国私立大学董事会制度是在加尔文教派的影响——为董事会提供了非学术人士介入大学管理的可能；分权思想在美国私立大学管理中的应用——学术权力、行政权力、董事会最高管理权的分离，使得与大学有关的利益相关者群体均可在董事会中找到自己的一席之地；另外英国衡平法中的用益(Uses)制度的支持下建立与完善起来的——信托代理制度使得董事会可以遴选“近乎完人”的学术和行政权力代理人——大学校长以及事业有成、热心为大学奉献的董事群体；从而形成了独特的“外行”领导“内行”的美国高等教育管理体制的特征。尽管美国私立大学董事会并非当时大学创办人的智慧和远见，但正如克拉克·克尔所指出的：“美国学院和大学的管理是传统和体制的积淀，与其说它是有意识的思想，毋宁说它是历史的馈赠。”②

我国真正意义上的私立大学是由国外宗教组织、企业、个人到中国来办学，以及在民国时期那些爱国自强、睁眼看世界的有识之士创立起来的。这两种类型的

---

① [加]约翰·范德格拉夫，等. 王承绪，等，译. 学术权力——七国高等教育[M]. 杭州：浙江教育出版社，2001：106.

② Kerr, Clark. The Great Transformation in Higher Education (1960—1980). State University of New York Press, 1991: 207.

私立大学在我国首开先河；同时，这一时期的私立大学都设立了董事会，此时的董事会制度主要是模仿、移植和诱致性变迁、强制性变迁共同作用的结果。作为移植的教会创立私立大学，董事会是其管理体制中的应有之义，而国人模仿设立的私立大学则是面临着办学投入不足的现实困难，董事会在一定程度上可以帮助缓解其办学经费，董事的社会影响力对私立大学的支持有助于初建的私立大学的生存与发展，当时法律对私立大学设立董事会的强制规定也是一个重要方面。尽管在民国时期私立大学得到一定程度的发展，但外战才歇、内战又起，身处国乱民穷的现实条件下私立大学实际上步履维艰。及至新中国成立，随着私有制的消除，私立大学在大学改造、合并中渐渐消散并中断。

沉寂了近30年后，从20世纪80年代起，我国私立大学以“社会力量办学”的形式初现大学舞台。经过艰难的重建时期，逐步形成了民办学院、独立学院、公办学院转制等形式的私立大学。在我国私立大学的发展进程中，董事会制度的演变具有诱致性变迁和强制性变迁作用俱有的特点，并逐渐被固定下来。尽管这其中还涉及多种名称及机制的设定（比如在首部私立大学的正式法律《民办教育促进法》中，依然把“理事会”与“董事会”同列，二者如何区分至今没有明确的解释）。由于我国私立大学董事会制度信息的非公开性，能够提供这类信息的省级以上教育行政主管部门也没有向社会公开，那么我们只能从可以查阅、检索到的相关研究资料中发现、整理。在这过程中，我们发现董事会制度并非我国私立大学的当然设计。比如在陈宝瑜和李国乔主持的关于私立大学董事会调查中显示，39所被调查院校中，只有27所建立了董事会制度。①

前面的分析可以发现，在美洲大陆的现实条件引导下，从美国私立大学董事会制度的发展演化渊源来看，在经历了短暂的政府（当时的殖民地议会）的支持后，美国殖民地学院就转向了创立者的自我管理，私立大学的创办者为了（获利）自发倡导、组织和实行了具有美国特征的“外行”组成的董事会制度，而这种制度变迁形成了一种正式的制度安排，这就是林毅夫先生所持的制度诱致性变迁。而我国私立大学董事会制度最初主要是输入、学习（模仿）、移植的结果，而当前的私立大学董事会制度则主要由政府法令在引导和实行，尽管这种强制并非十分突出，因为从我

① 陈宝瑜，李国乔. 我国民办高等学校发展的多样化特征——39所民办高校调研报告[J]. 黄河科技大学学报，2000(2).

国私立大学重建以来，直到国家颁布的关于私立大学专门法——《民办教育促进法》中，也只是在第十九条中规定："民办学校应当设立学校理事会、董事会或者其他形式的决策机构。"可以发现，与其说这是对私立大学设置董事会的强制，还不如说是建议。因此，我国私立大学董事会制度更多意义上是由于强制性制度变迁在影响的。显然，董事会制度变迁的差异是扎根在两国私立大学发展的不同背景、环境、现实条件以及私立大学制度遗传的土壤中的。

二、董事会设立的法律基础

曾担任过加州大学伯克利分校副校长、加州大学总校副校长和校长特别助理的博德斯顿指出："根据美国的法律和实践，每个大学，无论是营利还是非营利性的，都必须有一个董事会(非营利高校可能使用术语'trustee'或'regent')。"[①]从法律体系来看，美国属于英美法系，法律分为制定法与判例法体系。制定法亦称为成文法，是指国家立法机关按照立法程序用条文形式固定下来，并经公布的法律法规；判例法则是一种不成文法，它不是产生于立法机关的立法程序，而是产生于法官的判例，也就是法官在判例中推断的法律规则[②]，今后同类的案例则可以采用遵循先例的原则。美国私立大学，特别是私立大学董事会地位的确立与发展与判例法关联尤为密切。

从美洲大陆的殖民地学院发展起，美国私立大学董事会制度就获得了法律的支持，哈佛学院、耶鲁学院董事会的设立都是马萨诸塞议会批准的《特许状》明确规定的结果。从美国关于大学的法律来看，1791 年，独立战争之后颁布的《权利法案》对私立大学的存在与发展影响很大，"根据联邦宪法，教育成了各州的保留权。此法案不仅为美国教育管理分权制奠定的法律基础，它还是美国高等教育多样化，私立大学的存在与发展的基础"。而判例法的典型案例——"达特茅斯学院案"则是明确了私立大学董事会的地位和私立大学作为法人的不可动摇。联邦大法官马歇尔认为："管理这所学院的整个权力，从根据创办人在特许状中所表达的意愿而任命的董事会那里，转移到了新罕布什尔州的执政者手中。这一慈善机构资金的

---

① [美]弗雷德里克·E.博德斯顿.王春春，赵炬明，译.管理今日大学——为了活力、变革与卓越之战略[M].桂林：广西师范大学出版社，2006：32.

② 刘娜.法制与美国私立大学的存在与发展[J].外国教育研究，2003(2).

管理和使用，本是由捐赠人置于在特许状中任命的董事会手中，被赋予永久拥有权的。”[①]所以改变了达特茅斯学院管理体制的新罕布什尔议会是违背美国宪法的。在该案的判决书中，马歇尔大法官明确指出：“几乎所有的慈善社团，为促进宗教、慈善事业和教育而创办的那些慈善社团，都是同一性质的。此判例是适用于所有同类案件的法律。”[②]

此外，虽然美国并没有专门针对私立大学的法律，但在成文法方面：《西北法案》、《莫雷尔法案》、《哈奇法案》、《军人权利法案》、《国防教育法》、《高等教育设施法》、《高等教育法》等一系列法案中，许多法律条款也适用于私立大学；而在判例法方面，与私立大学有关的则包括“皮尔斯诉姐妹会案”、“俄勒冈法院案”、“梅耶诉内布拉斯加案”和“法灵顿诉土库石杰案”。[③]

我国是成文法为主的国家，私立大学的重建过程，也是相关法律文本不断调整、更新、完善的过程，但这种法律体系的完善也是一个渐进的过程，而且这个渐进的过程在未来还将延续。目前，我国关于私立大学的正式法律仅有《民办教育促进法》，之前的相关规范都是以国家教育部、国务院的(暂行)法规形式出现的。即便在《民办教育促进法》中，关于私立大学的界定、私立大学管理形式的规定还只是粗略和宽泛的。这就带来了我国私立大学董事会制度的不确定性。同时，在私立大学办学实践过程中，董事会制度常常停留在纸面上——被写入了私立大学办学章程，但董事会制度发挥的功用很有限，有的私立大学董事会根本无法参与学校管理。2007 年 11 月，在一次省级民办院校(独立学院)合作年会的分组讨论时，一位私立大学(学院)的院长无奈地说：“董事会就是一年开次会，有关学院发展问题简单汇报一下、谈一谈，听也罢不听也罢，没人去管。”

三、董事会的法人地位

法人制度源于罗马法，如今“法人制度已经成为世界各国普遍运用的法律工具”[④]。美国私立大学董事会在设立之初就获得了法人地位，哈佛大学董事会是美

① Hofstadter Richard and Smith Wilson. (eds.) American Higher Education: A Documentary History. Vol. 1. Chicago: The university of Chicago Press, 1961:219.

② Duryea, Edwin D. Academic Corporation: A History of College and University Governing Boards. New York: Falmer Press, 2000:136.

③ 刘娜. 法制与美国私立大学的存在与发展[J]. 外国教育研究，2003(2).

④ 余能斌，马俊驹. 现代民法学[M]. 武汉：武汉大学出版社，1995:110.

国最古老的法人。美洲殖民地时期，英国17世纪《普通法》认为，法人是一种基本的管理形式，法人的创建、组成、权利和义务都应当有法律规定。后来，美国著名高等教育管理专家伯恩鲍姆提出："联邦根据法规、特许或宪法的规定来建立学校，每一所学校都包括一个法人实体和一个外行控制的董事会。……从法律上讲，董事会就是学校。"①但董事会作为法人在美国私立大学中确立下来颇不容易。作为最古老的法人，哈佛学院(董事会)在马萨诸塞议会批准创设时并未能成为法人，因为马萨诸塞议会来创造一个法人的合法性是被质疑的。当时，"依据殖民地时期的英国法律，一群个人通常不能作为一个法律单位，不能拥有财产、起诉或被诉，也不能在其个别成员死亡后继承权利。他们不能作为一个'法人'，除非由政府授予此种特权"②。而这种特权的实现殊为不易：1612年柯克勋爵(Lord Coke)在"苏顿慈善机构案"(Case of Sutton's Hospital)中提出了关于法人设立的著名判例法理："除了国王一人之外，无人能创立或造就法人。"③但此时美洲殖民地的复杂性和现实条件，特别是当时的美洲殖民大陆法律体系的模糊状况为哈佛成为法人提供了可能的第一步，这也就是被赫伯斯特称为"准法人"的哈佛学院监事委员会(Board of Overseers)。④

哈佛学院是在1650年5月31日由办学有方的殖民地时期著名学院院长——亨利·邓斯特(Henry Dunster)提出申请(一个集校内外人士于一体的单一董事会)，经马萨诸塞殖民总督杜德雷(Dudley)签署同意，在保留哈佛监视委员会的基础上，设立一个新的"法人会"(Corporation)，即以董事会的形式代表哈佛学院，由校长、司库和5名评议员(Fellows)组成，拥有惯例上的法人权力和特权，如法人会以法人资格有权提出规章和法案，拥有学院的财产和一切所有权，作为一个法人社团拥有永久连任权等。⑤ 这就形成了哈佛学院的双董事会制度。而私立大学单一董事会制度的首创者——耶鲁学院则是在1745年由康涅狄格殖民地政府颁发了

① [美]罗伯特·伯恩鲍姆. 别敦荣，主译. 大学运行模式——大学组织与领导的控制系统[M]. 青岛：中国海洋大学出版社，2003：6.

② [美]丹尼尔·J·布尔斯廷. 时殷弘，等，译. 美国人：殖民地的经历[M]. 上海：上海译文出版社，1991：230.

③ Herbst J From Crisis to Crisis：American College Government，1636—1819. Cambridge：Harvard University Press，1982：14.

④ Herbst J. From Crisis to Crisis：American College Government，1636—1819. Cambridge：Harvard University Press：1982：7.

⑤ 李子江，张斌贤. 大学：自由、自治与控制[M]. 北京：北京师范大学出版社，2005：172.

正式特许状，从而授权学院成为法人社团。到殖民地末期，法人制度在学院中确立下来，并在实践中普遍形成。和震博士在《美国大学自治的形成》一文中提出："法人制度在美国学院和大学史上发挥了独特而关键的作用，在法律上确定了学院相对于外部权威的独立性，为大学自治提供了一个最基本的法律保证。法人制度的基本作用随着美国社会和美国学院和大学的发展持续不断地显示出来。"①

我国私立大学无论在民国时期的初创，还是后来的重建过程中，显然没有特许状这样的法律性文件，尽管也有研究者提出了我国私立院校办学主体的捐助法人办学、信托法人办学和公司法人办学等，②但实际上私立大学法人地位则是到《民办教育促进法》颁布才确定下来，之前关于私立大学的相关法律法规并未就法人问题作出明确规定和要求。此外，作为《民办教育促进法》的补充规定，在《民办教育促进法实施条例》也对法人设立的有关条件进行了明确和解释。在我国法学理论界和实务界公认的关于法人设立条件的法律依据是《民法通则》第三十七条的规定："法人应当具备下列条件：(一)依法成立；(二)有必要的财产和经费；(三)有自己的名称、组织机构和场所；(四)能够独立承担民事责任。"对照法人设立的条件，《民办教育促进法》对我国私立大学法人设立资格、条件和要求做出了较为明确的规定。

关于私立大学设立人的资格和设立者法律责任问题，《民办教育促进法》第九条规定："举办民办学校的社会组织。应当具有法人资格。举办民办学校的个人，应当具有政治权利和完全民事行为能力。"

关于设立私立大学符合法律规定的目的方面，《民办教育促进法》第十条规定："设立民办学校应当符合当地教育发展的需求，具备教育法和其他有关法律、法规规定的条件。"

关于私立大学必要的财产和经费方面，《民办教育促进法》在第十二条、十四条中针对筹设要提供"资产来源、资金数额及有效证明文件，并载明产权；捐赠资产要有相关有益证明"。正式设立私立大学则要直接提供"学校资产的有效证明文件"。而《民办教育促进法实施条例中》在第 6 条、第 8 条也有相关的解释性规定，并特别对举办者在私立大学存续期间的抽逃办学经费规定了比较严厉的处罚措施。

---

① 李子江，张斌贤. 大学：自由、自治与控制[M]. 北京：北京师范大学出版社，2005：183.

② 胡赤弟. 民办高校办学主体的构造[J]. 教育发展研究，2005(5).

关于私立大学的名称、组织机构和场所，《民办教育促进法》第十二条和第十四条从设立要求的材料方面都提出了明确规定。而《民办教育促进法实施条例》第14条和第15条也有相关的要求和规定。其中《民办教育促进法实施条例》第16条还特别规定了“学校理事会、董事会或者其他形式决策机构的人员构成不符合法定要求，或者学校校长、教师、财会人员不具备法定资格，经告知仍不改正的”不予批准。

对照法人设立的条件和相当法律，我国有学者根据《民办非企业单位登记管理暂行条例》第2条所作的定义，把私立大学归属为“民办非企业单位法人”，这是我国独有的组织分类，但却造成了私立大学在法律规定和管理体制方面与公立大学相比的不平等与不稳定，在一定程度上限制了我国私立大学的发展。① 还有一条与美国私立大学董事会是社团法人不同的是，我国实行法人代表制度——《民办教育促进法》第22条规定，董事长、理事长或校长可以担任民办学校的法人代表。

四、董事会治理模式

董事会作为最高权力机构，对私立大学的管理并非直接管理，而是通过一定的组织架构来实行。“治理正式被规定为董事会的职责……与专职校长不同，大学董事会不是常任的。他们通过定期开会来处理会议期间的事务……董事们‘主要发挥监护人的作用’”②。所以关于美国私立大学董事会的治理模式，布尔斯廷认为，“在殖民地时期出现了一种外部控制方式，它将永远成为美国高等学校的特征……外部控制附带产生了另一种制度，即美国高等学校的首脑制……只有他既代表教员又代表公众，因为他是常驻该校的管理委员会成员之一……他集学者和经纪人于一身，被认为应将学识运用于日常事务，并将事务判断能力运用于学术世界”③。这里的另外一种制度、首脑制就是大学校长负责制。

从美国私立大学董事会制度的治理模式来看，主要表现为首先董事会作为独立的管理机构处于整个私立大学管理系统的顶端，成为大学事务管理的“最高法

① 彭宇文. 中国高校法人治理结构研究[M]. 北京：中国社会科学出版社，2006：43-44.

② [美]弗雷德里克·E. 博德斯顿. 王春春，赵炬明，译. 管理今日大学——为了活力、变革与卓越之战略[M]. 桂林：广西师范大学出版社，2006：32.

③ [美]丹尼尔·布尔斯廷. 时殷弘，等，译. 美国人：殖民地的经历[M]. 上海：上海译文出版社，1991：235-236.

院”，全权裁决全校事务，“董事会中的校外人员以代表广大社会利益的名义负责对院校的长远发展进行指导”①。董事会主要是通过例行会议的方式来行使管理职能，需要特别指出的是，美国私立大学董事会的这种重要权力并不是单个董事会权力的总和，也不能将权力分解到董事成员个人身上，董事会是以集体的形式来行使其最高权威，没有董事会授权，董事单独做出的决策对大学没有约束权力。其次，董事会仅仅依靠自身无法履行对大学的事务治理，正如在前面分析中所论述的，董事会最重要的职责之一就是遴选、任命、定期考察并支持校长，然后把很多学校行政、学术权力委托给他，但保留了不委托的权力和最终的法律控制权。当然，“委托给校长哪些权力由董事会和行政机构各自权力的历史发展来决定”②。第三，董事会并非全天候工作，在董事会会议休会期间设立了多种专门委员会来协调和处理具体事务，委员会成员可以是董事成员，也可以包括非董事会成员，专门委员会主要通过例行会议的形式来处理相关的管理工作。美国私立大学通常设立的委员会包括：常设委员会（也有的称为执行委员会），在董事会会议休会期间代理行使董事会职权；设备委员会，负责制定和确定有着设备方面的政策与管理办法；投资委员会，负责私人捐赠和现金收入事项；发展委员会，负责面向社会开辟各种筹资渠道；学校事务委员会务，主要提出学术政策、与教师代表举行会议；学生事务委员会，制定有关学生纪律、生活等方面的政策。此外，还可根据情况设立临时性的专门委员会处理相关事宜。③ 专门委员会一般采用每个月召开会议的形式来行使治理职权。从美国私立大学治理的结构来看，并非简单的董事会领导下的校长负责制，而是“外行”董事会占据了大学决策与管理的最顶层、校长受托行使相关的权力、专门委员会构成了常态的治理结构，还有教授会、评议会在学术事务中发挥着重要作用。

我国私立大学董事会是根据《民办教育促进法》设置的，其中第三章第十九条规定“民办学校应当设立学校理事会、董事会或者其他形式的决策机构”。而在国务院令第 399 号——《中华人民共和国民办教育促进法实施条例 》中第 21 条规

① [加]约翰·范德格拉夫，等. 王承绪，等，译. 学术权力——七国高等教育[M]. 浙江：浙江教育出版社，2001：117.

② [加]约翰·范德格拉夫，等. 王承绪，等，译. 学术权力——七国高等教育[M]. 浙江：浙江教育出版社，2001：117.

③ 参见：潘燕. 美国高校董事会制度及其启示[J]. 教育科学，2004(2).

定，“民办学校校长依法独立行使教育教学和行政管理职权。民办学校内部组织机构的设置方案由校长提出，报理事会、董事会或者其他形式决策机构批准”。正是基于上述两项规定，我国私立大学董事会的治理模式主要采用的是董事会领导下的校长负责制。由于我国私立大学重建过程中，常常是私立大学的举办者成为董事会中的主要成员，现有的关于我国私立大学董事会研究显示，根据民办学校举办者的特点，民办学校的董事会的构成大致有以下几种形式：一、根据投资民办学校的资金，以所有权的多少为依据。大多数民办学校的董事会成员按照传统工业企业董事会的组成方法，按照实际投资民办学校的资金金额多少组成董事会。二、以举办民办学校时的投入要素为依据。举办民办学校需要投入资金、土地、校舍、社会关系和管理等要素。因此，民办学校的董事会的成员就是由投入学校的资金、土地、校舍、管理等提供者所组成。三、根据民办学校的隶属关系来决定董事会的组成；另外一些独资的民办学校采取家族式董事会，董事会的成员都是董事长的亲朋好友，一些党派、团体和单位举办的民办学校的董事会成员都是属于原单位的领导层成员。[①] 具体到私立大学董事会，一般认为，我国私立大学实行的是董事会领导下的校长负责制，也就是董事会负责决策，校长负责教育、教学管理事务和拥有行政管理权。这原本是一个依法设立、简捷易行的治理设计，但在现实运行过程中，我国私立大学的董事会成员中校外董事人数一般较少，甚至没有；与出资人有亲缘关系的董事较多；教职工代表出任董事的也比较少。出资方的董事利用优势地位，很容易左右学校决策和正常运行，矛盾集中在私立大学的出资者与操作者（校长）。张博树、王桂兰两位博士将其称为“私立大学‘病灶’：出资者、操作者角色错位”，他们描述了三种类型：第一种类型，双方关系正常。董事会运作规范，校长强而有力，双方都遵守既定的游戏规则。第二种类型，关系不太正常。主要表现为董事会对校长工作干涉过多，双方职责、权限不清楚。这种情形尤其可能发生在那些“出资者”本非教育界人士或无教育工作经历，但对办学又有一系列独特主张、甚至叛逆性见解的“老板”身上。第三种类型，出资者与操作者的关系极不正常。主要表现为“老板”专断独裁，对操作者缺乏信任（而不仅是缺乏尊重），在比较极端的场合，甚至集出资者与操作者角色于一身，出资者既是董事长又是校长，结果彻底

① 谷力.我国民办学校董事会存在的问题及重构思考[J].教育发展研究，2005(9)(B).

破坏了两个角色之间应有的张力与平稳。[①]

归根结底，我国私立大学董事会并非美国私立大学董事会那样的信托法人角色，而是出资者投资办学，“有兴趣的”投资人常常直接介入大学具体事务的管理；私立大学校长的遴选也未必由董事会来按程序、规则选拔，出资者常常自己直接担任着大学校长的角色，尽管他们在兴办大学之前并没有教育领域的经历；这就造成了董事会与大学校长之间职责不明、权限不清，甚至是双方争权夺利的情况。大学内部管理组织结构还在完善之中，作为聘用的教师在大学管理活动中，特别在董事会中基本没有占据地位，很难发挥作为大学专业人员的功用。

五、董事会成员组成

私立大学董事会制度并不能仅仅停留在纸面上，董事会作为大学的最高权力机构需要以行动来引领大学的发展，这种引领很大程度上需要看董事会成员如何来行动。美国私立大学董事会制度虽然以“外行”领导“内行”成为美国高等教育管理体制的显著特征，但这种“外行”并非“门外汉”，只是指不从事学术事务的人员，这在前文中已有描述。从董事会成员的构成情况看，美国私立大学董事会制度变迁的历程在一定程度上就是董事会成员来源多元化的历程，这种历程的起点是最早规定的董事会来源对象——如宗教人士逐渐被热心大学管理事务的利益相关者（群体）取代。以美国大学董事会模板——耶鲁大学（学院）董事会成员的变化情况为例，最初的董事会宗教人士为主，甚至连大学（学院）校长（院长）也不能成为董事会成员。但大学的发展对董事会成员的构成有了新的要求，特别在大学（学院）去宗教化的进程中，越来越多的世俗人士——公共事务官员、学术管理人员（大学教授）、学校先生管理人员、社会工作（志愿者）、银行家、会计师、作家、记者、律师、法官、医生、工商企业人员、校友、学生等等，也就是与大学（学院）利益有关的各类相关者合法地拥有地位，并有效地控制了董事会。这些董事会成员虽然来自不同的职业领域，但他们都有一个共同的特征：他们都是事业有成的公民，是某一领域的精英分子，热心并有兴趣投身大学管理事务，因为董事会成员的存在原则是“Give Money; Get Money or Get Out”[②]，董事不但自己资助大学，还需要投入大量的精

① 张博树，王桂兰. 重建中国私立大学：理念、现实与前景[M]. 北京：教育科学出版社，2003：208－210.

② [美]克拉克·科尔，玛丽安·盖德. 赵炬明，译. 大学校长的多重生活：时间、地点和性格[M]. 桂林：广西师范大学出版社，2008：142.

力游说和争取公司、基金组织、政府机构和个人资助大学的发展。有数据显示，在全美 3 200 多所大学(学院)中，有大约 48 000 名董事成员，其中多数为工商企业、金融界、法律界和社会的名流。[①] 董事会成员的任期从 1 年(学生董事成员)到终身制不等，一般平均为 3～4 年，绝大多数私立大学董事会成员可以连任。私立大学董事会出于筹款的需要，常常规模较大，成员甚至可以多达 50～60 人。

我国私立大学董事会成员的来源明显不同于美国私立大学，因为在《民办教育促进法》以及国务院颁发的《民办教育促进法实施条例》中对董事会成员的资格、任职条件、董事会规模做出了明确规定。在《民办教育促进法》中第二十条明确要求："学校理事会或者董事会由举办者或者其代表、校长、教职工代表等人员组成。其中三分之一以上的理事或者董事应当具有五年以上教育教学经验。学校理事会或者董事会由五人以上组成，设理事长或者董事长一人。理事长、理事或者董事长、董事名单报审批机关备案。"从条文中可以看出，这种规定更多强调的是"内行"——"其中三分之一以上的理事或者董事应当具有五年以上教育教学经验"。同时在《中华人民共和国民办教育促进法实施条例》第十九条中又对董事的品性、民事行为能力以及国家机关人员的规避问题提出规定，"民办学校理事会、董事会或者其他形式决策机构的负责人应当品行良好，具有政治权利和完全民事行为能力。国家机关工作人员不得担任民办学校理事会、董事会或者其他形式决策机构的成员"。根据上述法律、法规的要求，结合学校的实际情况，我国私立大学基本建立起董事会制度，与美国私立大学董事会在董事会成员构成方面相比，董事会成员主要局限在私立大学内部和外部的举办者，董事会规模较小、成员来源对象单一、举办者方面的董事会成员存在"家族化"的趋向，特别是很多大学利益相关者(群体)无法加入董事会，在一定程度上也阻碍了私立大学接纳捐助(捐赠)人。

对比美国私立大学董事会中我们可以发现，我国私立大学董事会虽然成长的土壤与其不同——这里的土壤主要是指传统；但更为突出的是，我国私立大学董事会生长的"生态"——制度环境还有值得进一步完善的地方。从 20 世纪 80 年代开始重建的我国私立大学，是有志于推动私立大学崛起的办学者艰难创业、艰苦奋斗的过程，这一过程的成果是令人欣喜的：私立大学发展迅速，在我国大学发展的现实的条件下，私立大学有了制度创新的成果——独立学院，并且形成了私立大学四

① 舸昕．从哈佛到斯坦福：美国著名大学今昔纵横谈[M]．北京：东方出版社，1999：105－106．

种重建和探索发展的模式。私立大学内部管理制度选择是一个渐进的过程,这与我国私立大学立法有着直接的关联。实施《民办教育促进法》以后,“董事会领导下的校长负责制”逐渐成为私立大学的普遍选择,虽然并非所有的实行“董事会领导下的校长负责制”的私立大学董事会都确立了应有的最高决策机构地位。我国私立大学董事会制度与发展成熟的美国私立大学董事制度有着显著的差别,正是这种差异揭示了我国私立大学还有待在进一步厘清问题的基础上,加快建设、完善我国私立大学董事会制度的进程。

第四章　我国私立大学董事会制度重构

重建的私立大学已在我国走过30多年的历程，一路行来，私立大学在推进高等教育大众化进程、缓解适龄人口升学压力、提高国民素质、促进高等教育体制改革与发展、维护社会稳定等方面都作出了突出贡献。但回顾、检视私立大学的发展历程，可以发现私立大学30多年的发展主要表现为办学规模的扩张（其中有反复，但总体是规模扩大的趋势，特别在独立学院发展起来之后），私立大学在内涵建设方面还亟待深入、丰富。尽管部分私立大学的有识之士建议把私立大学（民办高等教育）纳入"国家级示范高校建设"计划，并且要允许有条件的私立大学提高办学层次，申请硕士学位授予权（秦和博士，吉林华桥外国语学院创办人：《建议制定并实施国家级示范性民办教育建设计划》），但实际的行动殊为不易。从艰难的重建到渐趋稳定的发展，私立大学要想获得新的突破，管理是重要的保证，尤其表现在董事会制度的设立与真正运行方面。正如在世界银行（World Bank）和联合国教科文组织（UNESCO）对发展中国家高等教育的相关研究成果中所指出的，在发展中国家的高等教育的发展过程中，"管理是一个特殊的问题"，而对于这一"特殊问题"，给出的实现高等教育良好管理的措施中董事会（管理委员会）制度是重要的一部分。① 反之，对照私立大学系统最为发达、私立大学办学业绩最为耀眼的美国，董事会作为私立大学的最高决策机构带领私立大学的发展引人瞩目。艾里克·阿什比（Eric Ashby）认为："我们不要忘记，每个大学能否健康发展就在于校内由哪些人主持。"②因此，完善私立大学管理中最为核心的董事会制度将为发展中的我国私立大学提供重要的组织保障。

---

① 世界银行，联合国教科文组织高等教育与社会工作特别工作组．蒋凯，主译．发展中国家的高等教育：危机与出路[M]．北京：教育科学出版社，2001：53－55．

② ［英］阿什比．滕大春，滕大生，译．科技发达时代的大学教育[M]．北京：人民教育出版社，1983：62．

第一节 我国私立大学董事会制度的现状:个案与访谈[①]

我国私立大学从20世纪80年代开始重建以来,董事会制度重构问题就一直存在。我国私立大学董事会制度到底是怎样一种情形?在私立大学办学中发挥着怎样的功用?私立大学董事会运行中存在什么样的问题?带着对这些有价值的疑问的探索,为了让本研究更能触及我国私立大学董事会制度的内在实质,研究过程中,除了与多所私立院校进行了工作性的深入交流,更特别邀请了3名私立大学校长(其中1人既担任过校长,现在还担任该校执行董事)就他所任职院校的董事会基本情况、董事会制度运行中成功与不足以及关于我国私立大学董事会制度建设的个人建议进行了专门的访谈。根据访谈记录和资料整理成三个私立大学个案。

一、J学院(访谈对象:Y校长)

(一) 学院概况

J学院始建于2001年,由台商在台湾融资后投资兴办,办学地点在江苏苏南的一个地级市。学院投资人聘请了当地一名从事营销领域工作的人员担任总经理,负责协调学院经营事务。据访谈人描述这是一名不懂教育甚至没听说过比尔·盖茨为何人的人士。在首聘校长(以下称其为Y校长)的努力下,当年该学院就成功招生900余人(当时一般私立大学、学院首次招生200~400人就算多了,这么大的招生规模在当时是少见的)。Y校长是国内著名高校刚退休的副校长,为这所学校的付出称得上是呕心沥血。60多岁的Y校长认为只有聘用高质量的师资队伍才能办好大学,他积极延聘外地(主要是南京)著名高校的教师,还要通过他亲自组织的试讲考察;而在本地聘请的少量师资更要通过专门的面试合格才能聘用。他运用自身的资源,为学院的人才培养方案、教学计划组织了全面深入的论证,并结合学生实际量身定做。开学后,为了掌握学校的教学情况,他天天到班级听课;为了加强学生管理,他晚晚到教室查看学生晚自习情况和教师答辩情况;为了加强学校内部管理,他每周召开一次管理工作通报协调会。在他的精心努力下,学院开头顺利,态势甚佳。

① 出于受访者的希望和要求,这里涉及的私立大学名称情况均隐去。

（二）董事会制度及其运行情况

J学院建立了董事会制度，并确立了董事会章程报省级教育行政主管部门备案。董事会人数为5人，构成情况包括台商出资人及其在台融资股东（3人），前面提到的总经理是董事，但Y校长不是董事会成员。正是由于Y校长不具有董事身份，带来了该学院在办学运行中的许多问题，因为Y校长都很难把自己的设想和困难与董事成员当面交流。

J学院董事会章程规定了董事会作为学校最高决策机构的地位，每年召开两次会议，主要研究学校的发展情况，但实际上以讨论办学收益情况为主（Y校长语）。在学校开学后第三个月，在经Y校长强烈要求增开的董事会上，Y校长代表学院就办学情况进行汇报，他在汇报中提到的办学设想，目前学院运行面临问题和困难，在他多次要求下依然没被讨论，尽管他事先一再提出希望能列席董事会，汇报完他就被要求退出会场。随后，董事会决定由前面提到的总经理代表董事会来协调、处理有关问题。总经理在学校设有专门的办公室。总经理对于处理问题没有太多建议，但要求Y校长在涉及经费问题时必须控制成本，在教师队伍方面要尽量减少专任人员，学院大小事务必须向他及时汇报。办大学是一个复杂的系统工程，校长与董事会（及其代理人）之间不断交涉办学活动中的问题、困难，常常在争执中无果而终。特别在学院创办之初，（筹建）董事会也同意Y校长聘请不少知名高校的半兼职教师，因为与Y校长熟识及对其的信任，事前对于待遇只有一个简单的约定，在学院开始正式办学后，教师们提出学院要明确待遇规定。为此，Y校长多次书面、口头向董事会、驻校总经理提出请示和请求，但董事会和总经理以种种原因拖延没能得到妥善解决，为此一些名校教师纷纷离去。一年后，Y校长因为与董事会之间的种种交涉心力交瘁，遂辞职而去。随着Y校长以及名校教师的离去，该校的办学受到很大影响，第二年仅仅招收到200多名学生，对于主要依靠学生学费收入来办学的J学院来说面临着极大的困难。此时，面对学校急转直下的形势，学校董事会想重新聘请Y校长返校任职。Y校长面对董事会再次的盛情邀请，根据以前办学过程中的实际情况提出了保证办学自主权和办学经费要有保证，并援引著名私立大学中校长是当然董事成员的惯例提出要有董事成员的身份的合理要求。由于种种原因，双方未能达成一致，Y校长拒绝受聘。此后的几年中，J学院的发展一直艰难，校长也基本上是一年一换。到2006年台商放弃了投资，幸有当地政府积极协调，由外省（市）一家教育投资集团接手才继续办学。

回顾这段合作历史,Y 校长显得很理性和平静。他说,董事领导下的校长负责制是私立大学有效的管理形式,这是从西方(美国)私立大学发展中验证下来的。我国私立大学与西方私立大学最大的不同是我国私立大学创办人是投资办学,由于国家没有任何支持性经费,赢利(投资回报率)既是其当然要义,也是很多私立大学偿还贷款的现实要求,J 学院的董事会不能把办学事务全权委托校长主要是担心利润的减少;加上董事会成员本身不懂教育(高等教育),只是从成本控制的角度来看待学院办学问题,所以双方的矛盾是难免的。

二、G 学院(访谈对象:X 校长)

(一)学院概况

G 学院始建于 1998 年,由美籍华人出资兴建,开办之初就"提出服务地方经济发展,培养既能动脑也能动手的高技能人才"的办学目标。但该学院正式设立前最初筹建的两年办学很不容易,学校发展缓慢,招生数和新生报到率均不理想,此间甚至出现过学校面临解散的危机。2001 年底,董事会急于改变学校的现状,为了学校事业发展,经过考查与教育界人士推荐,邀请了在一所著名高校即将退休的副校长 X 担任校长一职,同时吸纳 X 校长担任 G 学院董事会的成员。X 校长是位办学经验丰富、富有创新精神的大学校长,他的一系列办学举措给学校带来新的发展活力。

入主 G 学院以后,X 校长用 1 年时间实现了学校由筹建到正式建校。然后把精力主要放在人才培养改革方面,先后提出了"为地方经济建设服务" 培养应用人才,以就业为导向的"订单式"人才培养模式,推动校际合作、校企合作实现专业学习与就业"无缝对接"等一系列契合高职院校人才培养规律、同时适应职业领域发展需要的人才培养改革收到了很好的效果,相关实践活动及其成果在《光明日报》等重要媒体上刊载。2005 年,X 校长率先建立起毕业生"返校重修"制度,即在学生毕业实现就业后,在工作实践中发现专业技能有缺失,而这些缺失主要是学校人才培养方案不恰当造成的,毕业生在与就职单位商定后,可以回校返读,重新接受培养。这在当时引起了媒体的广泛关注,中央电视台一套节目曾围绕这一举措对 X 校长进行了专访。

(二)董事会制度及其运行情况

G 学院实行董事会领导下的校长负责制,根据 G 学院董事会章程,该校董事会共由 7 人组成。除 X 校长外其余董事均为出资设立该校的集团高管，也就是说董事会中只有 X 校长具有教育经历。章程规定每年董事会召开 2 次董事会议讨论、研究、决定学校发展中的大事，如果遇到突发事件可以提请董事长召开临时性会议。在董事会意见的形成上，常常形成 X 校长笑称的“N＋1”现象，这里“N”是董事会的其他几名董事，他们在董事会讨论表决时是同进退的，而“1”则是 X 校长本人，尽管他在董事会上据理力争，但常常就是他一个人孤军奋战。X 校长说他自己在履职期间算是私立大学校长中比较“强势”的（注：这里其实是指校长治学的经验、能力与人格魅力），即便如此，在董事会决议中也无法获得足够支持，但“强势”校长可以在办学自主权上获得的空间更广点而已。

X 校长认为在度过董事会与校长最初的“蜜月期”后，由于学校的投资方是要寻求投资回报的，双方的关系就渐渐演化成“东家”（董事长为首的董事）和“管家”（校长）的关系。“东家”常常过多地介入“管家”的事务，甚至“东家”坐镇学校直接行使管理权力，而“东家”又通常不熟悉，甚至不懂高等教育事务，带来了学校运行的混乱。由于董事会与校长之间关系紧张，G 学院历史上曾出现 10 年换了 8 名校长的情形，在 X 校长离任后的 5 年间就换了 7 名校长，甚至严重地出现了半年撤换 3 名校长的现象，这对学校事业稳定和发展带来很大影响。

X 校长在总结在 G 学院的经历时感慨，私立大学（学院）在政府支持力度还不够的情况下，要想获得良性发展，从学校内部管理机制来说需要董事会制度，更需要董事会制度的顺利、和谐运行。而董事会与校长之间的和谐主要源自董事会懂得大学办学的规律，那么就要求董事会成员不能只是考虑投资股东成员、退休官员、有一定社会地位的知名人士等等，懂行的董事会充分授权这是私立大学办学的现实需要，而且董事会对校长的信任度越高，这所私立大学越容易办出成绩。同时，私立大学也需要经验丰富、能力突出的校长，目前私立大学一般从著名高校退休人员中聘请校长是有缺陷的，发展中的私立大学需要年轻有为、精力充沛、锐意进取的办学领头人。

三、N 学院（访谈对象：Z 校长）

（一）学院概况

N 学院于 1998 年 6 月被批准成立，由国内企业集团投资办学。N 学院坚持“面向市场、按需培养、因材施教、服务社会”的办学宗旨和“以生为本、德育为先、素质领先”的育人理念，根据长三角地区大力发展的现代服务业对人才的需求来设置招生专业，积极推进人才培养模式创新，成立至今学院事业健康发展，N 学院也获得了很多办学荣誉。Z 校长是该校的第二任校长，在其任职期间，大力推动人才培养创新与改革，推进学生职业技能证书纳入教学常规活动，完善了教学实训实体化建设，为学校事业的发展历尽艰辛，但同时也取得了优异的办学业绩，深为 N 学院投资集团和董事会认同。

（二）董事会制度及其运行情况

N 学院在设立之初就成立了董事会，并制定了学院董事会章程。根据章程规定，N 学院的董事会由 7 人组成，N 学院的校长、分管教学副校长以及分管招生就业工作的副校长共 3 人均是董事会成员；其他 4 名董事成员是投资企业集团人员。这么多的学院人员出任董事会成员在私立大学中是不多见的（Z 校长语）。投资办学的企业集团在管理方面采用了董事会—教育集团—N 学院的管理模式，当然办学过程中的重大事件必须经过董事会的讨论与决定。董事会也采用没有特别事务每年召开 2 次会议的工作模式，如果董事会成员认为有需要召开董事会会议，经超过二分之一的董事成员同意即可召开。特别是学院董事会成员认为有必要召开董事会会议，由 N 学院院长提请董事长同意即可增开专门会议讨论办学事务。在 N 学院的董事会章程和现实运行中，坚持了学院重大事项由董事会决策的董事会最高决策机构原则。

Z 校长在回顾与 N 学院董事会的合作中提及，学校董事会及其所属教育集团与 N 学院的协调与合作非常和谐、成功。Z 校长认为 N 学院在本质上与其他私立大学并没有什么区别，但在校长与董事会的合作问题上，双方的理解与合作至关重要，着重表现为：

1. 首先要确立董事会最高决策机构的地位，在学院重大发展举措、每年学院的发展目标、校长（副校长）及其中层管理干部的任命、办学经费（财务）的预算和决算、人力资源控制（专任师资队伍、行政管理、党务管理等人员）等方面都要由董事会讨论核定。

2. 协调董事会与受聘校长之间的利益一致性，也就是说董事会与校长之间的共同追求在于学校事业的发展，学校事业发展才能带来董事会投资的经济回报，事业发展离不开校长正确的办学理解、遵循高等教育的客观规律和校长经营私立大学的能力。

3. 董事会领导下的校长负责制是一种有效而正确的管理制度,关键在于能不能真正实行;特别是校长能不能以自身的治学经验、自身的能力、个人的魅力来推动校长与董事会之间的合作。Z 校长正是站在促进学校事业发展的角度,代表以校长为首的学校管理层主动与教育集团、董事会协商制定管理任务授权范围和目标管理考核体系,在考核目标与目标管理体系中注意制定之前的磋商、沟通和细化。此外,校长要有自己的办学理念、办学要求(资源要求)和对管理权限的期望,经过与董事会协调、确认后遵守执行。更直观地说,只有董事会与校长之间相互理解、相互认同、相互支持,校长展现真本领,帮助董事会实现共同的目标,这样才更有助于董事会领导下的校长负责制真正、有效实行,董事会与校长之间才能和谐共处。

四、小结与思考

访谈结束了,在整理资料时,想起能够有幸认识三位阅历丰富、学识过人、富有思想、德高望重且对私立大学管理见解独到又充满办学热情的大学校长真是备感欣慰;同时对他们无私帮忙与支持的感激非言语能表达。

从访谈获得的资料来看,上述三所私立院校的董事会中形成了比较突出的委托代理关系,这与我国私立大学都是由出资人投资办学有着直接关联。我国私立大学董事会是投资委托人,将大学委托给邀请的校长(代理人)来管理,但在管理中董事会由于对投资目标过于关注而很难让大学校长独立负责学校的发展。我国私立大学并非像美国私立大学那样,资金(资产)一旦委托给大学董事会,董事会使用资金就与委托人无关了,董事会再把学校运营事务委托给大学校长,需要的是向最终受益人——这里的受益人还不是学生,而是社会公众负责。

这三所私立院校的董事会制度运行中,J 学院和 G 学院董事会(董事长)与大学校长之间有着比较显性的委托代理关系中常见的"代理人"问题,显然这种"代理人"问题与委托代理理论中的"代理人"问题又有着差异。因为在代理人——大学校长身上并没发生"道德障碍"和"逆向选择"。而 N 学院则是在 Z 校长自身的努力下,比较好地协调了委托代理问题。

首先,J 学院和 G 学院在很大程度上存在着董事会(委托人)与校长(代理人)目标(函数)追求不一致的情况。两所院校的董事会对于办学赢利的追求是显而易见的,实际上两位校长只是存在着为办学好、办好学校的追求,并没有出现经济活动代理人常见的追求经济利益、自我放松问题，对于办学两位校长时间、精力的投入让人由衷的敬佩，只是在办好学校与董事会投资获利问题上的不一致，带来了两位校长在办学中困难。G 学院的董事会与校长有过一段顺利合作的时光，但很快董事会为了追求利润就比较多地介入了办学事务，X 校长所说的“东家”伸手介入“管家”的事表明了双方委托代理关系中走向了目标偏离。

其次，校长与董事会之间存在着信息不确定和不对称问题，其中 J 学院更为显著。因为 J 学院的校长没能成为董事会成员，在董事会会议中被排除在外，这造成了校长与董事会之间信息沟通的困难，校长在办学中面临困难就显得很自然了。而 G 学院在董事会中常常出现的董事会表决“N＋1”现象表明在管理、发展大学问题上，董事会与校长之间的不对称，X 校长笑称的校长要在办学问题上展现“强势”的一面，但其背后喻示的还是艰难的抗争。

第三，Z 校长自身对董事会与校长的委托代理有过深入思考，从其访谈资料中可以看到，他不断强调和谐校（长）董（事会）关系的建立，这正是既成功担任校长，如今又担任执行董事的成功写照。但他也明言，董事会与校长之间的分歧是存在的，关键是如何来化解，如何站在公允的立场，增强信任度，不强求一次一时解决校长与董事会合作中遇到的问题。他提出大学校长与董事会在办学理念问题、办学要求问题、（受委托的）管理权限问题上一定要做到信息确定，董事会与校长要相互信任、相互理解、相互认同，校长要有真本事服务于实现董事会与大学共同的目标部分——在办好学的基础上获得赢利。正是尽可能地实现了董事会与校长的“共同利益”，保持了委托代理的目标函数一致，得此信任，Z 校长才可以先做校长，再任执行董事。

当然，本研究中由于种种原因，尽管经过研究者的多方努力，仍未能获得从私立大学董事会的董事长和其他非教育界董事的观点予以陈述的许可，是一个突出的遗憾。

第二节　私立大学董事会制度面临的现实问题

我国私立大学经历了重建的艰难以后，经过不懈的努力，取得了很大的进步。不仅在招生数量上达到了相当的规模，而且在质量上也逐步取得了社会的认可，部分私立大学逐步形成了一定的办学特色，成为我国高等教育的重要组成部分，特别是在我国高等教育迈向大众化的进程中发挥了重要作用。当前，私立大学正处于发展的关键时刻，也正面临着组织发展中常有的错综复杂的问题。在我国私立大学发展过程中面临的诸多复杂问题中，董事会制度或许是其中的重中之重。有学者认为，民办大学的理事会或董事会制度，是民办大学最根本的现代大学制度，民办大学的重大事项的决定权在理事会或董事会，这个制度的建立和完善关系到民办大学是否能够健康而持续地发展。① 也有学者在分析了私立大学（学校）内部管理治理的一系列问题之后，指出逐步建立和完善董事会社会托管机制，并从分析国外私立教育发展的经验的角度表明，建立董事会并且充分发挥其作用可以避免私立大学（学校）治理的问题。②

按照新制度经济学的看法，制度被认为是一个内涵丰富，又不断发展的词。但归根结底，制度的核心在于一系列的规则。诺贝尔奖获得者道格拉斯·诺斯认为，制度是人类强加在他们相互关系上的一种结构……这个结构是规则、惯例、习俗和行为信念的复杂混合物。德国著名学者柯武刚和史漫飞对制度的解释则强调"人类相互交往都依赖于某种信任，信任以一种秩序为基础。而要维护这种秩序就要依赖各种禁止不可预见行为和机会主义行为的规则。我们称这些规则为'制度'。制度，要有效能，总是隐含着某种对违规的惩罚"③。我国著名公共政策专家毛寿龙教授则认为，可以从三个角度来把握制度：(1) 事实。人类社会存在着各种形式的行为规则，它有各种各样的表现形式：法律、规章、合约、良心、习惯、习俗等等。(2) 价值。人类社会的行为规则本身包含着一些价值，如应该如何，不应该如何。(3) 逻辑。人们对特定的规则有着特定的理论逻辑，如立宪的规则、集体行动的规则、操作的规则等等。④ 董事会制度是私立大学发展的重要助推力，因此，本节将结合前面对我国私立大学董事会制度的历史分析、比较分析，在个案（访谈）研究的基础上，以董事会制度本体因素作为分析单位，来讨论我国私立大学董事会制度运行中面临的现实问题及原因分析，从而为最后提出对策建议提供基础。

---

① 姜华．现代民办大学制度研究[J]．北大教育经济研究（电子季刊），2006(9).

② 参见：阎凤桥．试析我国民办学校的产权形式和治理结构——基于对非营利组织特征的分析[J]．教育研究，2006(2).

③ [德]柯武刚，史漫飞．韩明华，译．制度经济学[M]．北京：商务印书馆，2000：32－35.

④ 王巧玲，李文钊．制度分析：IAPP 理论及其现实意义[J]．探索与争鸣，2002(7).

一、董事会制度法律地位的确定

我国私立大学发展建立的董事会制度是一个重要的制度保证，而这种保证作用的实现还需要很多直接或间接的法律条款来支撑，其中一个迫切的问题就是董事会制度法律地位的确定。对照当今私立大学发达的美国、日本等国，董事会（日本称为理事会）制度的法律地位巩固。从美国的著名私立大学来看，都是由古老的特许状来规定董事会制度的法律地位，而这种特许状已经过美国的法律实践——历史上著名的案例判定结果是不容更改的，所以其中对于董事会制度作为私立大学最高决策、管理机构的认定是明确的、合法的、有效的。而在我国私立大学发展进程中，特别是相关法律法规对于董事会制度的规定还相当模糊。

1982 年宪法提出“国家鼓励集体经济组织、国际企业事业组织和其他社会力量依照法律规定举办各种教育事业”（第十九条），第一次以法律形式为举办民办教育提供了依据，但是并未涉及私立大学董事会制度问题。1993 年颁发的《民办高等学校设置暂行规定》首次指出，“申请筹办民办高等学校须报送以下材料之第三项要求提供——学校章程：实行董事会制度的学校，还须报董事会章程和董事长、董事名单及资格证明文件”（第十六条）。1997 年发布的国务院令——《社会力量办学条例》中规定，教育机构可以设立校董会（第二十一条）。目前关于我国私立大学的权威性法律——2002 年颁布的《中华人民共和国民办教育促进法》、其后的《民办教育促进法实施条例》中都没有把董事会制度作为私立大学设立的硬性规定。2008 年颁发的《独立学院设置与管理办法》中依然只是规定“独立学院设立理事会或者董事会，作为独立学院的决策机构”。从上述法律性文件的描述中我们可以发现，虽然其中规定了董事会是我国私立大学内部的基本管理形式，但是实际上董事会制度并没有为所有私立大学采纳。当然，董事会制度更没有被确定为是私立大学的最高决策机构。这就意味着董事会在私立大学的地位难以保证。[①] 一般认为，我国私立大学存在着董事会负责制（更确切地说，应该是董事会领导下的校长负责制）和校长负责制两种内部管理形式。即便实行董事会制度的私立大学，由于一些私立大学董事会主要是由各投资方组成，在形式上与企业董事会没有什么

① 北京市教育委员会 1997 年 10 月 21 日发布的《北京市社会力量举办学校设立董事会的暂行办法》中明确规定，“董事会是学校最高决策机构”。这可能是唯一明确提出董事会制度最高法律地位的法规。参见：北京教育科学研究院民办教育研究咨询服务中心编. 社会力量办学政策法规. 非正式出版物，1999：220.

本质差别，突出地存在着董事会只代表和关心投资方利益的问题；还有一些私立大学董事会只是存在于名义上，学校真正的权力掌握在少数投资人或投资方的家族手里。

除了外部对私立大学董事会制度法律地位的确认尚不明确和完善以外，私立大学内部对于董事会制度法律地位的认可也存在着偏差。尽管关于私立大学董事会的公开资料、案例很少，但目前公开的2002年“三江学院董事会侵权案”，正是在私立大学董事会制度相关法律不健全的背景下，由于董事会制度不完善，《学院董事会章程》没有得到很好的实施，在私立大学内部出现了新老董事会之争。新的董事会以教职工选举董事会成员的方式取消了旧董事会大部分成员的董事身份，显然不符合私立大学董事产生的相关规定，引起了双方的争端，新旧董事会的诉讼对学校的事业发展产生很大的负面影响。①

二、董事会的公益法人属性与法人财产权问题

（一）董事会公益法人属性问题

从我国高校的情况看，以法律的形式确立高校的独立法人地位，在我国还是20世纪90年代末的事：1998年8月29日颁布的《中华人民共和国高等教育法》第30条规定，“高等学校自批准设立之日起取得法人资格”。而私立大学的法人地位问题，从我国私立大学相关法律法规中可以发现，在对私立大学举办者的规定上实行自然人与法人均可举办的原则。以《民办教育促进法》为例，该法第九条就规定：“举办民办学校的社会组织，应当具有法人资格。举办民办学校的个人，应当具有政治权利和完全民事行为能力。民办学校应当具备法人条件。”我国关于私立大学立法上的这种“不恰当”的“规定”，影响了我国私立大学的组织特性以及进一步的制度建设。正如有学者所指出的：“承认个体或者合伙性质的民办非企业单位在法律逻辑上是难以成立的。以‘个体’为例，如其从事非营利活动，而没有申请设立为法人，则在法律上，投入资产仍归其所有，并且无法独立于此人的其他财产。在活动期间所可能招致的债务和损失由其承担无限责任，倘有可能取得财产增值，则连同原值，也将尽归其个人所有。既知如此，这种民办非企业单位终止时的剩余财

① 三江学院董事会侵权案.教育发展研究，2005(2)(B).

产，必须交给政府就显得不可理喻。”①

和震博士认为，取得突出成就的美国私立大学董事会是基于(公益)法人制度设立的；法人制度为学院与政府等外部权威因素之间划分了界限，为保护学院最大的自治和政府最低程度的干预提供了合法制度安排，同时，法人制度也使学院独立于外部的任何捐赠者；外行董事会制度则成为学院和外部环境之间的中介和桥梁，它既能及时反映社会要求，又能保护学院免受外部直接干预。② 而我国私立大学的法人与自然人均可举办，特别是公益法人的属性未能确定带来了不少问题，比如私立大学产权家族化(私人化)倾向、私立大学追逐赢利化倾向、董事会成员亲属化倾向、董事会制度最高决策地位的边缘化等问题均源于此。

(二) 法人财产权问题

产权是一个含义极为丰富却又不确定的概念，从现有的研究成果来看，可以说至今没有形成统一认识的概念，研究者也常常根据自身的需要来阐述。然而我国《民法通则》并没有使用“产权”这一概念，而是使用“财产所有权”，《民法通则》第七十一条规定：财产所有权指所有人依法对自己的财产享有占有、使用、收益和处分的权利。这是一个与债权、人身权、知识产权等并列的概念。在我国私立大学产权问题上，潘懋元先生认为，产权就是财产的权力，没有财产就无所谓产权，产权制度则是通过规则、条例和法律等规范化、法律化、制度化了的产权结构，产权制度是当前私立大学发展中一个有待探讨与完善的关键环节。③

产权制度一般可以区分为两种形式，即自然人产权制度和法人产权制度。“自然人产权制度表现为财产的高度统一，而法人产权制度则表现为所有权实现过程的各项具体权能出现分离，如财产终极所有权与法人财产权的分离，所有权与经营权的分离。这种分离以一定的方式和一定的手段界定并相应地处理各项具体权能的责权利关系。法人财产权不同于组织的所有权，前者的产权主体是组织机构，后者的主体是自然人”④。法人产权制度下，非营利组织不存在所有者、所有权，但有法人财产权，这在一定程度上与国外私立大学一般是非营利组织相一致。

---

① 王建华. 论我国私立大学的独特性[J]. 江苏高教，2006(3).

② 和震. 美国大学自治制度的形成与发展[M]. 北京：北京师范大学出版社，2008：63 - 64.

③ 潘懋元. 我国高校产权制度改革的若干问题——兼论公、民办高校产权问题[J]. 教育发展研究，2005(7)(B).

④ 张晖明. 产权与产权制度、产权改革、产权市场刍议[J]. 复旦学报(社科版)，1994(6).

近年来，落实民办高校法人财产权是国务院及教育部当前大力推进的一项重要工作，这里使用法人财产权概念而不是惯常的产权。因为在2002年12月，《民办教育促进法》第一次规定了民办学校具有法人财产权——“第三十五条 民办学校对举办者投入民办学校的资产、国有资产、受赠的财产以及办学积累，享有法人财产权”。“法人财产权”的概念最早出现于1994年党的十四届三中全会制定的《关于建立市场经济体制若干问题的决议》当中。此后被《公司法》所采用，成为规范公司财产属性的法律概念。但我国法学界对于“法人财产权”的性质仍旧众说纷纭，莫衷一是。[①] 2006年12月21日，在《国务院办公厅关于加强民办高校规范管理 引导民办高等教育健康发展的通知》(国办发[2006]101号文)中规定：“民办高校要落实法人财产权，出资人按时、足额履行出资义务，投入学校的资产要经注册会计师验资并过户到学校名下，任何组织和个人不得截留、挪用或侵占。”教育部25号令——《民办高等学校办学管理若干规定》(2007年2月6日发布)，该文件的重点是调整民办高等学校的产权，要求所有民办高校要在一年之内将资产过户到学校法人名下，使其在一年之内转移成为学校法人的财产权。

2007年3月中旬和6月上旬，在“江苏、上海民办高等教育研讨会”(上海)和“全国工商联民办高等教育协会年会”(南京)上，有研究者就民办高校法人资产状况进行了专题调研，从民办高校投资主体来源情况看，在所调查的45所民办院校中，真正由社会捐资举办的只有2所，占4.4%。而以企业投资为主和个人独资举办的民办高校为30所，占66.7%，也即2/3的民办高校属于投资性质学校。这一结论符合邬大光教授所作的判断：“中国民办教育的基本特征是投资办学，而非捐资办学。”[②]

表4-1　民办高校投资主体来源状况

主体选项	社会捐赠	创办者少量投入，长期滚动发展	企业投资	个人独资举办	其他	合计
学校数(单位：所)	2	10	21	9	3	45
比例(%)	4.4	22.2	46.7	20.0	6.7	100

数据来源：董圣足.关于民办高校法人财产权的思考——基于45所民办院校法人财产状况的调查分析[J].教育发展研究，2007(7-8)(B).

① 刘建银.民办学校产权问题研究：一个基于案例、理论和法律制度的综述[J].教育科学，2006(6).

② 董圣足.关于民办高校法人财产权的思考——基于45所民办院校法人财产状况的调查分析[J].教育发展研究，2007(7-8)(B).

由于私立大学投资主体以企业和个人为主，导致私立大学董事会的构成也常常存在投资主体、资金所有权人员合一的问题，这也与经济领域的公司(企业)董事会趋同了。但私立大学的事务具有复杂性，私立大学办学规模不断扩大，办学形式日趋多样，专业化和职业化的管理对于私立大学来说就越重要。“正如高深学问的发展需要专门化一样，在学院或大学的日常事务方面也需要职能专门化”①。如果只是从出资多少的情况来分配、遴选董事会成员，容易导致私立大学的家族化趋势：民办高校家族化主要是指民办高校由家族或个人创办，由一个家族掌握学校所有的资产使用权和资源支配权，并控制学校办学行为的现象……董事会实际上是一个虚设的机构，而不是最高决策机构，特别是一些私人举办的民办高校，董事会真正发挥作用的并不多，主要起咨询、参谋作用。②

三、“委托人”与“代理人”的矛盾

我国私立大学的内部管理体制经历了这样一种发展过程：在私立大学重建之初，由于当时的现实条件所限，一些私立大学甚至是在“无资金、无校舍、无师资”的情况下起步的，此时私立大学创办人起着至关重要的作用，创办人以个人资金直接用于办学，常常是院校的最大投资人(尽管数额现在看来很小)与最高管理者，管理方面一般主要采用的是校长负责制，即使设立董事会的院校，董事长与校长基本上是同一个人，也就是常说的“校董合一”。董事会制度在私立大学稳定地确立下来，是《民办教育促进法》及《民办教育促进法实施条例》颁布以后的事，具体到治理模式上就是多数私立大学实行了董事会领导下的校长负责制。在此基础上，管理过程中董事会与校长的协调合作问题成为私立大学发展中关注的重要问题。

在私立大学董事会制度的设计中，董事会一般承担“委托人”角色，而私立大学校长则是“代理人”，董事会与校长之间是根据委托代理关系来开展工作和合作的。当然，这种委托代理的初衷是以一种契约的方式来约定双方的行为，并根据双方的契约行为来引领私立大学健康、有序地发展。这也是私立大学发展实践中证实的一种有效路径。委托代理关系可以理解为一种契约关系，经济学对二者的契约关系做出这样的解释：“委托代理关系是一种明显或隐含的契约关系，根据它，一个或

① [美]约翰·S·布鲁贝克. 王承绪，等，译. 高等教育哲学[M]. 杭州：浙江教育出版社，2001：37.

② 徐绪卿. 我国民办高校家族化的若干问题之探讨[J]. 高等教育研究，2009(7).

一些人(委托人)授权给另一个人或一些人(代理人)为实现委托人的利益而从事某些活动,相应地授予代理人某些决策权力,并依据其提供服务的数量和质量支付相应的报酬,授权者为委托人,被授权者是代理人。"①在这种契约关系约定下,为了使双方的利益关系得到协调,委托人希望设计一种契约机制授权给代理人从事某种活动,并要求代理人为委托人的利益行动。在私立大学中,董事会作为学校出资者将学校财产委托给校长经营管理,校长则接受董事会的委托,全面负责学校事务。这样,董事会成为委托人,校长则成为学校的代理人,董事会与校长之间也就构成了委托代理关系。

尽管从私立大学已有的成功经验和董事会制度的既有设定来看,私立大学董事会与校长之间的协调、合作有助于实现共赢,但在现实情况下二者的合作并不容易,"委托人"与"代理人"之间的冲突日益凸显是一个令私立大学发展关注的问题。

首先"委托人"和"代理人"的目标差异带来的问题。私立大学董事会一般是以出资者为主并作为"委托人"出现,现行的《民办教育促进法》对此给出了明确的规定,即"民办学校在扣除办学成本、预留发展基金以及按照国家有关规定提取其他的必需的费用后,出资人可以从办学结余中取得合理回报",这里模糊的"合理回报"表明"委托人"拥有了剩余索取权,特别在我国私立大学办学经费投入方面"投资办学"的特点要远远超过"捐资助学"②,在很大程度上会导致私立大学投资人所追求的目标就是资本增值以及学校持续发展所带来的社会效益的最大化。而拥有学校经营管理权的学校校长作为"代理人",一方面作为潜心致力于办学的"代理人"容易在办学投入问题上与"委托人"产生分歧;另一方面"代理人"也可能会追求更高的薪金、奖金、津贴等货币效用;另外还可能因为力图获得更高的非货币收益,如舒适的办公条件、过多的办学支持等,从而使"委托人"利益受损。以上"委托人"与"代理人"目标追求不一致的情况下,委托代理关系问题不可避免。所以,在新制度经济学里,委托代理问题常常泛指一切在委托人失察情况下代理人不受惩罚的机会主义行为。

第二,"委托人"和"代理人"之间契约的不完全性问题。私立大学是一个知识型组织,其劳动成果产出非物质性、非量化性特点使得私立大学董事会与校长之间

① M. C. Jensen & W. H. Meckling. Theory of Firm: Managerial Behavior, Agency Costs and Ownership Structure. Journal of Financial Economics, 1976:4.

② 胡建华.我国民办高等教育发展特殊性的若干分析[J].教育研究,2007(1).

的契约约定具有不确定性、不完全性。因为大学不能以利润最大化为目标，事实上也很难计量利润，对于私立大学经营管理目标和成果没有像经济组织计算利润一样的刚性指标来设计，这就带来了委托代理双方的"软约束"，也带来了作为"委托人"的董事会和作为代理人的校长们之间代理合约签订的余地很大，合同内容不容易涵盖完全。因此，私立大学董事会无法在契约中主动地、准确地写出对代理人工作努力程度的规定(即使写进去，也难以观察和测量)，"委托人"与"代理人"之间的契约订立不完全问题还可能存在道德风险——主要是指"代理人"凭借双方契约签订之后信息的不对称性、不确定性以及契约的不完全性，在追求自身效益最大化的同时损害"委托人"的行为，缺乏委托代理双方的激励、约束、机制，由此激发的双方矛盾直接会影响私立大学的建设与发展。①

第三，私立大学董事会制度的委托代理问题常常还表现为董事会(长)与校长之间的冲突。董事(会)长与校长的关系不顺、职责分工不明是二者冲突的关键所在。董事(会)长和校长互不理解、互不支持甚至发生矛盾冲突的现象，在私立大学具有相当的普遍性。这种情形尤其可能发生在那些"出资者"本非教育界人士或无教育界工作经历，但对办学又有一系列独特主张、甚至叛逆性见解的"老板"身上……原因在于：一是忠诚于办学的"老板"的办学主张与学校实际操作者——校长之间理念的差别造成了双方难以理解；二是出资者对操作者缺乏尊重与信任，在办学具体事务中"外行"领导"内行"。董事(会)长的权力过于膨胀，过多地干预学校办学事务，甚至代替校长职责，导致校长应有的人事权、财务管理权等受到限制。甚至在极端的情况下，"老板"专断独裁，私立大学就会出现"老板"索性集"委托人"、"代理人"角色于一身，重回校董合一的老路。② 还有一些学校，也出现校长的权力过于集中的问题，董事会和董事长往往难以监控校长，对学校发展的重大决策失去监督和控制。而董事会(长)与大学校长之间的争端甚至会导致出现私立大学出现"双法人"，带来了私立大学发展的混乱。因此，董事会(长)与校长之间的矛盾常常直接影响着私立大学的运行与发展，关系着私立大学的办学效益和教育质量，制约着民办高校持续发展。

① 杨炜长. 民办高校董事会与校长的委托代理问题[J]. 高等工程教育研究，2006(4).

② 张博树，王桂兰. 重建中国私立大学：理念、现实与前景[M]. 北京：教育科学出版社，2003：209－210.

四、董事会制度的效率问题

私立大学董事会制度确立之后，制度的运行是关键，也就是说要特别关注董事会制度如何来引导、协调私立大学的发展与完善。在谈到美国私立大学发展问题时，就有研究者认为："美国私立高等教育从蹒跚起步到发展壮大，得益于私立高校具有一套完备而独特的管理系统。作为主要由校外人士组成的董事会无疑处在这一系统的顶端，它对美国私立高校的运转和美国整个私立高等教育的发展有着至关重要的意义。"①所以，董事会制度的效率问题对于引导、协调私立大学发展具有重要的意义。"以董事会制度为核心内容的内部制度在私立（民办）大学的健康发展中起到决定性的最为关键的作用"②。当前，我国私立大学董事会制度的效率问题还没有形成深入的研究成果，试图从以下三个层面：一个是董事制度的制度化水平，二是董事会组织的效率，三是董事会成员的效率来展开分析、讨论。

制度化是制度变迁的一种形式。我国私立大学董事会制度化水平可我国私立大学董事会制度的设立和变迁情况来看，主要是相关法律法规的强制性变迁所致，即便在这种情况下，私立大学并没有全部采用、设立董事会制度。北京大学闵维方教授就认为："所谓制度化，不仅仅是指按照规章制度来治理学校，而且是指这种规章制度已经内化成为人们的价值观念和行为准则。大学管理者（包括董事会和校长）服从规章制度的约束，而不是按照个人的意志来管理学校。这些学校管理的规则对管理人员具有极大的约束力。例如，美国得克萨斯大学董事会规定的规章制度的第一条就明确指出，董事会制定的这些条例在得克萨斯大学范围内具有法律条文的效力，是所有师生员工必须严格遵守的。"③从已经设立的私立大学董事会制度实际情况而言，对照亨廷顿曾经提出了关于制度化水平的四项标准，主要包括以下方面：

(1) 自主性：组织做出并实施决策的能力；

(2) 适应性：表明组织适应环境变化的程度；

(3) 复杂性：组织建构内在结构以及实现目标并应对环境的能力；

(4) 一致性（或称连续性）：组织控制自身核心任务和信仰，做出决策以及过滤

① 李均.论董事会管理体制对美国私立高等教育发展的意义[J].江苏高教，1996(3).

② 姜华.现代民办大学制度研究[J].辽宁教育研究，2006(11).

③ 袁明.美国文化与社会十五讲[M].北京：北京大学出版社，2005：129.

与此偏离行为的能力。

我国私立大学董事会制度在制度化水平尚存在着不足:作为私立大学实施最高决策的地位尚没有确立,董事会在不同私立大学中行使管理权限有着差异性,由于董事会规模(人数)的限制尚没有形成专门委员会等内在结构,董事会对于私立大学核心任务与目标的掌控还需与称职、懂行的校长之间进一步协调。

我国私立大学董事会组织的效率问题是目前研究中很少被涉及的方面,这在很大程度上与目前董事会组织的现实有关。首先,作为私立大学管理角色的董事会应该发挥自身的功用。美国教育咨询委员会主席、美国大学联合会和卡耐基教学发展部主席罗德斯认为:"董事会的角色是管理者……管理的责任包括审批大学的任务和目标,任命、考察和扶持校长,监督大学项目运行、资源的使用和各类活动等。……董事会最重要的一项责任是挑选、任命、定期考察和支持校长。"[①]从现有的情况看,显然我国私立大学董事会在这些领域能够发挥的作用很有限。其次,董事会的工作机构与工作模式比较单一。我国私立大学董事会人数比较少,从能够获得的资料可以看到,基本上都是按照《民办教育促进法》规定的最低限制来设置,也就是通常为5人,这与国外私立大学董事会的规模相比确实比较少,人数少的现实问题带来了董事会只能在有限的工作领域来行使职责,而且缺乏董事会的常设委员会及其他(专项)专门委员会,董事会对私立大学的管理工作某种程度上接近虚设。在工作模式上,由于《民办教育促进法实施条例》规定了私立大学董事会至少每年召开1次会议,或经三分之一以上董事会成员提议可以召开临时会议;实际上,一些私立大学董事会就把工作模式简化到每年一次董事会议事的程度。第三,缺乏对董事会的监督。尽管董事会的工作已经呈虚化的态势,但毕竟其涉及的工作都是私立大学的核心问题、重大事项,对于董事会的监督应该引起重视。"最有效的董事会应该是这样,它形成一种适当的行为规范,并在实践中实施,同时进行自我监督"[②]。除了董事会自我监督,还缺乏内、外部监督机制——比如借助教授会、监事会、校友会的力量对董事会开展考核、评价,从而有助于董事会工作效率的提高。

---

① [美]弗兰克·H.T.罗德斯.王晓阳,蓝劲松,等,译.创造未来——美国大学的作用[M].北京:清华大学出版社,2007:258.

② [美]弗兰克·H.T.罗德斯.王晓阳,蓝劲松,等,译.创造未来——美国大学的作用[M].北京:清华大学出版社,2007:258.

私立大学董事会成员的效率问题显得更为迫切，因为董事会制度化、董事会组织效率的原动力是董事会成员。规范遴选董事会成员是其中需要首先解决的问题。目前，我国私立大学董事会成员的来源尚没有实现多元化，董事会的成员多由举办者、捐资者和管理者组成，很少有校外人士参加，熟悉教育领域的外部人也少，教师、职工代表出任董事的也很少。事实上，出于公共关系和提高私立大学知名度的需要，一些知名人士、专家担任的董事往往只是一个虚衔，很难实现董事会成员来源多样化，从而积聚社会力量促进私立大学发展的目标。其次，关于私立大学董事会成员资格性要求与伦理规范问题还没有得到应有的重视。从国外私立大学董事会成员的资格标准来看：事业有成，热心、投入教育事业和募款能力是关键指标，职业领域也是一个重要的考量因素。随着董事会制度在私立大学发展中最高决策地位的确定，董事会成员的伦理规范，特别是董事会成员的权力使用方面对决策产生的影响越来越多地引起了关注；而我国私立大学董事会成员在这个方面基本还处于空白。第三，还需要唤醒董事会成员对私立大学的热情，国外私立大学董事会成员，特别是美国私立大学董事会以"外行"，即非教育领域人员为主，并取得了显著成就。原因何在？乔治・凯勒认为，"外行"不量个贬义词，它的词根的意思是"热爱"①。正是这种"外行的热爱"，董事会成员为了私立大学发展执著奉献、无怨无悔。反观我国私立大学的董事会成员，显而易见，他们还缺乏对大学事业的热爱与奉献。

第三节　我国私立大学董事会制度重构的策略

正处于发展关键时期的我国私立大学，离不开良好的管理，就像阿文・内文斯所强调的，大学的发展"最大的压力不在于是否找到教师，而在于是否能找到管理专家"②。我国私立大学发展的压力可能既在于教师、更在于管理专家。在教师方面，由于待遇等现实问题，私立大学往往无法引进和留住高水平的教师。在管理方面，正如世界银行（World Bank）和联合国教科文组织（UNESCO）高等教育与社会特别工作组认为，"无论怎么强调管理在高等教育中的重要作用都不过分。我们咨

① [美]乔治・凯勒．别敦荣，主译．大学战略与规划[M]．青岛：中国海洋大学出版社，2005：48.

② Kerr Clark. The Uses of the University. Cambridge Mass：Harvard University Press，2001：126.

询的许多人员都认为管理是高等教育的核心问题。良好的管理并不是取得高质量的充分条件，但却是必要条件”，而在实现大学管理的良好的管理原则中，特别工作组强调了“共享管理”(Shared Governance)；在实现大学良好管理的措施中，则强调了“董事会制度”。[①] 从本研究前面的梳理中可以发现，私立大学体系越完善、私立大学发展历史越悠久、私立大学办学成果越突出，董事会制度也越有效；美国私立大学成就在很大程度上跟董事会有关，“在美国学院和大学中，管理的法定权威被赋予了董事会及其选举出来的主要执行官——校长……值得注意的是，美国高等教育管理却相当成功，以至于许多人认为美国的学院和大学是世界上最好的、最具战略性的大学”[②]。张博树博士、王桂兰博士认为，“私立大学内部什么样的权力组合结构与制度安排才是合理的，各国经验有着普遍的一致性”，而这种“私立大学管理经验的一致性”正是二人援引美国教育学 John Schimmer 所著的《非营利私立学校的管理机构》中的观点后提出来的看法，John Schimmer 博士在文章中探讨了私立学校董事会的效率问题及董事会政策的执行人、学校首席行政官——校长的工作职责与领域。[③] 因此对比、借鉴美国私立大学董事会的成功之处，为我国重建、发展中的私立大学探寻董事会制度重构的措施是现实与务实的需要。

一、立法对董事会制度重构至关重要

美国著名经济学家和经济史学家道格拉斯·诺斯将一个社会的制度安排划分为三个类型：第一类是宪法规则(宪法秩序)，“它规定确定集体选择的条件的基本规则，这些规则是制定规则的规则，这类规则包括确立生产、交换和分配的基础的一整套政治、社会和法律的基本规则”；第二类是操作规则(宪法安排)，这是在宪法秩序框架内所创立的一系列操作规则，包括法律、规章、社团和合同等；第三类是规范性行为准则，主要是指特定文化背景下的习俗、意识形态、伦理道德、宗教习惯等。[④] 正如前面所提到的，美国私立大学执行的“外行”董事会制度是从美洲殖民

---

① 参见：世界银行，联合国教科文组织高等教育与社会特别工作组. 蒋凯，主译. 发展中国家的高等教育：危机与出路[M]. 北京：教育科学出版社，2001：50－55.

② [美]菲利普·G. 阿特巴赫，帕特丽夏·J. 冈普奥特，D. 布鲁斯·约翰斯通. 别敦荣，陈艺波，主译. 为美国高等教育辩护[M]. 青岛：中国海洋大学出版社，2007：257－159.

③ 张博树，王桂兰. 重建中国私立大学：理念、现实与前景[M]. 北京：教育科学出版社，2003：212－213.

④ [美]V. 奥斯特罗姆，D. 菲尼·H. 皮希特. 王诚，等，译. 制度分析与发展的反思：问题与抉择[M]. 北京：商务印书馆，2001：134－135.

地大陆的现实土壤中演化而来的，倒不是出于先哲的智慧和远见来构建。而这种形成于近 400 年前的美国私立大学董事会制度至今仍发挥着重要作用，一个根本的原因就是董事会制度产生的法律基础至今仍在发生效力。美国私立大学，特别是著名私立大学的董事会大多是根据特许状的有关规定成立的，其组成是以董事会章程或类似条例为依据。在美国私立大学董事会演变的历史中，从法律实践来看，首先在成文法体系中宪法尊重了特许状的地位与合法性，有关教育管理权限问题，根据 1791 年的《人权法案》第十条宪法修正案的规定："举凡宪法未授予合众国政府行使，或未禁止各州行使的各种权利，均保留给各州政府或人民行使之。"[①]其次，是美国最高法院司法审查形成的判例法体系确立了私立大学董事会制度的合法性，著名的"达特茅斯学院案"是私立大学、私立大学董事会制度地位的转折点和最突出的法律保护。在美国较为完备的法律体系的支持下，大学董事会制度在美国得到充分的发展，私立大学董事会作为最高决策机构，各项管理活动完全被纳入法制轨道，从而提供了法律上的有力保护，使各种活动的开展都有法可依、有章可循，保证了董事会领导私立大学相对的独立性和稳定性。

显然，我国私立大学董事会制度在历史、传统、意识形态等方面都与美国私立大学董事会有着显著差异，由此在法律规则和宪法秩序上都有着不同之处。从我国私立大学董事会制度的现实情况看，董事会制度是由于诱致性变迁和强制性变迁共同作用的结果，缺乏历史、传统、意识形态等的引导，因此在立法方面完善私立大学董事会制度着重要实现在以下方面：

首先要确定私立大学董事会制度的地位。2002 年，《中华人民共和国民办教育促进法》的出台，是我国私立大学发展历史上的一件大事。根据我国私立大学重建、发展的实际情况，《民办教育促进法》及其《实施条例》所做的诸多法律规定确实起到了规范民办高校办学、促进民办高等教育发展的作用。不过，我们也应该看到，这一法律的出台离建立完备的民办高等教育法律制度还有很大的距离。这其中，董事会制度的地位问题是一个显著问题。在上述两项法律性文件中，董事会制度并非一个强制性规定，关键是董事会制度并没有被确立为私立大学最高决策机构的地位。事实上，这在很大程度上造成了前一章所探讨的董事会制度并没有成为私立大学之共选，许多私立大学至今仍然采用校长负责制的决策形式。实际上，

① 转引自：赵一凡. 美国的历史文献[M]. 北京：生活·读书·新知三联书店，1989：51.

“大学董事会制度是西方国家大学大多采用的一种形式……20世纪以来，大学董事会制度在世界上的影响更加深远，并成为许多采用的一个行之有效的大学管理体制”①。《民办教育促进法》实施以来，围绕法律条款的适切性以及实施以来的实际情况，探讨该法的重要意义与价值的同时，呼唤完善该法的建议也在私立大学研究与实际群体中被热烈讨论。如果在未来的法律完善中将董事会制度的法律地位明确下来，从而保证私立大学内部管理的运行规范化及其有效性，那么，这对于我国私立大学的发展必然有着重大意义！而且在研究过程中可喜地发现了这方面的探索性文件——北京市教育委员会发布了《北京市民办高等教育机构设置办法（试行）》，在文件第三条中规定：“教育机构实行董事会授权下的校长负责制，校董事会是学校的高决策机构。校长是学校的法定代表人，执行董事会的决议并全面负责学校的教学、财务及其他行政管理工作。校长由董事会聘任，举办者或董事长与校长签署聘任合同，聘期一般不超过三年。举办者通过校董事会决议体现其办学宗旨。”②尽管率先的是一个地方性法规，但显然这是一个值得赞赏的有益行动。

其次，完善董事会制度的配套法律法规建设。当然，根据现有法律条文进行修订或制定修正案也是可行的。完善私立大学董事会制度的建设还需要加强董事会制度自身的立法建设。当前，我国私立大学董事会制度立法环节薄弱，特别是围绕董事会制度运行的权力配置没有像美国私立大学那样，在授权成立此类高校的法律条文中一般都对董事会的组织构成做出十分具体的规定。除了《民办教育促进法》及《民办教育促进法实施条例》的规定以外，还需要建立成熟、完善的配套法律法规来约束和保障董事会制度的有效运行。

完善董事会制度的配套法律法规可以从明确董事会权限着手，即通过法律手段，把董事会作为一个独立的管理层次设立在私立大学管理中，作为私立大学的法人代表真正负责发展中的重大决策以及协调大学与社会之间的关系，目的在于使私立大学董事会能真正代表私立大学，免受举办者（特别是出资人）或管理者个人的影响或支配，用法律法规的形式人员变迁影响私立大学的发展。其次，用法律规定的形式明确私立大学董事会章程的基本内容。我国私立大学董事会运行的基本文件源自于董事会议定的董事会章程，也应是说私立大学董事会是在各自董事会

① 单中惠. 外国大学教育问题史[M]. 济南：山东教育出版社，2006：279.

② 北京市教育委员会. 北京市民办高等教育机构设置办法（试行）（京教社[2002]5号文件），2002年3月7日.

章程的约束下行事,如果董事会章程规定的粗略,董事会的效能常常难以发挥。所以,用法律规定董事会章程基本内容的形式,特别在董事会成员来源与任职条件、董事会职责、议事规则与程序、决策机制等方面有更直观、确定的规定,并且董事会章程要做到公示、公开。第三,还需要专门补充、完善私立大学董事会(成员)的评价、监管(监督)规定。我国私立大学的法律文件中规定了办学可以获得"合理回报",加上参与办学的举办者是"投资办学",而非他国私立大学惯常的"捐款办学"[①],所以通过法律法规的形式明确董事会的评价、监督机制,比如以法律法规的形式规定建立和完善董事会的评议会、监事会、监察、审计等监督机构,规定好相应职责,并赋予其相应的权限,对私立大学内部组织与相关人员的权力、利益进行监督,从而实现董事会制度、董事会成员在制度规定下履行职守,也可以保证董事会制度及其成员的效率。

二、明晰公益法人和法人财产权是关键切入点

(一) 公益法人

正如本研究前面所论及的,法人制度是私立大学董事会制度存在的基石。《德国民法典》(1896 年)被认为是世界上第一个完整的法人制度。随后,世界各国先后在民商法律中建立起具有自身特点的法人法律制度,我国通过法律确立高校的独立法人地位是 20 世纪 90 年代的事。[②] "当前,法人制度广泛建立。资本主义国家建立法人制度,满足了资产者联合起来以求生存和发展的企望,使之成为这些国家民法体系中三大基本制度(私有权、法人、契约)之一。社会主义国家运用法人制度,则达到了充分发挥和调动企业生产积极性的目的,对推动工农业生产和科学技术进步起到重要作用。因此,法人制度已经成为世界各国普遍运用的法律工具"[③]。

我国私立大学目前主要根据《中华人民共和国民办教育促进法》来设立,关于私立大学的举办者就遇到了一个现实难题——"自然人办学和法人办学并存",而且是关于私立大学设立、管理的"一系列法规政策,在对私立大学举办者的规定上,一脉相承,即自然人与法人均可举办私立大学……我国私立大学的发展而言,目前

① 胡建华.我国民办高等教育发展特殊性的若干分析[J].教育研究.2007(1).

② 参见:彭宇文.中国高校法人治理结构研究[M].北京:中国社会科学出版社,2006:20.

③ 佘能斌,马俊驹.现代民法学[M].武汉:武汉大学出版社,1995:110.

学界广泛争论的所谓‘产权’‘合理回报’以及‘不以营利为目的’等诸多问题，其根源都在于自然人办学与法人办学不分”①。其中原因正在于私立大学是否作为公益法人的类属问题。因为“从法律技术上来说，不仅仅个体独资或者合伙成为公益事业在法律逻辑上是不可能的，而且法律上这样承认也是不必要的。没有必要担心这样会堵塞人们从事公益事业的部分途径。……法人形式作为主要途径已经足够”②。国外私立大学发展的历史经验证明，私立大学常常被划分为非营利组织，而这种作为非营利组织的私立大学只能由法人（而且必须是公益法人）举办。比如美国私立大学采用“法人制度确立了学院独立于外部权威的法律地位，外行董事会制沟通了学术法人与外部的联系，确立了学院的信托性质，法人与外行董事会的结合，形成了学院与外部各种权威之间既独立又联系的关系”③。而实行财团法人制度的我国台湾地区私立院校、实行学校法人制度的日本私立大学，其举办者必须为公益性法人是共同的选择④。

把私立大学看作是非营利的公益法人组织——非营利组织正逐渐成为一种共识，迈克·赫德森指出：“世界各国的政府逐渐将具体的服务管理责任委托出去，学校、医院、大学及其他服务机构不断地被要求以独立的、非利润分配团体的形式进行运作，而不是在公共服务的支配下运作。这些团体渐渐发现它们之间为争取资金和服务对象竞争，并不得不使它们的资金来源多样化，以争得政府对它们最高的拨款。当这一切发生时，它们开始变得像独立的非营利团体。”⑤而根据联合国国际标准产业分类体系（ISIC 体系）、欧共体经济活动产业分类体系（NACE 体系）、美国“独立部门”（美国的民间组织）的慈善统计中心设立的免税团体分类体系（NTEE 体系）、美国约翰·霍普金斯大学非营利组织比较研究中心设计的非营利组织国际分类体系（ICNPO 体系）显示，（私立）高等教育、（私立）大学都被列入了非营利组织的范畴。⑥ 在王名主编的《非营利组织管理概论》中将我国各类“民办非企业单位”——主要包括各种民办的学校、医院、研究所等均列为非营利组织。⑦

---

① 王建华. 论我国私立大学的独特性[J]. 江苏高教，2006(3).

② 苏力，高丙中，等. 规制与发展——第三部门的法律环境[M]. 杭州：浙江人民出版社，1999：126.

③ 李子江，张斌贤. 大学：自由、自治与控制[M]北京：北京师范大学出版社，2005：223.

④ 刘建银. 民办学校产权问题研究：一个基于案例、理论和法律制度的综述[J]. 教育科学，2006(6).

⑤ 李亚平，于海. 第三域的兴起[M]. 上海：复旦大学出版社，1998：57.

⑥ 吴东民，董西明. 非营利组织管理[M]. 北京：中国人民大学出版社，2003：6－8.

⑦ 王名. 非营利组织管理概论[M]. 北京：中国人民大学出版社，2002：9.

非营利组织具有共同的特征，“主要表现在以下几方面：(1) 组织性，即这些机构都有一定的制度和结构；(2) 私有性，即这些机构都在制度与国家分离；(3) 非营利属性，即这些机构都不向他们的经营者或‘所有者’提供利润；(4) 自治性，即这些机构都基本上是独立处理各自的事务；(5) 自愿性，即这些机构的成员不是法律要求而组成的，这些机构接受一定程度的时间和资金的自愿捐献”①。显然，按照这种观点来看，我国私立大学恰恰在这些方面尚有待完善，由此可以看出，明确我国私立大学的公益法人地位问题对于发展中的私立大学来说迫在眉睫。公益法人制度也是私立大学法人治理结构的重要基础之一。

(二) 落实私立大学法人财产权

在确立了私立大学(公益)法人制度之后，落实法人财产权就是一个与之相随的问题。法人必须拥有独立的财产，这是我国《民办通则》赋予法人的四项基本特征之一，也是法人之所以存在的基本要件。只有具备了独立的财产，法人才能真正成为“依法独立享有民事权利和承担民事义务的组织”。我国《民法通则》未使用“产权”概念，而是直接使用“财产所有权”，第七十一条规定：“财产所有权是指所有人依法对自己的财产享有占有、使用、收益和处分的权利。”尽管我国没有使用产权概念，但围绕私立大学产权的讨论中，许多研究者都是直接使用概念极不确立的产权在进行逻辑推演。

在《民办教育促进法》第一次明确了民办学校法人财产权这一概念，在第五章第三十五条中规定：“民办学校对举办者投入民办学校的资产、国有资产、受赠的财产以及办学积累，享有法人财产权。”第三十六条第 1 款规定：“民办学校存续期间，所有资产由民办学校依法管理和使用，任何组织和个人不得侵占。”所以本研究提出的是落实私立大学法人财产权。所谓“法人财产所有权，是法人所享有的以经营管理权为核心的全部财产权的总称。这种财产权实际上就是经营者具有的对实物财产的实际支配权”②。《民办教育促进法》有关民办学校法人财产权的这些规定，基本上与《公司法》有关企业法人财产权的规定相吻合：《公司法》明确规定，“公司以其全部法人财产，依法自主经营，自负盈亏”，“按照市场需要自主组织生产经

① [美]莱斯特·M. 萨拉蒙，等. 全球公民社会——非营利部门视界[M]. 北京：社会科学文献出版社，2002：3-4.

② 李颖. 从“法人财产权”看民办学校的产权关系[J]. 苏州职业大学学报，2005(2).

营”。在现代公司活动中实行的是董事会中心主义，即“没有控制权的资产所有权与没有财产权的控制权是股份公司发展的逻辑归结”[①]。有效的公司治理必须是在法人财产权受托的基础上来开始的，因为“法人产权制度则表现为所有权实现过程的各项具体权能出现分离，如财产终极所有权与法人财产权的分离，所有权与经营权的分离。这种分离以一定的方式和一定的手段界定并相应地处理各项具体权能的责权利关系。法人财产权不同于组织的所有权，前者的产权主体是组织机构，后者的主体是自然人”[②]。更确切地说，公司股权与公司法人财产权的分离是现代公司管理机构权力分化与制衡的出发点和归宿，是公司法人治理结构确立的产权基础。因为，公司法人财产权独立使得公司对外交往时可以用公司的财产作担保，与公司开展经济交往的人据此可预测交往过程中的风险，同时公司因其法人财产权是独立的，可以实现自主经营、独立承担责任，并可形成自我发展和自我约束的经营机制。与此相似，私立大学法人治理结构的合理建构也必须以私立大学法人财产权的独立为基础。如果学校举办者财产权与学校法人财产权关系不明晰，则不可能有学校法人治理结构的合理化。学校法人财产权不独立是目前私立大学内部管理集权制得以形成的原因，也是学校举办者难以规避办学风险的阻碍所在。[③]

如果能以下列两项法规为契机，首先是2006年12月21日，在《国务院办公厅关于加强民办高校规范管理 引导民办高等教育健康发展的通知》(国办发[2006]101号文)中规定：“民办高校要落实法人财产权，出资人按时、足额履行出资义务，投入学校的资产要经注册会计师验资并过户到学校名下，任何组织和个人不得截留、挪用或侵占。”其次是教育部25号令——《民办高等学校办学管理若干规定》(2007年2月6日发布)，要求所有民办高校要在一年之内将资产过户到学校法人名下。落实我国私立大学法人财产权制度，从而在公益法人与落实私立大学法人财产权的基础上合理建构私立大学法人治理结构，特别是强化私立大学董事会领导下的校长负责制，那么强调董事会与学校管理者之间职责的合理分工与合作，保障学校自主办学权才能实现，建立一个由董事会、学校管理委员为主组成的多元治理结构，实现学校决策与管理的完全分离，私立大学董事会依照法律和董事会

① 谷力.我国民办学校董事会存在的问题及重构思考[J].教育发展研究，2005(9)(B).

② 张晖明.产权与产权制度、产权改革、产权市场刍议[J].复旦学报(社科版)，1994(6).

③ 谢锡美.民办学校法人治理结构制度渊源探析[J].教育发展研究，2005(12)(B).

章程规定行使重大决策权，遴选大学校长在董事会支持下独立行使学校的教育教学管理权，私立大学的发展将会更上一个新台阶。

三、校长遴选要作为董事会核心任务

美国私立大学在"外行"董事会制度引导下创造了辉煌的成就，这种由"外部人士控制"附带产生了另一种制度，即"美国高等学校的首脑制"。实际上，许多美国私立大学的辉煌历史常常是与著名的校长联系在一起的。通过研究和观察，美国私立东北大学校长理查德·M. 弗瑞兰德得出了这样的结论："在大学发展中，没有什么可以代替一位有能力的校长"；同时，他还引用了詹姆斯·费希尔的观点来强化这一认识，"我们的未来，依赖全国的大学校长大胆而果敢的领导能力（大学校长协会管理委员会，1984，11－14）"①。此外，在前面的论述中，也曾引用 W. H. 考利和大卫·杰克斯的观点，表明"在院校追求卓越的过程中，校长的领导能力起着决定性的重要作用"②。所以，在伯顿·克拉克探讨美国高等教育管理体制时就提出："董事会是最重要的职责是任命大学的行政负责人，即校长，并把许多权力委托给他，与此同时保留其余权力和最终的法律控制权。当然，委托给校长哪些权力是由董事会和行政机构各自权力历史发展来决定的。"③

私立大学校长由董事会任命，也向董事会负责。一所院校办学如何，校长起着关键作用。关于私立大学校长的领导作用，著名美国教育家克拉克·克尔是这样来刻画的："校长集领袖、教育家、创造者、导师、掌权人和灌输者于一身；同时也是公务员、看守者、继承人、谋求一致意见的人，劝导者和碍事之人。不过他主要是充当调解人。调解人的首要任务就是维持学校的和平……维持学生团体、教师团体、董事会内内部及其相互之间的和平。"④我国私立大学董事会在大学校长遴选方面还缺乏积极、主动的行动，因为从目前对私立大学校长的任职情况调查中可以发现，校长主要从院校的创办人中产生。这或许在私立大学初创阶段会有诸多管理

---

① [美]菲利普·G. 阿特巴赫，帕特丽夏·J. 冈普奥特，D. 布鲁斯·约翰斯通. 别敦荣，陈艺波，主译. 为美国高等教育辩护[M]. 青岛：中国海洋大学出版社，2007：196.

② [美]菲利普·G. 阿特巴赫，帕特丽夏·J. 冈普奥特，D. 布鲁斯·约翰斯通. 别敦荣、陈艺波，主译. 为美国高等教育辩护[M]. 青岛：中国海洋大学出版社，2007：258.

③ [加]约翰·范德格拉夫，等. 王承绪，等，译. 学术权力——七国高等教育管理体制比较[M]. 杭州：浙江教育出版社，2001：117.

④ Kerr Clark. The Uses of the University. Cambridge Mass：Harvard University Press，2001：36.

上的便利，但随着私立大学的发展，特别是私立大学追求卓越的过程中，会对大学校长有着更高更严格的要求，也越需要有一批志向高远、眼光敏锐、决策果断、雷厉风行的大学校长。可以说，大学过去是，现在依然是才华出众的校长的舞台，一所著名的大学缺少伟大的校长是不可思议的。这势必要引起我国发展中的私立大学、私立大学董事会的足够重视！

围绕私立大学董事会制度建设，首先要落实董事会领导下的校长负责制。因为从私立大学董事会制度的历史与现实都可以看出，这是成功的私立大学管理活动中相互依存的存在形式——在董事会管理下把私立大学交给校长来经营。对此，担任常青藤名校——康奈尔大学校长 18 年之久的弗兰克·罗德斯认为，大学的有效管理涉及董事会、校长、教师，其中"董事会最重要的一项责任是挑选、任命、定期考察和支持校长……大学校长是董事会与大学之间的联系人，对大学发展有着重要影响……大学校长是董事会和大学之间的联系枢纽，没有校长强有力的领导，大学的管理系统不可能有效运行"①。

其次，建立并完善的私立大学校长遴选机制。而该机制的核心在于针对私立大学现实与发展的需要，由董事会商讨、提出遴选人员标准及依据，制订遴选工作规范和运行规程，然后组建遴选委员会开展工作。从遴选工作组织来看，大学校长的遴选一般分为三个阶段：(1) 求才(Searching)；(2) 初选(Screening)；(3) 决选(Selection)(Neff&Leondar，1992：1)②。在我国私立大学董事会规模较小、校长遴选工作还基本处于空白的情况下，本研究建议采用由私立大学董事会委托第三方机构遴选的做法不失为一种更易操作的选择。当然，确立私立大学校长遴选标准、挑选合作机构以及最后大学校长的确定仍然由私立大学董事会来完成。

第三，私立大学校长职业化建设问题。这其实是一个比较难以探讨的问题，但是"董事会领导下的校长负责制"需要才能出众的大学校长、遴选私立大学校长需要合适的候选人群体、私立大学与公立大学有着不一样的管理需要，如何来满足？在我国私立大学还存在着创办人治校、私立大学家族化、私立大学管理者老龄化的现实问题。私立大学要想获得新的突破、发展，需要出色的大学校长。尽管有学者认为，"正如高深学问的发展需要专门化一样，在学院或大学的日常事务方面也需

① [美]弗兰克·H. T. 罗德斯. 王晓阳，蓝劲松，等，译. 创造未来——美国大学的作用[M]. 北京：清华大学出版社，2007：253 - 260.

② 转引自：郭为藩. 转变中的大学——传统、议题与前景[M]. 北京：北京大学出版社，2006：73.

要职能专门化(西蒙等,1972)"[①],显然职业化大学校长队伍建设是一个复杂的问题,在这里提出来,更多想的是唤起高等教育研究者、实践者的共同关注、思考与行动。

第四,完善董事会与校长之间的委托代理关系。在完成校长遴选之后,董事会与校长之间的委托代理就成为私立大学管理的关键所在。在前面的分析中我们发现,美国私立大学董事会运行的核心在于委托与代理。由于美国私立大学非营利的取向,使得董事会与大学校长之间的委托与代理是在董事会代理"出资人"(注意这个出资人并非具体的个人,而是非营利的法人组织)委托办学管理事务给校长为首的先生管理人员,把学术管理事务委托给教授为主体的教师团体。而董事会成员的"管家"特质使得委托代理双方能比较好地协调双方共同的目标函数——办好大学,这在很大程度上带来了"外行"董事会领导下的美国私立大学创造了辉煌的成就。我国私立大学董事会与校长之间的委托代理具有与美国私立大学不一样。我国私立大学董事会是投资办学的法人组织,获利(即便用合理回报这一概念也只能表明获利的目的)是其追求,更加上投资办学带来的投资风险与压力,董事会对于投资的获利目标是坚定不移的,这就带来了在实际办学过程中董事会也要考虑赢利可能,在很大程度上影响了董事会与校长之间的委托代理合作关系。

委托代理理论中认为的两种类型的"代理人问题"实际上在我国私立大学董事会与校长之间,作为代理人一方的校长通常不会出现道德风险(很大程度上在董事会挑选校长的时候就注意规避这一风险)和逆向选择(董事会通常在出现这种情况之前就会重新出现新的校长)。本研究认为,尽管我国私立大学董事会与校长之间在任职约定上由于大学办学过程中非确定性导致了双方在一些量化指标上难以明确,但私立大学董事会与校长之间的委托代理关系完善可以着重在以下三个方面:第一,董事会与校长在目标函数上首先约定好能够共同达成一致的目标部分,追求董事会与校长在办学利益角度(注意不是赢利,但办学成功可以带来赢利)的一致性;第二,增强董事会与校长双方的信任度,董事会在友好、谅解、协商的基础上真正把大学委托给有水平、懂管理的校长来运营;第三,董事会与校长之间建立稳定、畅通的信息交流、交换机制,特别是校长在办学中的问题要与"外行"董事(会)之间有沟通机制,本着弥补委托代理双方各自不足的沟通能够促进大学的进步。

---

① [美]约翰·S. 布鲁贝克. 王承绪,等,译. 高等教育哲学[M]. 杭州:浙江教育出版社,2002:37.

四、加强董事会效能建设

（一）董事会成员来源多源化建设

当前，我国私立大学董事会制度主要是内部人控制，外部人士，特别是非私立大学举办者的外部人士很难有机会加入董事会，这与董事会制度成熟的美国私立大学有着明显区别。事实上，私立大学董事会制度的一个重要功用就是作为大学与社会的“缓冲器”，如果没有足够多的私立大学外部人士成员的话，董事会很难承担这一重职，美国教育哲学家布鲁贝克认为：“院外人士组成的董事会在代表公众对学院或大学的兴趣以及把这些院校的观点向公众解释方面可以起重要作用。高等教育的管理机构必须是由专家和院外人士两方面组成。”①而且有专家和院外人士还不够，私立大学的治理也需要多元化的人员参与其中，曾担任哈佛大学文理学院院长的罗索夫斯基在其著作 *The University: an Owner's Manual* 中指出：“大学的‘拥有者’不仅包括认为‘自己就是大学’的教授以及视大学为‘个人的领地’的董事，还包括更为广泛的有利害关系的个人或群体，如学生、校友、捐赠者、政府、公众等……各利益相关者在大学组织生态里和谐相处，以合作伙伴关系共同实现大学的有效治理。”②

首先，要吸收大学内部的教师加入董事会。大学教师对于大学的发展至关重要，在谈到教师对于办好一所大学的作用时，怀特海就认为，“管理一所大学的教师队伍与管理一个商业组织决然不同。教师的意见以及对大学办学目标的共同热情是办好大学的唯一有效保证”③。从大学的发展史看，在某种意义上教师就是大学，因为早期的大学有教师自治的传统。在成熟的私立大学董事会制度下，教师参与管理主要体现在教育、教学、教师、学术等方面的事务。尽管也存在着乔治·凯勒指出的教师参与管理时经常出现的现实问题：“今天，在绝大多数院校中，教师委员会的数量确实比以前增多了，一些教授非常希望教师在学校重要事务的决策上享有更多的权力。但是，当需要做出困难的决定或赞成大胆的、新的冒险时，大多

① [美]约翰·S. 布鲁贝克. 王承绪，等，译. 高等教育哲学[M]. 杭州：浙江教育出版社，2002：3.

② [美]伯顿·克拉克. 王承绪，译. 建立创业型大学——组织上转型的途径[M]. 北京：人民教育出版社，2003：45－72.

③ 转引自：陈文博. 一流大学要有一流的软环境[J]. 国家教育行政学院学报，2002(4).

数教师却对这种令人烦恼的工作失去了兴趣。”[①]但是我国私立大学教师在董事会的参与程度还比较低，教师加入董事会并非一个常态理解，更远远谈不上到了失去兴趣的地步。因为在教师参与董事会管理上更多地主要表现为教师基本无法参与，是以吸引教师加入董事会、参与管理可以为董事会在学术事务中提供援助。

其次，要吸引“外行”——即大学外部的社会非教育界人士加入董事会。“美国学院和大学管理的基本制度框架是在殖民地时期奠定下来的。这个框架中有两个基本的管理形式一直延续至今：即学术法人和外行董事会，它们在美国殖民地时期相互交叉，共同组成美国学院的基本管理模式”[②]。正如前面所提及的，是“外行”领导着世界上最为发达的私立大学系统，并且“外行”管理成为美国私立大学管理的重要特征。“外行”加入董事会可以帮助大学缓解与社会的冲突，高等教育管理专家克尔(Clark Kerr)就指出，“外行管理机构一直被认为是‘公众’权力与大学相联系的显著的美国手段。大多数国家是通过强大的政府部门实行控制的，而在美国，已很早就利用董事会等外行机构管理大学以求最大范围地保护大学免受政治干预”[③]。这也就是我们常说的“缓冲器”功能。“外行”董事会可以让社会各个领域的精英从管理的角度来帮助大学寻找发展新的出路，并成为私立大学与社会之间沟通、协调、互动的媒介。正如威廉·S. 泰勒(W. S. Tailor)教授所说：“美国的学院及其来自社群的董事们，是一条相互影响的磁链，通过这条磁链，思想火花从学院传到社群，生命从社群流回学院，结果是学院使社群免遭愚昧之害，而社群则防止陷入一种僧侣式腐败和经院式宣读的不适当倾向。”[④]这就是我们常说的董事会的“桥梁”功能。此外，要逐步建立“外行”董事会成员捐资以及更为重要的筹款方面的相关制度。“外行”董事会成员本身具有的对大学的“热爱”和运用自身的影响力和资源为私立大学获得资助是目前我国私立大学董事会最为缺乏的功能与行动。

---

① [美]菲利普·G. 阿特巴赫，帕特丽夏·J. 冈普奥特，D. 布鲁斯·约翰斯. 别敦荣，陈艺波，主译. 为美国高等教育辩护[M]. 青岛：中国海洋大学出版社，2007：259.

② Edwin D Duryea. The Academic Corporation：A History of College and University Governing Boards. New York：Falmer Press. 2000：3.

③ Clark Kerr. The Guardians' Boards of Trustees of American Colleges and Universities：What They Do and How Well They Do It. Washington D. C. ：Association of Governing Boards，1989：188.

④ [美]D. J. 布尔斯廷. 谢延光，等，译. 美国人：建国的经历[M]. 上海：上海译文出版社，1989：247－248.

第三，重视校友在董事会制度中的作用。美国私立大学研究中，研究者把校友捐赠生均经费大于800美元的私立研究型大学称为“校友依赖型”(Alumni Dependent Sector)，而校友捐赠生均金额小于600美元的私立大学称为“非校友依赖型”(not Alumni Dependent Sector)。① 校友，特别是本科生校友捐赠母校，并参与董事会工作也是国外私立大学一个重要方面，越是历史悠久的私立大学中其影响力越强大。“在哈佛大学，校友获得了选举校董会成员的特权，在其他私立高校也逐步实行董事会成员提名或选举的做法”②。显然，我国发展中的私立大学也希望能有校友捐赠、回馈母校，这种支持非常必要，只是现在私立大学的校友更多还处在成长中，但值得期待。

(二) 建立中介性组织

私立大学董事会制度的效能建设除了依赖自身的建设之外，还需要建立、完善中介性组织。在私立大学领域，美国大学董事会协会 (AGB：Association of Governing Board of Universities and Colleges)是最为著名的中介性组织；同时，“也是一个独立的、以会员制为基础的非营利性组织，公开宣称通过其研究、服务和宣传，致力于公民托管的美国高等教育独特形式的机构治理”③。它在下列领域为私立大学董事会效能建设提供了大量的服务与帮助：

(1) 组织各种协会活动提高、促进协会成员(大学和学院董事会)素质并为之发展提供各种服务。

(2) 出版学术刊物及发行学术著作，并开展相关的学术研究，协会举办的《治理机构》、《优先》等学术杂志都是颇具专业性、权威性又具理论深度的学术杂志，而关于大学董事会的相关研究成果也很有影响，特别是关于董事会职责标准、大学权力分配的原则与标准的相关文献极具权威性。

(3) 主持各种学术会议和专题研讨会，为大学董事会(成员)提供发表自己观点、相互交流思想和信息，寻求解决问题的方案提供机会。

(4) 提供注重大学管理实际需要的校董培训项目，主要有会议培训和大学管

① Roger L. Geiger. Private Sectors in Higher Education：Structure，Function，and Change in Eight Countries. Ann Arbor：The University of Michigan Press，1986：180.

② 陈学飞.美国高等教育发展史[M].成都：四川大学出版社，1989：173.

③ 甘永涛.大学董事会协会：影响美国大学治理的重要力量[J].高等工程教育研究，2009(6).

理问题的研讨班。[1]

显然，在我国私立大学董事会制度尚不完善、董事会成员对于董事会制度以及自身职责尚不能适应和胜任的情况下，如果能建立起相应的中介性来组织、开展相关活动来提高、促进董事会会（成员）的效能就显得十分必要和迫切。

① 参见：甘永涛．大学董事会协会：影响美国大学治理的重要力量．高等教育工程研究．2009(6)．

结语与私立大学发展展望

一、结语

从历史来看，“大学的存在时间超过了任何形式的政府，任何传统、法律的变革和科学思想，因为它们满足了人们的永恒需要。在人类的种种创造中，没有任何东西比大学更经受得住漫长的吞没一切的时间历程的考验(洛韦尔，1934)”[①]。从现实来看，大学已成为当今社会发展的重要推动力量，被誉为社会发展的“服务站”、“动力站”。对于当今大学的重要性，前美国密执安大学校长杜德斯达(James J. Duderstadt)就明确指出：“大学从没有像今天这样变得如此重要，大学的价值从来没有像今天变得如此重要，大学教育的价值从来没有今天这样如此之高。大学提供了教育的机会，创造了知识。大学所提供的服务是当今社会取得领先优势的关键，它们包括个人的富足与安乐、经济的竞争、国家的安全、环境保护和文化繁荣。”[②]对于大学所起的重要作用，美国高等教育学家克尔(Clark Kerr)也认为：“教育，特别是高等教育，不仅要为民族国家的行政的和经济的利益服务，而且要成为发展民族身份的重要方面；不仅要成为国家的一个工具，而且要成为社会的灵魂和人民大众的有机组成部分。”[③]进入21世纪，我国政府将主要集中力量全面建设小康社会，“今后20年，中国政府致力于教育与人力资源开发的一个宏大战略目标，就是全面创建世界最大的学习型社会，实现把沉重的人口负担转化为丰富的人力资源优势、把教育大国发展成教育强国，把人口大国建设成人力资源强国”[④]。在

---

① [美]约翰·S.布鲁贝克.王承绪，等，译.高等教育哲学[M].杭州：浙江教育出版社，2002：30.

② [美]詹姆斯·J.杜德斯达.刘彤，主译.21世纪的大学[M].北京：北京大学出版社，2005：4.

③ [美]克拉克·克尔.王承绪，译.高等教育不能回避历史——21世纪的问题[M].杭州：浙江教育出版社，1994：10.

④ 中国教育与人力资源问题报告课题组.从人口大国迈向人力资源强国.北京：高等教育出版社，2003：3.

我国建设人力资源强国的战略中，国际社会关注的重点和取得的经验为我国提供了很好的借鉴和帮助——“注重青年一代学校教育年限的延长并强调发展高等教育的意义”成为基本观点之一，“仅追求初等教育的发展会导致一个国家在未来世界中的生存危机……初等和中等教育的目标是为学生在读写算和其他必备技能方面打下一个坚实的基础但高等教育为人们在现代社会立足提供了深度和弹性”[①]。2002 年 9 月结束的“可持续发展问题世界首脑会议”形成的共识之一就是国际社会“对发展中国家的援助由资助基础为主转向资助全民教育和高等教育并重……发展中国家应把扩大高等教育数量和改进质量作为一项紧迫行动，放在优先发展的位置”[②]。

正是因为大学突出的重要性，所以成为了一个值得关注与研究的问题。但从研究本身而，尽管大学已成为了社会发展的中心组织，但关于大学的研究，尤其是对其管理的研究依然只是初步的。即便在大学制度发达的美国也一样存在这样的问题，“尽管学院和大学已经成为美国社会的中心组织，但关于学校的研究，尤其是对其管理的研究却仍然只是初步的”[③]。基于这样一种认识，本研究运用文献研究、历史制度分析方法，从私立大学管理制度的历史、私立大学董事会制度的历史分析入手，着重探讨美国私立大学董事会制度的历史基础、运行核心、“外行”如何领导“内行”以及由此带来的内蕴性矛盾，进而通过个案研究的方式，对比、分析我国私立大学在重建发展过程中面临的现实困难与问题的基础上，提出与我国私立大学发展土壤相适切的董事会重构建议和策略。

二、私立大学发展若干展望

除了研究已取得的结论之外，在本研究的最后，想特别强调我国私立大学已开始的重建与发展值得肯定，但今后的发展依然不能掉以轻心。从前面研究的描述中可以发现，我国私立大学自重建以来，一方面获得了很大的发展，为国家推进大众化高等教育进程起到了重要作用，私立大学的规模扩张显著；另一方面制约私立

① 转引自：中国教育与人力资源问题报告课题组. 从人口大国迈向人力资源强国. 北京：高等教育出版社，2003：202.

② 夏伦勤. 教育：可持续发展的基础[N]. 中国教育报，2002-9-28.

③ [美]乔治・凯勒. 别敦荣，主译. 大学战略与规划：美国高等教育管理革命[M]. 青岛：中国海洋大学出版社，2005：3(前言与致谢).

大学向纵深发展的因素依然很多：对发展私立大学的认识有待深化，私立大学在社会上的知名度、美誉度、特色化等有待加强，政府对私立大学的管理存在着越位、缺位、错位的情况，私立大学内部管理制度不够健全等。从世界范围来看，发展私立大学是世界高等教育发展的共同趋势。著名比较高等教育研究专家菲利普·G.阿特巴赫通过多国的比较研究提出："几乎所有国家都越来越重视更多地发挥私营部门在高等教育中日益重要的作用。在对大学科研提供资助和指导方面，私营部门发挥着越来越显著的作用，这便是该趋势最直接的证明。在许多国家，私立院校规模得到了扩展或者建立了新的院校……在21世纪初，全球高等教育规模扩展主要发生在私立高等教育部门。"①据《中国教育与人力资源问题报告》提供的"中国教育发展状况分析"显示："21世纪头20年，中国经济建设和改革的主要任务是基本实现工业化，大力推进信息化，加快建设现代化。这些任务离不开高等教育的智力支持，但目前我国高等教育人才培养能力依然有限，人才培养的层次结构不尽合理，专业结构不适应劳动力市场的需求，重点大学办学水平整体偏低，与国家实施'科教兴国'战略不相适应，与人民群众不断的学习需求差距较大。"②可以看出，面对高等教育供给依然不足、高素质人才培养不适应发展需要的艰巨任务，我国私立大学还有着巨大的发展空间。显然，这种发展空间对私立大学提出了更高的要求。

首先，我国私立大学的发展空间取决于自身的办学水平、服务社会能力和人才培养质量。在巴黎召开的首次世界高等教育大会上，大会认为以高等教育（即大学或国家核准的为高等教育的机构）的根本使命是促进社会的可持续发展和进步，具体来说，高等教育要"培养高素质的毕业生和负责的公民，他们能够融合于人类活动的各个领域，要通过学习不断适应当前与未来社会所需的课程，使他们获利适当的职业资格，包括高水准的知识与能力"；而大会认为高等教育的另一项使命是"通过研究、创造和传播知识；通过恰当的科学鉴定，为社区服务，促进文化的、社会的与经济的发展，促进科学技术研究的发展，促进社会人文科学的发展以及艺术创造领域的发展"③。可见私立大学要想获得新发展，上述的两项基本使命既是私立大

---

① [美]菲利普·G.阿特巴赫，罗伯特·O.波达尔，帕崔凯·J.甘波特.施晓光，蒋凯，主译.21世纪的美国高等教育：社会、政治、经济的挑战(第2版)[M].青岛：中国海洋大学出版社，2007：22.

② 中国教育与人力资源问题报告课题组.从人口大国迈向人力资源强国.北京：高等教育出版社，2003：293-305.

③ 转引自：国家教育发展研究中心.2000年中国教育绿皮书[M].北京：教育科学出版社，2001：145.

学自身的责任，更是社会对大学的必须需要和要求。对此，布鲁贝克认为，“事实上，(大学)这许多方面都是以满足各自所属的历史时期的不同程度的需要来获利各自的合法地位的”[①]。同时，他总结了从中世纪大学开始，直到美国出现的“赠地”大学都是在不同时期或不同国家的不同时期，通过不同途径来获得自己的合法地位——而这种途径就是大学为社会和国家的发展服务，著名的高等教育教育史学家哈罗德·珀金从对大学的历史研究中发现：“如果社会不能从原有的机构中获得它所需要的东西，它将导致其他机构的产生。”[②]由此，可以断言：大学如果放弃自身的责任与使命就容易面临失去社会支持的风险。我国私立大学要想获得新的发展，必须在如何满足、在哪些方面能够满足社会和国家发展的现实需要等方面来实现。

其次，我国私立大学正处于亟须发展的关键时期，这种发展离不开有效的管理。时任国家教育部长的陈至立在中外大学校长论坛开幕式上的致辞中曾强调：“现代的大学必须有现代的管理，一流的大学必须有一流的管理。”[③]美国知名高等教育战略规划专家乔治·凯勒认为：“良好的管理对今日之学院和大学是须臾不可缺少的……现在高等教育面临的复杂的变革不再容许学校回避学校的要求。”[④]曾担任卡内基教学促进基金会主席的博耶也这样说过：“如果大学要成为一个有效的群体，那么有效的管理便是根本。”[⑤]而前密歇根大学校长杜德斯达则更明确地指出：“现代大学是现代社会最重要、最复杂的机构之一，它要求一个深具经验和卓越的董事会。”[⑥]综观私立大学、私立大学管理沿革的历史，董事会制度凸现其中，私立大学最为发达的美国更因董事会带领大学获得的巨大成就而奉之为大学内部管理的一大特色。我国私立大学董事会制度尚处于建设进程中，自《民办教育促进法》颁布以来，董事会制度逐渐在私立大学确立，但董事会制度还有待进一步完善。对于我国私立大学董事会制度发展情况，中国高教学会校董会研究分会理事长王

① [美]约翰·S. 布鲁贝克. 王承绪，等，译. 高等教育哲学[M]. 杭州：浙江教育出版社，2002：3.

② [美]伯顿·克拉克. 王承绪，等，译. 高等教育新论：多学科的研究[M]. 杭州：浙江教育出版社，2001：35.

③ 教育部中外大学校长论坛领导小组. 中外大学校长论坛文集[M]. 北京：高等教育出版社，2002：3.

④ [美]乔治·凯勒. 别敦荣，主译. 大学战略与规划：美国高等教育管理革命[M]. 青岛：中国海洋大学出版社，2005：4(前言与致谢).

⑤ [美]厄内斯特·博耶. 徐凡，等，译. 大学：美国大学生的就读经验[M]. 北京：北京师范大学出版社，1993：218.

⑥ [美]詹姆斯·J. 杜德斯达. 刘彤，主译. 21 世纪的大学[M]. 北京：北京大学出版社，2005：208.

革认为:“上到教育部,下到各个学校的校董会负责领导,都已经认识到了校董会在学校发展中不可估量的作用,尤其是认识到了与国外校董会发展上的差距。”①显然,从大学内部管理制度的形成和发展看,私立大学董事会制度是一个相互融合、借鉴、完善的过程,就如伯顿・克拉克所强调的:“发展分析还需要包括对国际间相互移植和借鉴组织形式问题的研究……高等教育管理形式一般不是本国的发明,而是从其他国家学来的。”②而我国作为后来注意到高等教育发展的国家,我国私立大学的管理形式可以超越自身特定的环境而学习私立大学已有的管理成功经验和成果。当然,这种移植和借鉴必须扎根在我国私立大学发展的真实土壤上,并要致力于形成自己的特征。

最后,必须清醒地看到我国私立大学发展中即将面临的现实挑战。首先从政策(制度)角度来看,被寄予厚望的《国家教育中长期发展规划纲要》经国务院正式讨论通过的文本中,关于民办教育、民办高等教育部分的一些在前期被热议,也深为私立大学投资人和管理者关注的扶持性、倾向性政策在文本中并没有出现,甚至提升民办教育地位的提法,如要把民办高等教育表述为“不可缺少的、实现高等教育大众化的生力军”这样的表述最终也没能落实。在访谈过程中,受访的私立大学校长和董事(长)深表惋惜。因为这将在很大程度上影响私立大学参与社会服务的可持续发展,从而丧失发展的机遇。其次,私立大学的办学层次难以提升。目前,我国私立大学在办学层次方面主要以专科层次的高等职业技术学院为主体,达到本科办学层次尚不到20所,研究生层次以上的办学尚没有私立大学可以涉足。尽管私立大学的管理者在各种场合都提出了提升办学层次的希望和诉求,但至今并没能获得相应的支持。我国私立大学办学层次在现行的招生制度中只能限制在较低的分数线上招收学生(从招生录取分数看,私立大学本专科学校的录取分数都低于公立院校),这将直接影响大学的品牌形成和提升,也增加了私立大学获得社会认可与美誉的难度。那么,警惕我国私立大学可能沦为末流公立本科、高等职业技术学院的补充就不是无谓的担忧了,私立大学将在这种末流的竞争、挣扎中丧失生命力。第三,私立大学招生规模的下降趋势逐步显现。随着高等教育大众化进程的深入,人口控制政策的影响带来的大学入学适龄人口数量的下降,会直接影响我

① 赵文莉.对我国高校董事会的定位及职能的思考[J].中华女子学院学报,2009(1).

② [加]约翰・范德格拉夫,等.王承绪,等,译.学术权力——七国高等教育管理体制比较[M].杭州:浙江教育出版社,2001:215.

国大学的招生规模，而招生规模的收缩对于主要依靠学生学费支持办学的私立大学是个巨大的挑战。从我国私立大学比较发达、数量众多的江、浙地区的招生入学人数看，高等职业技术学院层次的私立大学从 2008、2009 年已渐渐开始出现招生计划无法完成的情况，在一些私立大学中甚至开始用降低学费标准的价格战来应对招生数量不足的问题。如果招生计划无法导致私立大学在校生规模下降，在目前私立大学主要以学费收入来维持办学的情况下，私立大学将面临着办学资金不足的现实困难，私立大学的生存将受到巨大影响。第四，私立大学需要探索办学新领域为自身发展提供助力。在私立大学面临学历高等教育领域出现规模收缩危机的现实背景下，一方面私立大学可能会出现从招生考试入学转向注册入学的政策松动，另一方面私立大学能否尽快把办学领域转移到非学历继续教育这一更为广阔的领域显得至关重要。如果我国私立大学能在未来实现办学领域的调整和丰富，力求"为学习者提供可以终身接受高等培训和学习的空间，为他们提供一系列最佳选择的课程和进入与离开高等教育系统的灵活措施，使他们能够获得自身发展和社会流动，从而培养他们成为积极参与社会的公民"，从而"促进全必终身教育的实施，成为全民终身教育的一个组成部分和推动力量并为此而变革、自我改造"[①]，那么私立大学就可能在承担高等教育的使命和满足社会广大公民的需求中找到适合自身发展的定位，并确立真正的地位。

① 转引自：国家教育发展研究中心. 2000 年中国教育绿皮书[M]. 北京：教育科学出版社，2001：145.

参考文献

一、中文部分

(一) 著作类

1. 陈学飞.美国高等教育发展史[M].成都:四川大学出版社,1989.
2. 陈学恂.中国近代教育史教学参考资料(上)[M].北京:人民教育出版社,1986.
3. 程勉中.现代大学管理机制[M].北京:人民出版社,2006.
4. 崔国良.张伯苓教育论著选[M].北京:人民教育出版社,1997.
5. 《光华的足迹》编辑小组.光华的足迹——光华大学建校七十周年纪念集[M].上海:华东师范大学出版社,1995.
6. 国家教育发展研究中心.2000年中国教育绿皮书[M].北京:教育科学出版社,2000.
7. 国家教育发展研究中心.2001年中国教育绿皮书[M].北京:教育科学出版社,2001.
8. 郭为藩.转变中的大学:传统、议题与前景[M].北京:北京大学出版社,2006.
9. 贺国庆,王保星,朱文富,等.外国高等教育史[M].北京:人民教育出版社,2003.
10. 和震.美国大学自治制度的形成与发展[M].北京:北京师范大学出版社,2008.
11. 胡建华,龚放,等.高等教育学新论[M].南京:江苏教育出版社,1995.
12. 黄福涛.外国高等教育史[M].上海:上海教育出版社,2003.
13. 黄俊杰.大学校长遴选:理念与实务[M].北京:北京大学出版社,2006.

14. 教育部中外大学校长论坛领导小组. 中外大学校长论坛文集[M]. 北京:高等教育出版社,2002.
15. 金以林. 近代中国大学研究[M]. 北京:中央文献出版社,2000.
16. 来茂德. 独立学院:中国高等教育发展的新探索[M]. 杭州:浙江大学出版社,2004.
17. 李福华. 大学治理的理论基础与组织架构[M]. 北京:教育科学出版社,2008.
18. 李维安,等. 现代公司治理研究:资本结构、公司治理和国有企业股份制改造[M]. 北京:中国人民大学出版社,2002.
19. 李兴华. 民国教育史[M]. 上海:上海教育出版社,1997.
20. 李亚平,于海. 第三域的兴起[M]. 上海:复旦大学出版社,1998.
21. 李子江,张斌贤. 大学:自由、自治与控制[M]. 北京:北京师范大学出版社,2005.
22. 冒荣,刘义恒. 高等教育管理学[M]. 南京:南京大学出版社,1997.
23. 潘懋元. 中国高等教育百年[M]. 广州:广东高等教育出版社,2003.
24. 彭宇文. 中国高校法人治理结构研究[M]. 北京:中国社会科学出版社,2006.
25. 单中惠. 外国大学教育问题史[M]. 济南:山东教育出版社,2006.
26. 宋秋蓉. 近代中国私立大学研究[M]. 天津:天津人民出版社,2003.
27. 苏力,高丙中,等. 规制与发展——第三部门的法律环境[M]. 杭州:浙江人民出版社,1999.
28. 王炳照,等. 简明中国教育史[M]. 北京:北京师范大学出版社,2001.
29. 王名. 非营利组织管理概论[M]. 北京:中国人民大学出版社,2002.
30. 王文俊. 南开大学校史资料选(1919—1949)[M]. 天津:南开大学出版社,1989.
31. 王增炳,骆怀东. 教育事业家陈嘉庚[M]. 北京:教育科学出版社,1989.
32. 文宗瑜. 现代公司治理:董事会与 CEO 的较量及制衡[M]. 北京:经济科学出版社,2005.
33. 吴东民,董西明. 非营利组织管理[M]. 北京:中国人民大学出版社,2003.
34. 吴畏. 民办教育的改革与发展[M]. 北京:教育科学出版社,2002.

35. 厦门大学高教所. 亚太地区私立高等教育国际研讨会论文集[C]. 厦门大学高等教育研究所,1995.
36. 忻福良. 上海高等学校的沿革[M]. 上海:同济大学出版社,1992.
37. 徐辉,方展画. 高等教育(世界教育大系分卷)[M]. 长春:吉林教育出版社,2000.
38. 徐辉,季诚钧. 独立学院人才培养的理论与实践[M]. 杭州:浙江大学出版社,2007.
39. 杨克瑞,王凤娥,等. 政治权力与大学的发展:国际比较的视角[M]. 北京:中国言实出版社,2007.
40. 袁明. 美国文化与社会十五讲[M]. 北京:北京大学出版社,2003.
41. 余能斌,马俊驹. 现代民法学[M]. 武汉:武汉大学出版社,1995.
42. 张博树,王桂兰. 重建中国私立大学:理念、现实与前景[M]. 北京:教育科学出版社,2003.
43. 张维迎. 大学的逻辑[M]. 北京:北京大学出版社,2004.
44. 张兴. 高等教育办学主体多元化研究[M]. 上海:上海教育出版社,2003.
45. 赵一凡. 美国的历史文献[M]. 北京:生活·读书·新知三联书店,1989.
46. 中国教育与人力资源报告课题组. 从人口大国迈向人力资源强国[M]. 北京:高等教育出版社,2003.
47. [德]柯武刚,史漫飞. 韩朝华,译. 制度经济学:社会秩序与公共政策[M]. 北京:商务印书馆,2003.
48. E. P. 克伯雷. 华中师范大学等四校教育系合译. 外国教育史料[M]. 武汉:华中师范大学出版社,1990.
49. [法]爱弥尔·涂尔干. 李康,译. 教育思想的演进[M]. 上海:上海人民出版社,2006.
50. [法]雅克·勒戈夫. 张弘,译. 中世纪的知识分子[M]. 北京:商务印书馆,1996.
51. [法]雅克·韦尔热. 王晓辉,译. 中世纪大学[M]. 上海:上海人民出版社,2007.
52. [荷兰]弗兰斯·F. 范富格特. 王承绪,等,译. 国际高等教育政策比较研究[M]. 杭州:浙江教育出版社,2001.

53. [加]比尔·雷丁斯. 郭军,等,译. 废墟中的大学[M]. 北京:北京大学出版社,2008.

54. [加]许美德. 许洁英,主译. 中国大学 1895—1995:一个文化冲突的世纪[M]. 北京:教育科学出版社,2000.

55. [加]约翰·范德格拉夫,等. 学术权力:七国高等教育管理体制比较[M]. 杭州:浙江教育出版社,2001.

56. [美]爱德华·希尔斯. 李家永,译. 学术的秩序:当代大学论文集[M]. 北京:商务印书馆,2007.

57. [美]伯顿·克拉克. 王承绪,等,译. 高等教育新论:多学科的研究[M]. 杭州:浙江教育出版社,2001.

58. [美]查尔斯·霍默·哈斯金斯. 王建妮,译. 大学的兴起[M]. 上海:上海世纪出版集团,2007.

59. [美]丹尼尔·J. 布尔斯廷. 时殷弘,等,译. 美国人:殖民地的经历[M]. 上海:上海译文出版社,1991.

60. [美]道格拉斯·C. 诺思. 陈郁,等,译. 经济史的结构与变迁[M]. 上海:上海人民出版社,1980.

61. [美]德里克·博克. 徐小洲,陈军,译. 走出象牙塔:现代大学的社会责任[M]. 杭州:浙江教育出版社,2001.

62. [美]厄内斯特·博耶. 徐凡,等,译. 大学:美国大学生的就读经验[M]. 北京:北京师范大学出版社,1993.

63. [美]凡勃仑. 蔡受百,译. 有闲阶级论——关于制度的经济研究[M]. 北京:商务印书馆,1983.

64. [美]菲利普·G. 阿特巴赫,罗伯特·O. 波达尔,帕崔凯·J. 甘波特. 施晓光,蒋凯,主译. 21 世纪的美国高等教育:社会、政治、经济的挑战(第 2 版)[M]. 青岛:中国海洋大学出版社,2007.

65. [美]菲利普·G. 阿特巴赫,帕特丽夏·J. 冈普奥特,D. 布鲁斯·约翰斯通. 别敦荣,陈艺波,主译. 为美国高等教育辩护[M]. 青岛:中国海洋大学出版社,2007.

66. [美]菲利普·G. 阿特巴赫,[日]马越彻. 亚洲的大学:历史与未来 [M] . 青岛:中国海洋大学出版社,2006.

67. [美]弗兰克·H. T. 罗德斯. 王晓阳，蓝劲松，等，译. 创造未来：美国大学的作用[M]. 北京：清华大学出版社，2007.

68. [美]弗雷德里克·E. 博德斯顿. 赵炬明，译. 管理今日大学：为了活力、变革与卓越之战略 [M] . 桂林：广西师范大学出版社，2006.

69. [美]H. 房龙. 刘子缘，等，译. 人类的故事[M]. 北京：生活·读书·新知三联书店，1988.

70. [美]胡森. 国际教育百科全书(教育管理卷)[M]. 北京：教育科学出版社，1992.

71. [美]华勒斯坦，等. 刘健芝，等，编译. 学科·知识·权力[M]. 北京：生活·读书·新知三联书店，1999.

72. [美]詹姆斯·杜德斯达. 刘彤，主译. 21 世纪的大学[M]. 北京：北京大学出版社，2005.

73. [美]詹姆斯·P. 盖拉特. 邓国胜，等，译. 21 世纪非营利组织管理概论[M]. 北京：中国人民大学出版社，2003.

74. [美]康芒斯. 于树生，译. 制度经济学[M]. 北京：商务印书馆，1997.

75. [美]克拉克·克尔. 王承绪，译. 高等教育不能回避历史：21 世纪的问题[M]. 杭州：浙江教育出版社，2001.

76. [美]克拉克·科尔，玛丽安·盖德. 赵炬明，译. 大学校长的多重生活：时间、地点和性格[M]. 桂林：广西师范大学出版社，2008.

77. [美]莱斯特·M. 萨拉蒙，等. 全球公民社会——非营利部门视界[M]. 北京：社会科学文献出版社，2002.

78. [美]M. J. C 维尔. 宪政与分权[M]. 北京：生活·读书·新知三联书店，1997.

79. [美]乔治·霍兰·萨拜因. 政治学说史(下册)[M]. 北京：商务印书馆，1965.

80. [美]乔治·凯勒. 别敦荣，主译. 大学战略与规划：美国高等教育管理革命[M]. 青岛：中国海洋大学出版社，2005.

81. [美]罗伯特·M. 赫钦斯. 汪利兵，译. 美国高等教育[M]. 杭州：浙江教育出版社，2001.

82. [美]罗伯特·伯恩鲍姆. 别敦荣，主译. 大学运行模式：大学组织与领导的控制系统[M]. 青岛：中国海洋大学出版社，2003.

83. [美]S. E. 佛罗斯特. 吴元训,等,译. 西方教育的历史和哲学[M]. 北京:华夏出版社,1987.
84. [美]文森特·奥斯特罗姆. 复合共和制的政治理论[M]. 上海:上海三联书店,1999.
85. [美]V. 奥斯特罗姆,D. 菲尼,H. 皮希特. 王诚,等,译. 制度分析与发展的反思:问题与抉择[M]. 北京:商务印书馆,2001.
86. [美]亚伯拉罕·弗莱克斯纳. 徐辉,陈晓菲,译. 现代大学论:英美德大学研究[M]. 杭州:浙江教育出版社,2001.
87. [美]约翰·布鲁贝克. 王承绪,等,译. 高等教育哲学[M]. 杭州:浙江教育出版社,2002.
88. [日]大塚丰. 现代中国高等教育的形成[M]. 北京:北京师范大学出版社,1998.
89. [英]阿什比. 滕大春,滕大生,译. 科技发达时代的大学教育[M]. 北京:人民教育出版社,1983.
90. [英]罗杰·金,等. 赵卫平,主译. 全球化时代的大学[M]. 杭州:浙江大学出版社,2008.
91. 世界银行,联合国教科文组织高等教育与社会工作特别工作组. 蒋凯,主译. 发展中国家的高等教育:危机与出路[M]. 北京:教育科学出版社,2001.
92. 亚里士多德. 政治学[M]. 北京:商务印书馆,1965.

(二) 博士、硕士论文类

1. 蔡磊. 非营利组织基本法律制度研究. 博士研究生毕业论文. 2004 年 5 月.
2. 曹艳峰. 中美私立高校董事会制度比较研究. 硕士研究生毕业论文. 2007 年 5 月.
3. 黄波. 完善独立学院董事会制度研究. 硕士研究生毕业论文. 2009 年 5 月.
4. 罗昆. 美国私立高校董事会运行机制研究. 硕士研究生毕业论文. 2009 年 4 月.
5. 马廷奇. 大学组织的变革与制度创新. 博士研究生毕业论文. 2004 年 5 月.
6. 石慧. 我国民办高校董事会治理研究. 硕士研究生毕业论文. 2008 年 12 月.
7. 肖会平. 基督教高等教育合作组织在华活动研究:从中国共和大学中心办

公室到中国基督教大学联合董事会(1922—1951). 博士研究生毕业论文. 2008 年 4 月.
8. 辛艳慧. 美国高校董事会特征研究. 硕士研究生毕业论文. 2007 年 4 月.
9. 姚云. 美国高等教育立法研究:基于立法制度的透析. 博士研究生毕业论文. 2003 年 4 月.
10. 叶雅璇. 大学董事会(理事会)制度的探讨. 硕士研究生毕业论文. 2006 年 11 月.
11. 詹捷慧. 我国民办高校董事会管理模式研究. 硕士研究生毕业论文. 2007 年 6 月.
12. 周鹏. 我国民办高校董事会与校长关系研究. 硕士研究生毕业论文. 2008 年 5 月.
13. 朱瑞刚. 美国私立学校发展的外部条件研究. 硕士研究生毕业论文. 2005 年 6 月.

(三) 期刊类

1. 车海云. 中美高校董事会的比较研究[J]. 江苏高教,2001(3).
2. 陈宝瑜,李国乔. 我国民办高校发展的多样化特征——39 所民办高校调研报告[J]. 黄河科技大学学报,2000(2).
3. 陈文博. 一流大学要有一流的软环境[J]. 国家教育行政学院学报,2002(4).
4. 邓光平. 美国大学董事会的制度特点[J]. 高等工程教育研究,2005(5).
5. 丁宜丽. 民办大学董事会结构及有效性分析——兼与美国私立大学董事会制度的比较[J]. 浙江树人大学学报,2005(6).
6. 代林利. 牛津大学治理结构的形成与演变[J]. 现代大学教育,2007(4).
7. 董圣足. 关于民办高校法人财产权的思考——基于 45 所民办院校法人财产状况的调查分析[J]. 教育发展研究,2007(7-8)(B).
8. 甘永涛. 英国大学治理结构的演变[J]. 高等教育研究,2007(9).
9. 甘永涛. 大学董事会协会:影响美国大学治理的重要力量[J]. 高等工程教育研究,2009(6).
10. 高校领导赴英国培训团. 英国高等教育发展考察与启示 [J]. 北京师范大学学报(社会科学版),2004(2).

11. 谷力. 我国民办学校董事会存在的问题及重构思考[J]. 教育发展研究,2005(9)(B).

12. 谷贤林. 美国私立高等教育管理体制成因探析[J]. 外国教育研究,1999(3).

13. 郭卉. 美国大学"联合治理"制度的历史发展及价值意蕴[J]. 高教探索,2006(2).

14. 韩艳. 民办高校董事会制度的运行与制衡机制构建[J]. 浙江树人大学学报,2006(2).

15. 和震. 美国大学自治制度的特征与主题[J]. 学术研究,2006(1).

16. 洪小莹. 美国私立大学的组织管理沿革[J]. 民办教育研究,2005(6).

17. 胡赤弟. 民办高校办学主体的构造[J]. 教育发展研究,2005(5).

18. 胡建华. 我国民办高等教育发展特殊性的若干分析. 教育研究,2007(1).

19. 胡四能. 民办高校法人治理结构研究[J]. 高等工程教育研究,2006(6).

20. 黄丽. 美国私立高等教育概况[J]. 北大教育经济研究(电子季刊),2004(2).

21. 姜华. 现代民办大学制度研究[J]北大教育经济研究(电子季刊),2006(9).

22. 蒋桂仙. 芝加哥大学:美国大学董事会的运作及特点[J]. 董事会,2007(8).

23. 焦笑南. 美国、英国、澳大利亚的大学治理及对我们的启示[J]. 中国高教研究,2005(1).

24. 李才,曹勇安. 民办高校产权制度改革的实践与思考[J]. 教育发展研究,2006(9)(B).

25. 李均. 论董事会管理体制对美国私立高等教育发展的意义[J]. 江苏高教,1996(3).

26. 李颖. 从"法人财产权"看民办学校的产权关系[J]. 苏州职业大学学报,2005(2).

27. 廉世民. 我国民办高校内部管理问题及对策[J]. 黑龙江高教研究,2007(10).

28. 梁君. 美国私立高校董事会建设给我国高校独立学院的启示[J]. 山东经

济管理干部学院学报,2006(4).
29. 刘宝存.美国私立高等学校的董事会制度评析[J].比较教育研究,2000(5).
30. 刘宝存.美国公、私立高等学校董事会制度比较研究[J].吉林教育科学(高教研究),2001(6).
31. 刘凡丰.耶鲁大学治理结构的剖析[J].高教探索,2005(1).
32. 刘建银.民办学校产权问题研究:一个基于案例、理论和法律制度的综述[J].教育科学,2006(6).
33. 刘娜,刘苏华,吕英芳.美国私立大学的概念、特点与功能[J].高等工程教育研究,2003(6).
34. 苗庆红.民办高校治理结构的演变研究[J].中国高教研究,2005(9).
35. 潘懋元.我国高校产权制度改革的若干问题——兼论公、民办高校产权问题[J].教育发展研究,2005(7)(B).
36. 潘燕.美国高校董事会制度的启示[J].世界教育信息,2004(3).
37. 孙贵聪.英国大学特许状及其治理意义[J].新华社教育专线(北京师范大学比较研究中心),2006(71).
38. 王建华.论我国私立大学的独特性[J].江苏高教,2006(3).
39. 王宁.美国私立大学董事会制度的历史演变[J].江苏高教,2009(2).
40. 王巧玲,李文钊.制度分析:IAPP 理论及其现实意义[J].探索与争鸣,2002(7).
41. 吴国萍,梁君.高校独立学院董事会制度建设[J].改革与战略,2005(6).
42. 吴宛稚.美国私立大学董事会领导下的校长负责制[J].理工高教研究,2007(2).
43. 吴宛稚.从耶鲁看美国私立大学董事会[J].复旦教育论坛,2007(4).
44. 夏伦勤.教育:可持续发展的基础[N].中国教育报,2002-9-28.
45. 谢锡美.民办学校法人治理结构制度渊源探析[J].教育发展研究,2005(12)(B).
46. 徐绪卿.我国民办高校家族化的若干问题之探讨[J].高等教育研究,2009(7).
47. 阎凤桥.试析我国民办学校的产权形式和治理结构——基于对非营利组

织特征的分析[J].教育研究,2006(2).
48. 阎凤桥,吴沛娟.中国民办高等教育研究:回顾、比较与展望[J].高等教育研究,2005(5).
49. 杨炜长.近代中国私立大学的办学特色及其启示[J].中南大学学报(社会科学版),2004(4).
50. 杨炜长.完善民办高校法人治理结构的现实思考[J].高等教育研究,2005(8).
51. 杨炜长.民办高校董事会与校长的委托代理问题[J].高等工程教育研究,2006(4).
52. 张宏博.从加拿大社区大学董事会的运作模式看中国民办高校的校董分离[J].南方经济,2004(10).
53. 张斌贤,张弛.美国大学与学院董事会成员的职业构成——10所著名大学的"案例"[J].比较教育研究,2002(12).
54. 张炳烛,王晨.中外高校董事会制度的地位与作用探究[J].河北科技大学学报(社会科学版),2006(4).
55. 张晖明.产权与产权制度、产权改革、产权市场刍议[J].复旦学报(社科版),1994(6).
56. 张剑波,杨炜长.完善法人治理结构:民办高校可持续发展的重要保障[J].湘潭大学学报(哲学社会科学版),2007(1).
57. 张正峰.中国近代公立大学董事会制度:一次失败的美国大学制度借鉴[J].清华大学教育研究,2009(6).
58. 赵文莉.对我国高校董事会的定位及职能的思考[J].中华女子学院学报,2009(1).
59. 我国公办高校与民办高校体制比较研究课题组.我国民办高校内部管理体制与机制的探析[J].湖北成人教育学院学报,2006(6).
60. [美]阿弗纳·格雷夫.历史制度分析:从经济史视角研究制度问题的新进展[J].经济社会体制比较,2003(5).
61. [美]阿弗纳·格雷夫.韩福国,译.褚立波,校译.自我执行的制度:比较历史制度分析(上)[J].经济社会体制比较,2008(2).

二、英文部分

(一) 著作类

1. American Association of University Professors. Statement on Government of Colleges and Universities. AAUP Bulletin, 1966.
2. Baldrige J Victor. et al. Policy Making and Effective Leadership: A National Study of Academic Management. San Francisco: Jossey-bass Inc. Publishers, 1978.
3. Carnegie Commission on Higher Education. Governance of Higher Education: Six Priority Problems. New York: McGraw-Hill, 1973.
4. Carnegie Foundation for the Advancement of Teaching. The Control of the Campus: A Report on the Governance of Higher Education. A Carnegie Foundation Essay. Washington D. C.: Carnegie Foundation for the Advancement of Teaching, 1982.
5. Carodozier V R. American Higher Education: An International Perspective, Brookfield: Gower Publishing Company, 1987.
6. Christopher J Lucas. American Higher Education: A History (Second Edition). New York: Palgrave Macmillan, 2007.
7. Commission on Strengthening Presidential Leadership. Presidents Make a Difference. Washington, D. C.: Association of Governing Boards of Universities and Colleges, 1984.
8. Corson J J. Governance of Colleges and Universities. New York: McGraw-Hill, 1960.
9. Cowley W H. President, Professors, and Trustees: The Evaluation of American Academic Government. San Francisco: Jossey-bass Inc, 1980.
10. Duryea Edwin D. Academic Corporation: A History of College and University Governing Boards. New York: Falmer Press, 2000.
11. Gardner J W The Nature of Leadership: Introductory Considerations. Washington, D. C.: Independent Sector, 1986.
12. Avner Grief. Microtheory and Resent Development in the Study of Insti-

tutions Through Economic History, in David M. Kerps and Kenneth F. Wallis, eds. , Advances in economic theory, Vol. 11. Cambridge: Cambridge University Press. 1997.

13. Harvard Board of Overseers-Wikipedia, the Free Encyclopedia: http://en. wikipedia. org/wiki/Harvard_Board_of_Overseers.

14. Herbst J. From Crisis to Crisis: American College Government, 1636—1819. Cambridge: Harvard University Press, 1982.

15. Hofstadter Richard. Academic Freedom: in the Age of the College. New York: Columbia University Press, 1955.

16. Hofstadter Richard and Smith Wilson. (eds.) American Higher Education: A Documentary History. Vol. 1. Chicago: The University of Chicago Press, 1961.

17. James J Duderstadt. Governing the 21st Century University: A View from the Bridge. Sacramento: The University of Michigan Press, 2002.

18. John S Brubacher & Willis Rudy. Higher Education in Transition: A History of American Colleges and Universities (Fourth Edition). Transaction Publishers: New Brunswick (USA) and London (UK), 2008.

19. Kerr Clark. The Great Transformation in Higher Education (1960—1980). State University of New York Press, 1991.

20. Kerr Clark. The Guardians' Boards of Trustees of American Colleges and Universities: What They Do and How Well They Do It. Washington D. C. : Association of Governing Boards, 1989.

21. Kerr Clark. The Uses of the University. Cambridge Mass: Harvard University Press, 2001.

22. Michael D Cohen & James G March. Leadership and Ambiguity: The American College President (Second Edition). Boston (Massachusetts): Harvard Business School Press, 2006.

23. Moodie Graeme C and Eustace Rowland. Power and Authority in British Universities. Montreal: Mcgill2Queen's University Press, 1974.

24. O. Pedersen. The First University: Studium Generale and the Origins

of University Education in Europe, Cambridge: Cambridge University Press, 1997.

25. Peter D Hall. A History of Nonprofit Boards in the United States. Board Source E-Book Series: www. boardsource. org.
26. R Freeman Butts. A Cultural History of Education: Reassessing Our Educational Traditions. New York: McGraw-Hill Book Co. ,1947.
27. Richard T Ingram. Effective Trusteeship: A Guide for Board Members of Private Colleges and Universities. Washington, D. C. : AGB, 1995.
28. Roger L Geiger. Private Sectors in Higher Education: Structure, Function, and Change in Eight Countries. Ann Arbor: The University of Michigan Press, 1980.
29. S E Morison. Three Century of Harvard (1636—1936). Harvard University Press,1937.
30. Stuart Hamilton, Review of University Governance. www. eduweb. vic. gov. au/highered/.
31. William A Kaplin. The Law of Higher Education: A Comprehensive Guide to Legal Implications of Administrative Decision Making (2nd edition). San Francisco, London: Jossey-Bass Publishers, 1985.
32. www. AAUP. org/AAUP/Pubsres/policydocs/governancestatement. htm, 2007-10-10.

(二) 期刊类

1. Adrianna Kezar. What Is More Important to Effective Governance: Relationship, Trust and Leadership, or Structure and Formal Process. New Direction for Higher Education, Fall (2004).
2. Akerlof G. The Market for Lemons. Quarterly Journal of Economics, 3 (1984).
3. Baldridge J. Victor. Managerial Innovation. Journal of Higher Education, 51(March-April 1980).
4. Bartunek J. M. etc. Developing Complicated Understanding in Administrators. Academy of Management Review 8 (1983).

5. Behn Robert. Leadership for Cutback Management: The Use of Corporate Strategy. Public Administration Review, 40 (November-December 1980).

6. Bension E M. Selected Aspects of Governance: An ERIC Review. Community College Review12 (1984).

7. Beverly McAnear. College Founding in the American Colonies: 1745—1775, Mississippi Valley Historical Review 42(1952).

8. Cameron Kim. The Relationship between Faculty Unionism and Organizational Effectiveness. Academy of Management Journal, 25 (March 1982).

9. Carnegie Commission for the Advancement of Teaching. The Control of the Campus: A Report on the Governance of Higher Education. Washington, D. C.: Carnegie Foundation for the Advancement of Teaching, 1982.

10. Dill D D. The Nature of Administrative Behavior in Higher Education. Educational Administrative Quarterly, 20 (1984).

11. Avner Greif. Historical and Comparative Institutional Analysis: The New Institutional Economics, The American Economic Review, Vol. 88, 1998, (12).

12. Harper William Rainey. The College President. Educational Record, 19 (April 1938).

13. Johnstan S W. Faculty Governance and Effective Academic Administrative Leadership. New Direction for Higher Education, Winter (2003).

14. Kerr Clark. Administration of Higher Education in an Era of Change and Conflict. In Conflict, Retrenchment, and Reappraisal: The Administration of Higher Education. University of Illinois Press, 1979.

15. M C Jensen & W H Meckling. Theory of Firm: Managerial Behavior, Agency Costs and Ownership Structure. Journal of Financial Economics, 1976.

16. Ross S. The Economic Theory of Agent: The Principle's Problem.

American Economic Review，63(2). 1973.
17. Simon H. A. Making Management Decisions: The Role of Intuition and Emotion. Academy of Management Executive，Feb. 1987.
18. The 100 Most Effective College Leaders，Named in a Survey of Their Peers. Chronicle of Higher Education，5(November 1986).
19. Weick Karl. Educational Organizations as Loosely Coupled Systems. Administrative Science Quarterly，21(March 1976).

后　记

我从大学毕业后就一直在大学里工作，研究大学是最自然不过的事。选择我国私立大学董事会制度重构研究，首先源自于对著名私立大学的景仰，其次是由于在私立大学（学院）工作的经历，第三还由于在政治学专业学习时对非营利性组织（也称非政府组织，NGO）产生的兴趣，当然更多的是出于对当下我国私立大学发展现状的担忧。

董事会管理制度在大学发展史上有着重要的地位和作用，特别是美国作为大学系统最为发达的国家，其私立大学创造了辉煌的成就，其中著名的私立大学在大学排行中稳定占据了顶端的位置。而美国私立大学管理最突出的特点就是董事会管理制度。我国现代意义上的私立大学在民国时开始设立，在私立大学管理中都设立了董事会，只是这些私立大学经历了短暂的精彩就消失在历史舞台。进入20世纪80年代，私立大学以各种形式开始重建，从而重新回到大学的舞台。在进入21世纪以后，我国私立大学得到较大发展。我国重建、发展中的私立大学在建立董事会制度方面经历了部分院校自发的设立、规定设立却不是全部设立到法律规定全部设立但运行各异的演变，这种演变也带来了董事会制度在我国私立大学发展中难以起到应有作用的问题。鉴于此，本研究试图从追溯私立大学内部管理制度的演变着手，重点解析美国私立大学董事会为何、如何能领导大学成就重大的发展，探讨了重建和发展中我国私立大学经历了怎样的发展历程，其中包括董事会制度又是如何出现并发挥作用的，这种作用发挥面临的现实困难与挑战，最后在对我国私立大学校长、董事会成员的访谈资料分析的基础上，比较了我国私立大学董事会制度与美国私立大学董事会制度在制度意义上的差别，从而提出了我国私立大学董事会制度重构的建议。

本书由我的博士论文修改而成。在论文即将付梓之际，似乎并没有太多的喜悦，或许是因多年才把论文整理完成的忐忑和惭愧，或许是因论文中种种不到与偏颇之处的惆怅……但回想起论文写作中众多给我帮助的人，我感慨良多，却不知以何种方式才能表达我诚挚的谢意！

衷心感谢我尊敬的导师——冒荣先生！从硕士到博士都在恩师门下学习，是恩师把我领进学术的殿堂，让我在繁乱的工作中重新静下心来读书学习；是恩师教会了我在高等教育管理领域更好地观察、思考、分析问题；是恩师给了我诸多关爱和呵护，帮助我打开了个人事业的空间，使我对自己的未来发展和前进方向有了更坚定的信心。先生为人质朴，治学严谨，学养深厚，谦和自律，关爱学生，他的言行举止时刻影响着我。

在博士学习期间，有幸聆听政府管理学院张永桃教授、严强教授、闾小波教授、张凤阳教授、黄健荣教授，他们讲授的政治学理论、公共政策分析把我带入一个新的知识天地，使我受益良多。在此深表谢意！在论文预答辩过程中，龚放教授、王运来教授、余秀兰教授以及导师冒荣教授对论文提出了许多中肯、深刻、宝贵的意见和建议，他们高屋建瓴的指点既让我认识到论文研究中存在的不足与问题，又让我对论文写作有了拨云见日、茅塞顿开的感觉，更让我对论文有了更深的认识与理解。特别要说的是龚放教授在虞山脚下的一席话，让我深感师恩深重！感谢张红霞教授、唐民老师、孙志凤教师、王婧老师对我的帮助与关心！

难忘同届进入南京大学政治学专业学习的博士研究生同学——杨善发教授、衣华亮、潘巍、陈家刚、王昌君、王安、张宇、李智、葛笑如，与他们的友好相处使得博士学习生活令人回味；特别要感谢同门同级的杨善发教授、衣华亮、潘巍三位同学，同门之谊，相互的关心与帮助让我铭记。还有同为冒老师门下的李北群研究员、姚锐老师、朱茵老师、赵娟老师，他们给我的支持与帮助让我一直难忘。

几年来，我在供职的单位五个二级学院进行了流动，先后担任不同的党政职务。虽说多了历练，却占用了大量的时间，使得论文的撰写、修改与整理受到较大影响，所幸一直坚持让本书能够定稿。

感谢我年迈的父母，他们的期望是我坚持学业的力量；感谢我的爱人，她的理解和关爱使我能够欣然面对工作与论文写作的矛盾与压力；感谢我可爱的儿子，无论何时何地，他的童声稚语都带给我太多轻松。

最后，我要向东南大学出版社表示真诚的谢意。本书能够顺利付梓出版，离不开责任编辑孙松茜老师对书稿精心的审阅和校改，她认真的态度和严谨的作风让我肃然起敬。

王　宁

于江宁大学城方山脚下